나는 1학년 담임입니다

엄마는 모르는 초등 1학년의 학교생활

나는 1학년 담임입니다

송주현 지음

낯선산

들어가며

선생님, 우리 애 학교생활이 좀 어떤가요?

1학년 교실은 장작불 위에 걸어 놓은 팥죽 솥단지 같습니다.
하루 종일 온갖 사건사고들이 부글부글 끓습니다.
잃어버린 크레파스를 찾겠다고
교실 쓰레기통을 와락 엎어 버리는가 하면,
한겨울에 교실 창문을 죄다 열어젖혀 칼바람을 들이기도 하고,
장난감 통을 열어 장난감들을 교실 바닥에 와르르 쏟아내는 한편,
비가 온다고 운동장 물웅덩이에 뛰어들어 온몸을 적십니다.
눈물과 웃음, 배신과 결탁, 냉정함과 다정함이
날마다 들끓는 곳, 바로 1학년 교실입니다.
오늘도 1학년 담임들은 팥죽이 넘칠세라
볼일 보러 갈 짬도 없이 솥단지 지키기에 여념이 없습니다.

똥 마렵다는 아이를 화장실에 데리고 가
변기에 앉혀 놓고 와 보면
교실에 있던 아이들이 모조리 나와
계단 여기저기를 경중경중 뛰어다닙니다.
간신히 붙잡아다가 교실로 몰아넣으면
이번엔 아이들 사이에 싸움이 벌어집니다.
싸움을 말리고 끝도 없이 이어지는 송사를 들어주다 보면
어느새 점심시간입니다.

점심시간 역시 아수라장이긴 마찬가지.
아이들은 느닷없이 식판을 엎고,
먹기 싫은 반찬을 손으로 집어 몰래 바닥에 버립니다.
속이 안 좋은지 밥 먹은 걸 식탁 위에
쿨럭쿨럭 토해 내기도 합니다.

뒤치다꺼리를 하는 사이,
밥을 다 먹은 아이들은 운동장으로 나가
나무에 기어오르고,
친구 얼굴에 흙을 뿌리고,
뱀이 나올 법한 풀밭으로 들어가 교사를 식겁하게 합니다.

이렇게 아이들과 복닥거리다 보면 한 해가 저물어 갑니다.
그러는 사이에 아이들도 조금씩 성장합니다.
집에서 따 온 자두며 방울토마토 몇 알을
제 주머니에 슬쩍 넣어 주기도 하고,
선생님 차에 묻은 새똥을 정성껏 닦아 주기도 합니다.
멀리서 돈을 버느라 자주 볼 수 없는
엄마에 대한 그리움을 혼자 묵묵히 견딜 줄도 알고,
밭에서 일하는 부모님의 노고를 떠올리며
날씨 걱정을 하는가 하면,
친구의 마음을 얻기 위해 아끼던 장난감을 기꺼이 내주기도 합니다.

아이들이 커 가는 모습은 어여쁘다 못해 경건하기까지 합니다.
인간이 어떻게 성장하고 다듬어지는지,
저는 1학년 아이들을 통해 원초적인 현장을 목격합니다.
그 과정에서 자주 숙연한 마음으로 저를 돌아보았습니다.
이 소중한 경험을 남기고 싶어 블로그에 글을 연재하게 되었고,
생각지 않게 책으로까지 묶게 되었습니다.

제 블로그를 방문하시는 분들이 주로 학부모들인 까닭에
교사인 제게 상담을 요청해 오는 일이 종종 있습니다.

상담 내용은 제각각 달랐지만, 마지막에 따라붙는 말은 거의 같았습니다.

"자식 키우기가 왜 이리 어려운지요."

교사인 저라고 아이 키우는 일이
술술 풀리는 시험 문제 같았을 리 없습니다.
학교에서 아이들을 가르치는 동시에
막상 내 자식을 키우는 입장이 되고 보니 모든 게 모호했습니다.
매 순간마다 불안을 느끼며 선택해야만 했고,
선택을 하고 난 뒤에도 확신할 수가 없어 계속 갈팡질팡했습니다.

그런데 20년 넘게 교사로서 아이들을 만나 오면서,
어렴풋이나마 깨닫게 되었습니다.
아이들은 교사의 열정이나 부모의 욕심으로 크는 게 아니라,
될 대로 되는 존재라는 것을요.
'아이들은 미완성의 존재'라는 생각이
부모와 교사를 힘들게 하고 불안하게 만든다는 것을요.

아이들은 저 멀리 있는 '완성'이라는
표지판을 향해 달려가는 존재가 아닙니다.
아이들 각각은 그 자체로 이미 완성되어 있습니다.
다만 '완결'되지 않았을 뿐이지요.

신체적으로든 정신적으로든 성장판이 닫혀 버려
어제가 오늘이고 오늘이 내일인 우리 어른들과 달리,
아이들은 하루가 다르게 변화하고 성장해 가는 존재입니다.

그러니 아이들의 성장을 이끌어 줄 이정표가 되고자 했던 건
어쩌면 교사로서의 제 욕심일 뿐이었는지 모릅니다.
생각해 보면 아이들이 부지런히 자라고 변화하는 동안
저만 제자리에 머물러 있었으니까요.

아이를 초등학교에 보내는 부모님이라면,
더군다나 첫아이를 학교에 보내는 분이라면,
이런저런 걱정이 많으실 테지요.
아이를 어디까지 가르쳐서 학교에 보내야 하나,
담임선생이 우리 아이를 부족하게 보면 어쩌나,
내가 키워 온 방식이 잘못되었다고 생각하는 건 아닐까,
내 직업이나 우리 집 형편 등을 이유로 아이를 차별하지는 않을까,
아이가 학교에서 친구들과 잘 지낼 수 있을까….
부모님들의 이러한 궁금증을 해소하고 아이에 관해 소통하기 위해
대부분의 초등학교에서 학기당 한두 번씩 상담 주간을 운영합니다.
주로 아이의 학습 능력, 성향과 친구 관계, 학교 적응 상태 등을 체크하고
아이에게 문제가 있다면 교사와 부모가 함께 해결책을 궁리합니다.
상담 시간에 늦는 부모님은 거의 없습니다.
대부분 단정한 차림에 겸손하면서도
적극적인 자세로 담임의 말을 경청합니다.
아이에 대해 질문을 하면
마치 미리 연습한 것처럼 조리 있게 대답합니다.

하지만 대화를 나누다 보면,
부모님들이 교사를 얼마나 어려워하는지 읽게 됩니다.
일 년에 고작 두어 번 얘기를 나누는 교사가

부모님들에게 편할 리 없겠지요.
아이에 대해 묻고 싶은 것도, 듣고 싶은 것도 많지만
교사가 어려워서,
혹은 어느 정도까지 솔직하게 이야기해도 되나 싶어 망설이다가,
아이들이 학교에서 그린 그림이나 쓴 글을 보는 것으로 만족한 채
상담을 형식적으로 마치고 돌아가기 십상입니다.
직장에 다니는 어머님들은 방문 상담조차 여의치 않습니다.
이런 경우 저는 어머님의 퇴근 시간에 맞춰 전화를 걸지만,
전화 상담의 경우 더 어색하고 불편하기 마련입니다.

제 블로그에 상담을 요청해 오는 분들의 상담 내용이
비교적 자세하고 구체적인 것은 아마도
이런 사정 때문이 아닐까 싶습니다.
내 아이 담임에게는 차마 이야기하지 못하는 부분도
'남의 아이 담임'에게는 좀 더 편하게 꺼낼 수 있었겠지요.
이런 분들에게 조금이라도 도움이 되었으면 해서
아이들의 학교생활을 최대한 솔직하게 썼고,
적잖은 상담 요청에도 할 수 있는 한 성심껏 응했습니다.

우리 학교의 1학년 부모님들은
아이의 등하교를 돕기 위해 자주 학교에 오시는 편입니다.
시골 동네고 작은 학교라 담임교사인 저와도 종종 마주치는데,
급하게 인사를 주고받고 돌아서는 그 와중에도 부모님들은 꼭 묻습니다.

"저… 선생님, 우리 애 학교생활이 좀 어떤가요?"

아이들이 등하교하는 그 짧은 시간에
뭐라고 말씀드려야 할지 몰라 저는 머뭇거립니다.
아이가 뭘 잘하는지는 지난번에 말씀드렸으니
그 얘길 또 하면 '그사이에 더 나아진 게 없나.' 생각하실 것 같고,
담임의 시각에서 고쳤으면 하는 습관들이 눈에 보이지만
그건 1학년 아이들의 일반적인 모습이니
딱히 아이만의 단점이랄 수도 없고,
다소 마음에 걸리는 점이 있기는 한데
그건 아이 자체의 문제라기보다 가정에서의 교육 방법이 원인인 터라
그걸 설명하려면 시간을 넉넉히 잡고 상담을 해야 할 터,
그렇다고 지금 상담 날짜를 정하자고 하면
부모님이 놀라실 것 같고…
결국 저는 망설인 끝에 언제나 같은 대답을 합니다.
"걱정 마세요. 아주 잘 지내고 있답니다!"

6~7년간 아이를 키우는 내내
"내가 잘하고 있는 걸까." 수없이 되묻고 고민해 왔을 테지만,
아이를 학교에 보내게 되면서
부모들은 다시 그 질문 앞에 새로이 서게 됩니다.
아이들에게도 첫 학교생활은 지금까지와 다른 경험이듯이,
부모들에게도 학교에 첫발을 내딛는 아이를 키우는 건 새로운 경험입니다.
부모들은 자신의 양육 방식이 맞는지 늘 자신 없어 하지만,
일부러 아이를 나쁘게 키우는 부모는 세상 어디에도 없습니다.
세상 모든 1학년 아이들의 현재 모습은
부모님이 최선을 다해 키운 결과입니다.
어느 누구도 거기에 대고 '잘했다', '잘못했다'라고 평가할 수 없습니다.

이 책은 "우리 애 학교생활이 어떤가요?"라고 묻는 부모님들의 질문에
"잘 지내고 있으니 걱정 마시라."는 대답이 나오기까지,
그사이의 이야기를 담은 것입니다.
또, 낳았으니 길러야 하고 이왕 기르는 것 더 잘 기르고 싶어
자신의 삶을 기꺼이 희생하는
교실 밖 모성애를 향한 격려와 위로이기도 합니다.

"걱정 마세요. 아이들은 학교에서 잘 지내고 있답니다!"

2016년 2월

송주현

차례

들어가며 ... 4

 1장 나는 아이들과 함께 크는 1학년 담임

아직 사람이 아닌 아이들과 여전히 모자란 어른이 만나다 ... 21
나는 아이들과 함께 크는 1학년 담임

무슨 말인지는 아니? ... 25
안내장 홍수

선생님은 엄마가 더 좋나요, 아빠가 더 좋나요? ... 28
자기소개하기

이거 어떻게 노는 거야? ... 31
1학년의 리더십

칭찬은 1학년도 춤추게 만든다 ... 34
칭찬 사용법

학교에서 무얼 했는지 물어봐 주세요 ... 38
1학년 아이 학교생활 관찰법

반창고, 마음도 치료하다 ... 44
아이의 아픔을 이해하는 법

공부가 뭔지도 모르면서 ... 47
아이는 어떤 때 몰입하는가

선생님은 바보 아니잖아요 ... 52
선하디선한 아이들

신으면 더 빨리 떨어지잖아요 ———————————————— 56
너, 참 속 깊다

누가 뭐래도 내가 좋아하는 것 ———————————————— 58
아이는 스스로 자기 색깔을 찾는다

저놈, 참 성격 좋네 ———————————————————— 62
아이의 유쾌함은 어디서 오는가

그렇게 잘났으면 2학년에나 가라! ——————————————— 67
선행 학습 유감

마법의 장화 —————————————————————— 72
하늘도 움직인 아이의 간절함

다음 날이면 사이가 좋다 ———————————————— 77
글쓰기의 치유 능력

아이들의 관찰 밀도는 어른보다 높다 —————————————— 81
그림일기를 대하는 어른의 자세

어른은 흉내도 못 낼 아이의 상상 —————————————— 89
글쓰기 훈련이 아이의 고유성을 파괴해서는 안 된다

방학을 해야 하는 이유 ————————————————— 96
저는 게으름뱅이가 될 거예요

2장 아이들은 관계 속에서 성장한다

단짝이란 이런 것 1 — 101
단짝은 교사보다 힘이 세다

우리 엄마가 오셨어요 — 105
아이가 지금 견디고 있는 시간

할머니의 힘 — 109
아이는 예뻐하는 만큼 큰다

이야기는 아이와 친한 사람이 들려줘야 한다 — 112
들려주기가 독서의 시작이다

단짝이란 이런 것 2 — 116
단짝의 격려가 선생을 이긴다

아기 고양이 까미가 아이들에게 가르쳐 준 것들 — 120
아이들에겐 고양이도 스승이다

나는 엄마가 되고 싶어요 — 125
어떤 교육 기관도 엄마보다 좋을 수는 없다

아이를 키우는 건 부모만이 아니다 — 129
아이가 스스로 마음을 지켜 내는 법

아버지의 선택 — 135
아이를 기르면서 부모는 수없이 기로에 선다

야단맞을 때 아이는 무슨 생각을 할까 — 142
엄마도 아이도, 각각 아프다

우리 할머니도 그러셨어 ———————————————————— 145
아이가 어른의 삶을 이해하는 법

쟤들이 저만 따돌린다고요 ———————————————————— 149
아이들은 관계 속에서 성장한다

3장 사람의 변화는 단순하게 이뤄지지 않는다

누가 1학년 아이들의 눈물을 가볍다 하는가 ———————————— 163
눈물로 성장하는 1학년 아이들

장난감에 담긴 속사정 ———————————————————— 167
아이의 자존감은 어떻게 만들어지는가

무슨 과자를 먼저 먹을까? ———————————————————— 174
의사 결정 과정에 참여하는 1학년 아이들의 여러 행태

1학년 아이들의 글씨 ———————————————————— 180
공부는 몸에 새기는 것

아이들은 싸우면서 배운다 ———————————————————— 184
아이의 생각이 만들어지는 과정

확신이 없더라도 기다려야 한다 ———————————————————— 188
아이의 자존감을 키워 주는 법

1학년 아이들도 욕을 한다 ———————————————————— 195
분노할 때 쓰는 표현을 살펴보면 아이의 환경이 보인다

아이의 욕망 vs 엄마의 욕망 vs 교사의 욕망 ——— 204
부모의 욕망이 차단된 교실에서 비로소 아이는 자기 욕망을 드러낸다

빨리 배우나 늦게 배우나 누구나 글을 뗀다 ——— 214
아이의 읽기 능력은 한글 교육이 아닌 독서가 결정한다

파리가 돌아가셨다 ——— 217
아이들의 논쟁은 어떻게 이루어지는가

왜 12시 3분이 아니라 3시예요? ——— 225
아이들이 시계 보기를 배우는 과정

1학년 독립심 기르기 프로젝트 ——— 234
사람의 변화는 단순하게 이뤄지지 않는다

 4장 누가 아이들을 미완성의 존재라 하는가

양념통닭 나오는 날 ——— 245
죽도록 먹고 싶었던 호박시루떡

꿈나라에 귀신들이 모여 있어요 ——— 250
"가만히 있으라."가 아닌 "뭐든 바꿔 봐."라고 가르쳐야 한다

던져진 가방 ——— 255
교사의 따뜻한 말 한마디가 아이를 바꾼다

학교도 모둠과 같다면 얼마나 좋을까 ——— 262
왕따나 폭력은 모르는 사이에서 생긴다

반장은 언제 뽑아요? 267
권력의 빛과 그늘

선생님도 힘들었잖아요 278
방학 날이어서 그랬을까

새똥 차의 교훈 284
아이들에게도 불만을 토로할 시간이 필요하다

선생님 차 엄청 좋네요 음악도 잘 나오고 291
아이들이 선생님 차를 타고 싶어 하는 이유

진심 어린 칭찬의 힘 300
아이들은 값싼 칭찬 뒤에 도사린 어른들의 요구 사항을 눈치챈다

난리법석 고구마 캐기 체험 학습 309
아이의 말이 평생 땅을 일군 농부의 주름처럼 깊다

크레파스 하나에 깃든 마음 317
아이도 가난을 안다

저희 할아버지가 돌아가셨다 327
아이들은 기록하면서 자기 삶을 해석하는 방법을 알아 간다

교직을 떠나는 대가로 얻은 스마트폰 333
밀려나는 교사들

1학년을 마치며 342
누가 아이들을 미완성의 존재라 하는가

1장

나는 아이들과 함께 크는 1학년 담임

**아직 사람이 아닌 아이들과
여전히 모자란 어른이 만나다**

나는 아이들과 함께 크는 1학년 담임

1학년 담임이 되었다.
그동안 난 주로 고학년 담임을 많이 했다.
남자 선생이라는 이유로, 비교적 젊다는 이유로,
또는 학급에 통제가 어려운 아이가 있다는 이유로.
오랫동안 이런저런 이유로 고학년만 맡았지만,
교사라는 일이 좋았고, 아이들의 반짝이는 까만 눈동자를 보면
없던 열정도 샘솟곤 했다.
하지만 열정의 크기가 어떠했던 간에
아이들의 삶을 이해하는 수준에는 결국 미치지 못했다.
그런 까닭으로 나를 거쳐 간 아이들에게 미안하다.

교사들이 가장 피하고 싶어 하는 학년은 6학년과 1학년이다.
6학년은 사춘기를 지나는 중이라

예민하고 반항적인 아이들이 많아 다루기 힘들다.
비록 아이들이라고 하나 교사들은 시시때때로 마음의 상처를 받는다.
1학년은 너무 어려서
뭐 하나 알아서 하는 것이 없기 때문에 어려움이 많다.
이런 이유로 교사들은 말도 어느 정도 알아듣고 고분고분한
2, 3, 4학년 순으로 희망한다.
요즘은 거의 돌아가면서 담임을 하지만, 내가 처음 교사가 되었을 땐
젊은 교사들이 주로 1학년과 고학년을 타의 반, 자의 반으로 떠맡았다.

이십 년이 넘도록 1학년을 맡고 싶다는 생각을 하지 못했다.
내가 1학년 담임을 해 보고 싶다는 생각을 처음 한 건
내 아이가 1학년이 되었을 때였다.
마주치는 상황이 어떠하든 흥미를 보이고,
사소한 일에도 즐거워하는 아이를 보면서,
저런 아이들은 한데 모아 놓고 가르쳐 보면 어떨까
하는 상상을 하곤 했다.

하지만 선배 교사들은 그건 순진하고 낭만적인 생각이라고들 했다.
1학년 아이들은 아직 분별이 없어 손이 많이 간다고 했다.
대소변 가리는 일부터 친구를 사귀는 방법,
점심시간에 수저를 사용하는 방법까지
일일이 하나하나 가르쳐야 하니 일이 고되다고 했다.
어쩌다 1학년 교실에 보결 수업(담임이 출장 등으로 없을 때 대신 수업하는 일)을
가 보면 결코 과장이 아님을 알 수 있었다.

교실 여기저기서 싸우고, 울고, 잡아 뜯고…

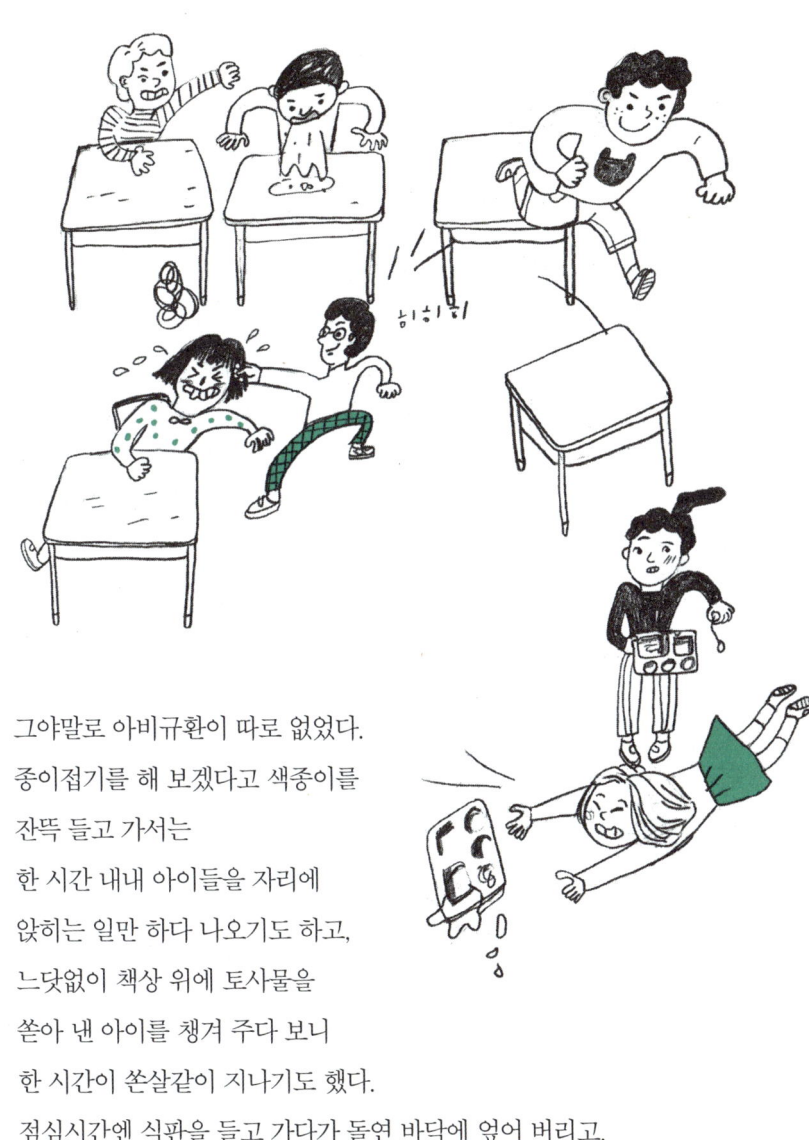

그야말로 아비규환이 따로 없었다.
종이접기를 해 보겠다고 색종이를
잔뜩 들고 가서는
한 시간 내내 아이들을 자리에
앉히는 일만 하다 나오기도 하고,
느닷없이 책상 위에 토사물을
쏟아 낸 아이를 챙겨 주다 보니
한 시간이 쏜살같이 지나기도 했다.
점심시간엔 식판을 들고 가다가 돌연 바닥에 엎어 버리고,
먹기 싫은 반찬을 손으로 집어 몰래 바닥에 버리기도 하고,
별다른 이유도 없이 아무렇지 않게 친구의 얼굴을 꼬집어 울리는 아이들.

애쓰다 보면 '아직 사람이 아닌' 아이들과

어른이지만 여전히 모자란 내가
같이 사람이 되어 갈 수 있지 않을까, 했던 생각.
이것이야말로 신이 아닌 일개 교사에 불과한 나의 오만인지 모른다.

첫 1학년 담임교사로서
처음 맞는 입학식.
여덟 명의 아이들과 그 두 배쯤
되는 아이들의 가족들을 만났다.
교장선생님이
직접 카메라를 드시고,
서른두 명의 선배들이 모두 모여 축하를 했다.

입학식을 마치고 아이들과 부모님을 1학년 교실로 안내한 뒤,
올 한 해 어떻게 가르칠 것인지 내 계획을 말했다.
내가 담임이 된 것에 대해 부모님들과 아이들이
불안해하지 않을까 하는 생각이 들었다.
나의 첫 1학년 담임 생활이 이기심으로 끝나지 않기를.

얘들아,
잘 부탁한다!
지금 너희는 그저 시골 마을 작은 학교의 1학년일 뿐이지만,
머잖아 선배가 되고, 졸업을 하고, 학교를 떠나 어른이 될 거야.
그리고 더 넓은 곳을 무대로 살아가게 되겠지.
학교생활의 첫발을 떼는 올해, 너희는 나를 만난 거야.
너희의 첫 학교생활을 즐겁게 도울게.

무슨 말인지는 아니? 안내장 홍수

언제부턴가 학교에는
안내장이 넘친다.
모든 계획과 교육 행위에 대해
학부모에게 알리고 동의를
얻어야만 하기 때문이다.
딱히 안내장이라는 게 없던 시절에
초등학교를 다닌 학부모들은
아이를 학교에만 보내면
알아서 다 해 주리라 생각하다가
쏟아지는 안내장 수에 깜짝 놀란다.
교사들 또한 안내장을 만들어 발송하는 것이
업무의 많은 부분을 차지한다.

저기… 안내장 거꾸로거든

오늘 나눠 준 안내장은 모두 네 장.
우유 신청서, 방과 후 교육 신청서, 식품 알레르기 조사서, 귀가 조사서.
갑작스러운 안내장 홍수에 아이들도 바쁘다.
나는 안내장 하나하나에 적힌 내용을 일일이 설명해 주었다.
아이들을 위해 열심히 뭔가를 하는 것처럼 보이고 싶은 마음이 들었다.
또 너희 한 명 한 명을 키우기 위해 가정에서, 학교에서
이렇게 많은 사람이 노력하고 있다는 걸 보여 주고 싶었다.

하지만 그건 내 생각일 뿐,
아직 내가 낯설기만 한 아이들은 나를 열심히 쳐다보기는 하는데
뭐가 뭔지 하나도 모르겠다는 표정이다.
한 아이가 분명히 이해를 못 한 것 같은데도
마치 다 알아들었다는 듯한 표정을 지으며 고개를 끄덕인다.
"너 무슨 말인지는 알고 끄덕이니?"
하고 물으려다 아이가 마음 상할까 봐 그만둔다.
열심히 떠드는 선생에게 호응을 해 주려고 애쓰는 모양이
고마울 따름이다.

안내장 여러 장을 묶어서 가방에 넣게 한 다음,
부모님들께 안내장이 몇 장 나갔다는 문자를 보냈다.
문자를 보내지 않으면 가정에서 일일이 확인이 어렵다.

아이들에게 안내장 하나하나의 내용을 설명해 주고,
안내장에 이름을 써 보라고 했다.
보니까, 다들 자기 이름 석 자는 쓸 줄 아는 모양이다.
삐뚤빼뚤, 획순도 제 맘대로, 글씨 모양도 제각각.

안내장을 거꾸로 놓고 쓰기도 하고, 글자가 반전되어 있기도 하고,
자기의 성과 이름 순서를 바꿔 쓰기도 하지만
자기 이름을 쓰는 진지한 모습을 보니 어쩐지 뭉클하다.
어리지만 자기 이름을 대할 땐 어른 못지않게 진지하다.

사각사각 연필이 책상 위를 지나는 소리, 침이 꼴깍 넘어가는 소리.
나는 내 이름 하나 쓰면서 저렇게 집중했던 때가 있었나 싶다.
저 아이들, 잘 가르쳐야겠다는 마음이 절로 든다.

선생님은 엄마가 더 좋나요, 아빠가 더 좋나요?

자기소개하기

시골이라 도시에 비해 학구가 넓다 보니
아이들이 사는 마을이 제법 떨어져 있어서
동네에 같은 또래가 별로 없는 환경이다.
같은 유치원을 다녀서 서로 알고 있는 아이도 있지만
처음 만난 친구들도 있다.
앞에 나와서 자기소개를 해 보았다.

유치원에서 해 보았을 텐데 제법 어색해한다.

어떤 아이는 구석에 엉거주춤 서 있기도 하고,
어떤 아이는 바지 뒤춤에 양손을 넣은 채 팔랑팔랑 움직이기도 한다.
어떤 아이는 끝내 안 나온다.
아이들의 떨리는 마음을 하나하나 헤아려
모든 아이가 부끄러움과 긴장감을 견디고 당당히 발표하게 하는 일,
중간에 틀려도 놀리지 않고 응원을 해 주는 분위기를 만드는 일이
담임의 역할이다.
하지만 아이들이 담임인 나조차 경계하는 것 같아
서두르지 않고 눈치를 보는 중이다.

한 명씩 나와서 자기 이름을 말하면 친구들이 궁금한 걸 질문하는데,
주로 좋아하는 색깔, 동물에 관한 것이다.
도시 아이들이라면 동물원에서 본 코끼리, 캥거루, 기린 같은 걸
좋아한다고 하겠지만,
이 아이들이 좋아하는 동물은 자기가 늘 가까이 대하는 송아지, 강아지.
아이들의 발표가 끝나고 나도 앞에 나가서 발표를 했다.
발표가 끝나자 아이들이 내게도 질문을 했다.
나도 여덟 살 적 나로 돌아가서 대답을 했다.

한 아이가 물었다.
"선생님은 엄마가 더 좋아요, 아빠가 더 좋아요?"
난 잠시 생각하는 척을 하다가 대답했다.
"선생님은 엄마가 더 좋았어. 하지만 아빠가 더 보고 싶었어."
내 말에 아빠가 도시에서 돈 버느라 가끔만 아빠를 보는 아이가
관심을 보이며 물었다.
"아빠가 어디 갔는데요?"

난 또 잠시 생각하는 척하다가 대답했다.
"선생님이 1학년 때 돌아가셨어."
아빠가 소를 키우고 농사짓는다는 아이가 물었다.
"헐. 뱀이 깨물어 돌아가셨죠?"
난 이번에도 생각하는 척을 하다가 대답했다.
"아니, 병에 걸려 돌아가셨어."
다른 아이가 물었다.
"오토바이 타고 가시다가 교통사고 났어요?
우리 할아버지도 그래서 돌아가셨는데."
그러자 옆 아이가 훈수를 뒀다.
"야, 교통사고는 병이 아니지. 교통사고는 사고야.
병은 어디가 아퍼야 되구."
"아니. 암에 걸려서 돌아가셨어."
그러자 아이들이 "아, 암이구나." 그런다.
그러면서 나를 불쌍하다는 눈으로 바라봐 주었다.
한 아이가 또 물었다.
"그럼 그때 선생님은 우리처럼 쬐끄만 애였어요?"
그러자 옆 아이가 훈수를 둔다.
"야, 너 왜 선생님한테 까불어. 애라고 그러면 안 되지."
얼마 전, 할머니가 돌아가셨다는 아이가 내게 와서 속삭였다.
"괜찮어요, 선생님. 엄마가 남았잖어요."
아이들은 저마다 자기가 처한 상황에 근거해 내게 말을 걸어 왔다.
아이들의 천진한 말이 나로선 생각보다 큰 위로였다.

이거 어떻게 노는 거야?

1학년의 리더십

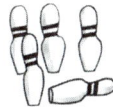

쉬는 시간, 자기와 마주하는 시간.
어떤 아이는 혼자 뭔가에 열중하고,
어떤 아이는 같이 놀 친구를 만들어서 밖으로 나가고,
어떤 아이는 친구가 하는 대로 따라 하고,
어떤 아이는 놀잇감을 두고 친구와 싸우고,
어떤 아이는 아무것도 안 한다.
1학년. 아직 젖살도 안 빠진 아이들에게 무슨 생각이 있을까 싶지만,
아이들 세계에도 어른 사회와 다르지 않은 인간관계가 존재한다.

이끄는 아이와 따르는 아이.
누구나 자기 존재감을 어떤 역할에서든 드러내게 마련인데,
아이들의 행동 하나하나엔
내 아이가 '이끄는 아이'가 되기를 바라는 부모의 욕망이 깃들어 있다.

그러나 어른의 사회가 그러하듯 아이의 사회에서도
이끄는 아이보다는 남이 이끄는 대로 따라가는 아이가 더 많다.
그 아이들 대부분이 자라는 내내
리더가 되라는 부모의 채근을 받을 것이다.
저 아이들도 곧 그리되겠지, 생각하니 애잔하다.

아이들에게 집에 있는 장난감을 가져와서 놀아도 좋다고 했다.
이 경우, 장난감을 가지고 오는 아이들은 자신의 장난감을 수단으로
다른 아이를 이끌고 싶은 욕망이 있다고도 볼 수 있다.

한 아이가 볼링 세트를 가지고 왔다.
아이는 먼저 볼링 핀을 세팅해 놓고 친구들을 불렀다.
아이들은 처음엔 선뜻 나서지 않았다.
친구의 장난감이 부럽고, 부러운 나머지 샘이 나서다.
그 아이의 놀이에 동조하지 않는 것으로,
자신이 부러워한다는 걸 감추고 싶은 것이다.
장난감을 가지고 온 아이가 머쓱해 하는 사이,
내가 슬쩍 끼어들었다.

"이거 어떻게 노는 거야? 재미있겠는데?"

그러자 머뭇거리던 한 아이가 말했다.
"친척 형아네 집에 똑같은 게 있어요. 저는 해 봤어요!"
난 슬쩍 제안했다.
"그럼 네가 설명을 해 주면 친구들이 놀 수 있겠구나."
잠시 후, 아이들이 줄을 서더니 돌아가면서 볼링을 하기 시작했다.

볼링을 가져온 아이는 볼링에 참여하지 않고,
가만히 곁에 서서 아이들의 점수를 매겨 주었다.
친구들이 놀 수 있도록 자신은 볼링 놀이를 포기한 것이다.

리더십은 무조건 이끄는 것만이 아니다.
이끌고자 하는 아이는 반감을 살 것이다.
내주려는 아이는 호감을 살 수 있다.
자기 장난감을 친구들에게 내주고 자신은 놀이의 즐거움을 포기함으로써
구성원의 충성심을 자연스레 이끌어 내는 아이.
저 아이가 1학년이라는 게 믿기지 않는다.

**칭찬은 1학년도
춤추게 만든다**

칭찬 사용법

책걸상을 새것으로 교체한다는 연락을 받았다.
아이들에게 새 책상이 올 테니
책상 속 물건을 꺼내고 책걸상을 복도로 내가야 한다고 말했다.
아이들 대부분이 "책상이 무거워서 못 들어요." 아우성이다.
나는 "아이고, 선생님이 우리 반 책상 다 들려면 너무 힘들겠는걸!" 하며
엄살을 떨어 보았다.

한 아이가 자기 책상을 들어 보려다가 무거워 포기하고는 말한다.
"선생님, 책상이 너무 무거워서 준희랑 호준이밖에 못 들겠어요."
좀 전까지만 해도 책상이 무거워 못 들겠다던 준희와 호준이는
그 말을 듣자마자 금세 표정을 바꾸고는
자기들이 해 주겠다며 팔 걷고 나선다.
내가 약간 걱정스러운 척하며,

"책상이 무거울 텐데 할 수 있겠어?" 하고 물었다.
두 아이는 해 보지도 않고 호기롭게 "네!" 하며 큰 소리로 답하더니
점퍼를 훌러덩 벗어젖히고 아이들 책상으로 다가간다.
그러더니 살살 밀어도 잘 움직이는 책상을 보란 듯이
가슴 위까지 번쩍 들어 올린다.
그래도 책상이 어느 정도 무게가 있는지라,
오래 들고 있지는 못하고 금세 다시 떨어뜨린다.
살살 밀어도 된다고 내가 말을 해 보지만
아이들은 연신 들어서 옮기려 애쓴다.
그러는 중간중간 다른 아이들의 표정을 살핀다.
지켜보고 있는 아이들을 의식해서다.

결국 두 아이도 지쳐 나가떨어지자
내가 책상을 끌어다 복도에 놓으면서,
"와, 이거 진짜 무거운데? 준희, 호준이가 세긴 세구나!" 하고 한마디 하니,
다른 아이들 몇이 덩달아 "맞아, 너네 정말 선생님만큼 힘이 세네!" 하며
칭찬을 한다.
그 말이 끝나자 두 아이는 지친 기색을 감추며
후다닥 다시 복도로 나오더니,
내가 이미 책상과 나란히 짝을 맞춰 정리해 놓은 의자를 빼서는
번쩍 들어 책상 위로 올려놓는다.
힘자랑을 더 하고 싶은 것이다.

다른 아이들이 오가다 떨어져 다칠 수 있기 때문에
평소엔 의자를 책상 위에 올리지 않지만,
그렇다고 다시 내리면 두 아이가 실망할까 봐

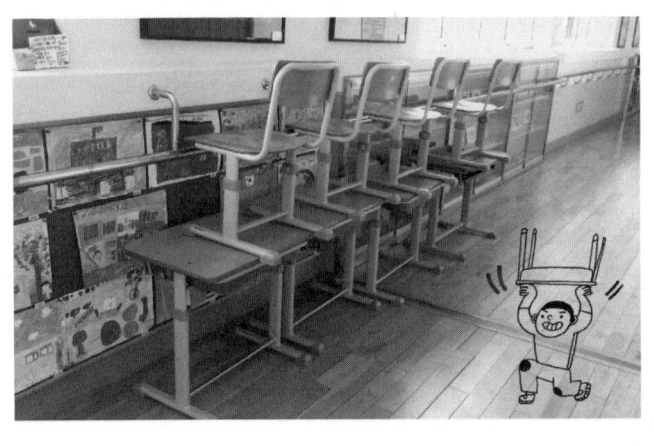

다른 아이들이 보는 동안은 그대로 두었다.
그리고 아이들이 점심 먹으러 간 사이에 의자를 재빨리 내려놓았다.

하지만 웬걸, 점심을 먹고 교실로 올라오니 의자가 또 올라가 있다.
물어볼 것도 없이, 누가 했는지 짐작이 갔다.
아이들은 저렇게 사소한 칭찬에 제 몸을 기꺼이 던진다.
그러다 기운이 떨어지면 다시 친구들을 바라본다.
친구들의 눈빛에서 감탄과 지지를 읽으면 또 힘이 나기 때문이다.

희한한 건 아이들이 일상에서 늘 접하는 가족의 칭찬에는
이렇게 격한 반응을 보이지 않는다는 것이다.
계산된 칭찬의 가벼움을 이미 알고 있기 때문이다.
부모에게서는 가슴이 뛰는 칭찬을 듣기 어렵다.
하지만 능력과 입장이 비슷한 처지의 친구들에게 받는
칭찬과 격려, 신뢰는 아이의 인정 욕구를 북돋는다.
그뿐인가.

잠시 책상을 옮겨 주는 대가로 얻는 친구들의 인정은
그 어떤 상보다 큰 만족감을 준다.
저 아이들을 움직인 칭찬이 지금은 겨우 책걸상 옮기기에 불과하지만
훗날 어른이 되었을 땐 다른 생명,
혹은 이 나라를 구하는 일로 확장될지도 모른다.

어떤 말이 명령이고 어떤 말이 잔소리인지 귀신같이 가려 내
능구렁이처럼 반응하는 1학년 아이들이
지나가는 칭찬 몇 마디에 저렇게 강렬한 열정을 불태우는 걸 보면,
역시 아이 키울 때에도 노련하고 볼 일.

학교에서 무얼 했는지
물어봐 주세요

1학년 아이 학교생활 관찰법

보건 수업을 했다.
우리 학교처럼 작은 학교에는 보건 교사가 따로 없다.
대신 작은 학교를 여럿 묶어 보건 교사가 순회를 한다.
성교육, 안전 교육, 개인위생, 흡연이나 약물중독 등이 주요 내용이다.

1학년 아이들은 보건 교사가 왜 오는지 이해하지 못한다.
아이들은 왜 담임인 내가 모든 걸 가르치지 않고
낯선 선생님이 교실에 들어오는지 몹시 궁금해한다.
내가 미리 설명한다고 했는데도 성에 차지 않았는지,
아이들은 선생님을 만나자마자 온갖 개인적인 질문을 쏟아 놓는다.

- 이름이 뭐예요?
- 집에 강아지 있어요?

- 선생님은 왜 머리가 짧아요?
앙증맞은 질문에 깔깔 웃던 보건 교사는 익숙한 일인 듯
능숙하게 질문에 답을 하더니 이내 준비해 온 교육을 시작한다.
수업이 끝나자, 나는 아이들에게 무얼 배웠느냐고 물어보았다.

- 낯선 어른이 어디 가자고 하면 가면 안 된다고,
  배운 내용을 또박또박 말하는 아이
- ○○가 공부하지 않고 책상 밑으로 들어가서
  보건 선생님이 나오라 그랬다며, 친구를 감시하느라
  수업에 신경을 못 쓴 아이(1학년엔 이런 아이가 은근히 많다)
- 수업 중에 리모컨이 안 돼서 컴퓨터를 다시 껐다 켰다고,
  수업 내용보다는 사소한 사건에 관심 있는 아이
- 배운 내용은 말 안 하고 그냥 재미있었다고 간단히 말하는 아이

부모들에게 자기 아이한테 바라는 걸 써 달라고 하면,
백이면 백 '학교생활에 잘 적응하고 친구와 잘 지내는 것'이라고 적는다.
그런데 부모님들이 생각하는 '학교생활에 잘 적응하는 것'이란
다른 말로 하면 공부 잘하는 것을 의미한다.

아이를 처음 1학년에 보낸 학부모들과
아이 학습에 관한 이야기를 하다 보면
대부분이 자기 아이의 능력을 과신하고 있음을 확인하게 된다.
아이들이 입학하기 전에 이미 한글을 떼고,
심지어 영어(또는 한자)까지 읽고 쓰는 것이 과신의 배경이다.
부모들은 자신의 아이가 학교에 들어가기 전
다양한 활동을(심지어 영재 교육 과정까지) 거쳤고
그걸 좋아하며 잘하고 있다는 점을 강조하면서
그동안 아이에게 해 온 교육을 계속할 거라고 이야기한다.
그리고 이변이 없는 한,
자신의 아이가 자사고나 특목고를 거쳐 명문대를 갈 것이라고 확신한다.
어떤 부모는 그동안 아이가 받은 상장들을 가져와 내밀기도 한다.

그런 부모와 상담을 할 때마다 나는
아이에 대해 어떻게 말해 주는 게 좋을지 고민한다.
특히, 그런 부모 밑의 아이가 학교에 적응을 잘 못하거나
심지어 학습에 대한 거부감을 보일 때,
그걸 있는 그대로 전달받는 것이 부모에게 얼마나 큰 충격일까 싶어
여러 번 망설이곤 한다.

사실 글을 일찍 떼는 건,
아이의 학습 능력과 관련 있다기보다는 부모 교육열의 결과이기 쉽다.
공부 잘하는 아이는 일찍 시작한 아이가 아니라,
공부하기에 알맞은 성격의 아이다.
학교나 가정, 사회에서 일어나는 모든 일에 관심이 많고
(예능 프로보다 뉴스, 다큐 쪽에 관심을 갖는),
무언가 새로 알게 되는 걸 좋아하고
(첨단 기술, 주변 사람들의 변화를 궁금해하는),
자기가 새롭게 알게 된 걸 누군가에게 말하고 싶어 하는 아이
(자기 지식을 검증받고 싶어 하는)…
이런 아이들은 어떻게 만들어지는가.
난 주저 없이 타고난다고 확신한다.
그리고 그 타고난 아이들 중 일부가 초등학교, 주로 저학년 시기에
공부 잘하는 아이로 만들어지고 다듬어진다고.
"어떻게 그런 아이를 만들 수 있느냐"는 물음까지 대화가 진행되면
나는 내가 읽은 책들 가운데
아이들의 지적 호기심과 관련된 내용을 추려 소개해 드린다.
얼마 전, 우리 반 부모님께 보낸 글을 적어 본다.

1. 아이가 학교에서 뭘 했는지 물어봐 주세요.
따지듯 물으시면 아이는 검사받는다고 느껴 주눅 들 수 있어요.
그냥 궁금한 척 물어보세요.
그렇게 자꾸 물어보고 아이도 편안함을 느낀다면 어느 시점부터는
엄마가 묻지 않아도 자동으로 말할 겁니다.
아이들은 타인에게 자신이 배운 것을 다시 말하면서 자기가 익힌 지식을
스스로 재구성해서 저장하게 됩니다. 복습인 셈이지요.

2. 아이가 학교에서 겪은 일과 다른 이야기를 하거나,
수업 내용보다는 그와 관계없는 일들에 대해 더 많이 이야기를 한다면,
그 아이는 지금 학교 공부에 관심이 적다고 할 수 있습니다.
이런 경우 아이의 집중을 가로막는 것이 무엇인지
확인해 볼 필요가 있지요.
담임인 저와 상의하여 대책을 마련해야 합니다.
아이가 이야기하고 있는 사람을 보고 있으면서도
머릿속엔 딴생각을 하는 경우가 있으니 잘 살펴보세요.

3. 아이가 집에 가서 공부한 이야기보다
친구들 이야기를 더 많이 하더라도 너무 걱정 마세요.
학기 초엔 원래 그러합니다. 지금은 적응기라서 그렇습니다.
저도 일부러 친구와 어울려 노는 기회를 많이 주려고 합니다.
다만, 아이의 대화가 일관적이지 않고 중구난방인 경우는
무언가를 감추고 싶어 하는 것일 수 있다는 것을 알아주세요.
속상한 일이 있어도 엄마가 걱정할까 봐 숨기면서
말의 앞뒤가 꼬이기도 합니다.
만약 아이가 지나치게 친구들을 헐뜯거나

친구를 경쟁자로 인식한다면 눈여겨보셔야 합니다. 부정적인 시각으로 친구를 대하는 아이는 나름의 이유가 있겠습니다만, 그런 아이는 경쟁에 신경 쓰느라 학습에 집중을 덜 하게 됩니다. 그걸 해결해 주지 않으면 경쟁심은 더 커집니다.

**반창고,
마음도 치료하다**

아이의 아픔을
이해하는 법

추위도 어느 정도 물러간 4월.
아이들은 쉬는 시간이면 무조건 운동장으로 나간다.
매일 타고 노는 그네를 또 서로 먼저 타겠다고 실랑이하기도 하고,
미끄럼틀이며 정글짐으로 우르르 몰려가기도 하다가,
누구 하나가 공을 차기 시작하자 금세 편을 나눠서 축구를 시작한다.
그러다 어느 순간, 모두 사라져 운동장이 텅 비었기에
어디 갔나 찾아보면, 커다란 주목나무 밑에 올망졸망 모여
애벌레를 들여다보고 있다.
수업 사이사이 쉬는 시간이 있지만, 아이들에겐 늘 짧고 아쉬운 시간이다.
아이들이 가장 즐겁고 여유 있는 시간은 점심시간.
배도 채웠겠다, 날씨도 따뜻하겠다, 시간도 넉넉하겠다,
신나게 놀기만 하면 되는 시간이다.

그런데 한 아이가 교실에 들어오자마자
손이 아프다며 손바닥을 활짝 펴서 내 앞에 내민다.
아이가 아프다고 가리키는 부분에 작은 가시 하나가 보인다.
문질러 보았더니 금방 없어지는 걸 보니
박힌 게 아니라 슬쩍 묻어 있었나 보다.

그런데 그 순간, 아이가 당황한다.
가시가 없어졌는데도 계속 아프다고 한다.
아이를 데리고 교무실로 갔다. 상비약 상자를 가져와서 아이 손을 보았다.
손바닥이 이제 막 태어난 강아지 발바닥처럼 말랑말랑하다.
손을 닦아 주고 약을 조금 발라 줬더니,
아이가 대뜸 반창고를 붙여야 안 아프다고 한다.
손바닥에 반창고를 턱 하니 붙이고는
아이는 다시 운동장으로 내달린다.

오 분쯤 지났을까.
다시 그 아이가 들어왔다.
이번엔 손가락이 아프단다.
손가락을 살펴봤으나 역시나 별문제가 없어 보였다.
"어이구, 그래?" 하고 아이를 데리고 또 교무실로 간다.
가면서 아이가 하는 이야기를 들어 보니,
아하, 이 녀석 친구와 미끄럼틀에서 시비가 붙었던 모양이다.
그런데 다른 친구들이 자기편을 안 들어 주고
상대편을 들어 준 것이 속상했나 보다.
연두부같이 말캉한 손을 닦아 주고 아까처럼 반창고 하나를 붙여 준 뒤
다시 가서 친구한테 놀자고 해 봐라, 하고 내보냈다.

또 오 분 뒤.
아이고, 저 녀석 또 들어오는군.
이번엔 눈가에 눈물까지 맺혀 있다.
손목 근처가 아프단다. 거기도 반창고 한 개.

1학년.
이제 겨우 만 6년을 살아 낸 1학년 아이들에게,
세상은 너무나 냉정하다.
친구와 사이좋게 놀려면 양보를 먼저 해야 한다는데,
한 번 양보하면 영원히 자기 차례가 오지 않을 것만 같아서
미끄럼틀을 먼저 타겠다고 고집을 좀 부린 것뿐이다.
그걸 두고 다른 친구들은 자기만 나쁘다고 하니 억울하다.
그게 속상해서 울었는데 아이들은 "쟤, 운다!"며 놀려 댄다.
손이 아픈 게 아니라 마음이 아픈 것이다.
그나마 반창고를 붙일 때마다 마음이 편안해지니 다행이다.
아이의 마음까지 치료해 주는 반창고.
하나씩 붙일 때마다 아이는 성장해 갈 테고,
머잖아 반창고가 필요 없는 날이 오겠지.

공부가 뭔지도 모르면서

아이는 어떤 때 몰입하는가

쉬는 시간.
한 아이가 교실에 남아 꼼짝 않고 앉아 있다.
쉬는 시간이면 늘 축구를 하러 나가던 아이가
오늘은 벌써 세 번째 쉬는 시간인데 저렇게 내내 자리에만 앉아 있다.
가까이 가 보니 뭔가를 열심히 들여다보고 있다.

"이게 뭐니?"
아이에게 물으니 책상 위에 놓인 전자사전을 열어 보인다.
그러고는 단어를 누르면 나오는 설명문을 나에게 더듬더듬 읽어 준다.
공룡도 읽고 개구리도 읽고 심지어 버섯까지 읽다가,
모르는 내용은 나에게 묻는다.
모르는 단어가 많아 자꾸 묻는 게 미안한지,
물어볼 때마다 녀석의 얼굴이 발그레해진다.

이 아이는 왜 다른 아이들처럼 나가 놀지 않고
혼자서 이렇게나 열심히 전자사전을 보는 걸까.
이 아이가 그럴 수밖에 없는 특별한 사정이 있다.
같은 학교 4학년, 5학년에 다니고 있는 언니들 때문이다.

전자사전은 아이의 것이 아니라, 바로 언니들 것이다.
언니들 공부하라고 부모님께서 사 준 물건이다 보니,
집에서는 온통 언니들 차지다.
아이도 이걸 사용해 보고 싶은데,
좀처럼 차례가 오질 않으니 답답한 것이다.
그래서 언니들이 잠시 내려놓을 때
몰래 가져다가 보는데, 이것도 여의치 않다.
언니들이 여간해선 손에서 놓지 않는 데다가,
아이가 만지작거리는 걸 보면 뭔지도 모르면서 만진다고
통을 주기 일쑤다.
엄마마저도 언니들 물건 자꾸 만지면 망가진다고 못 만지게 한다.

아이가 울면서 자기도 사 달라고 졸라 봤지만 통하지 않았다고 한다.
넌 1학년이니 나중에 공부하고 지금은 실컷 놀기나 하라고 했다나.
하지만 아이는 이 물건이 너무 궁금하고 보고 싶어서 참을 수가 없다.
그래서 언니들이 학교 간 다음에
얼른 가방에 넣어 학교에 가지고 온 것이다.
집에 가면 들키지 않게 제자리에 갖다 놓아야 한다.
그러니 학교에서밖에 볼 시간이 없는데,
학교에서도 공부 시간엔 꺼낼 수가 없으니
쉬는 시간만 오매불망 기다린 것이다.

화장실 갈 때도 가지고 가고,
친구들 성화에 억지로 놀러 나갈 때에도 들고 간다.
친구들이 그네 탈 동안 옆에 앉아서 사전을 들여다본다.

이쯤 되면, 이 아이가 어떻게 한글을 다 뗀 것도 모자라
전래 동화, 외국 동화 안 읽은 게 없고,
과학, 사회 쪽 지식도 어지간한 언니들보다 뛰어난지 이해가 된다.
어떻게 하면 아이 스스로 공부하도록 만들 수 있느냐고,
많은 부모님들이 물을 때마다 나는 이 아이의 예를 들곤 한다.
이런 아이는 학급에 한 명은 꼭 있다.

이런 아이는 우선 타고난 지적 호기심이 왕성하다.
알고 싶은 게 많으니 자연스레 수업 태도도 좋다.
질문 하나를 해도 구체적으로 한다.
수업 시간에 배운 것으로는 성에 차지 않으니 책을 끼고 산다.
TV도 기왕이면 지적 호기심을 자극하는 프로그램들을 더 보고 싶어 하고
엄마가 도서관에 데리고 갈 날을 손꼽아 기다린다.
아는 게 많아지니 수업 시간이 즐겁고,
선생님이나 친구들의 인정을 받는다.
또래 집단으로부터 인정받을 때의 짜릿함을 알게 된다.
계속 인정받고 싶어서 더 열심히 배우고 익히게 된다.

아이의 지적 호기심, 학습에 대한 욕구는 양육 환경과 밀접한 관련이 있다.
키우기에 따라 저런 아이가 될 수도 있다는 말인데,
그럼 어떻게 키우면 이런 아이가 될까.
그 반대의 경우를 보면 좀 쉽다.

아이가 잘할 수 있을까 전전긍긍하며
뭐 하나 혼자 하도록 내버려두질 않고
하나부터 열까지 다 챙겨 주며 간섭한다면
이렇게 클 가능성과 점점 멀어질 것이다.
아이 입장에서는 굳이 스스로 할 필요가 없으니까.
어제도 엄마가 나를 챙겨 줬고, 내일도 챙겨 줄 텐데,
굳이 먼 미래를 위한 공부를 할 턱이 없다.
다만 눈치가 있는 아이들은 공부를 좀 하면
엄마가 좋아하니까 적당히 하는 척은 한다.
머리도 좋고 호기심도 많은 아이들이 자기 재능을 더 뻗지 못하고
적당한 선에서 주저앉게 되는 이유다.
온몸을 던져 몰입할 기회를 부모가 번번이 막기 때문이다.

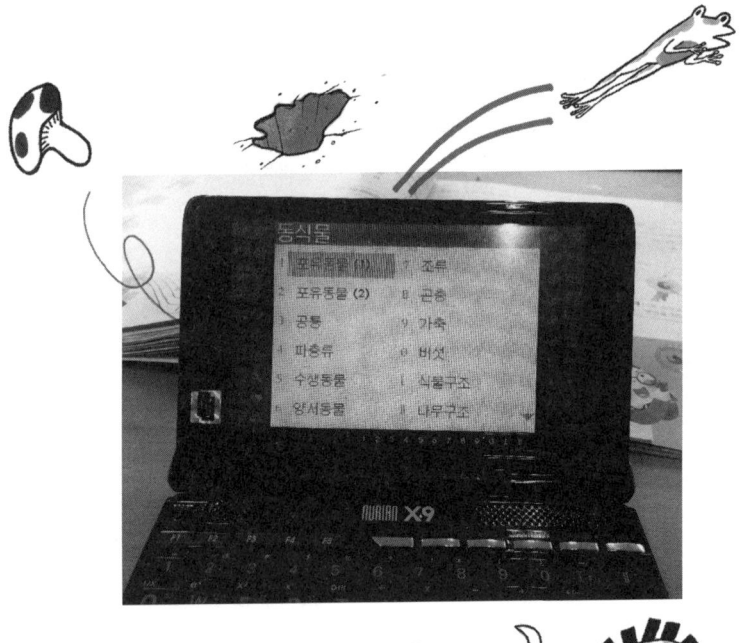

저 아이의 경우는 어떠한가.

당장 언니들의 전자사전을 만질 시간이 부족하다.

더구나 엄마까지 언니들 편을 들며 공부는 나중에 하라고 한다.

아이는 절박하다. 그러니 놀이 시간마저 포기하고

저렇게 짧은 시간이나마 단어를 익히고 새로운 것을 배우려 하는 것이다.

아이는 아마 그게 공부라는 생각도 못 할 것이다.

그저 언니들이 보는 것,

언니들이 아는 것은

자기도 경험하고 싶은 것이다.

언니들과 엄마의 대화에 자기도 끼고 싶은 것이다.

그래서 온 가족이 뉴스를 볼 때 자기도 기어이 끼어 앉아 뉴스를 본다.

그러다 보니 싱크홀이라는 단어도 알고 IS라는 단체도 알고,

심지어는 풍뎅이 애벌레의 1령, 2령도 줄줄 읊게 되었다.

어쩌면 언니들과 엄마는 스스로 알지 못한 채로

저 아이의 학습 욕구를 자극하고 있는 건지도 모르겠다.

선생님은
바보 아니잖아요

선하디선한
아이들

요즘 우리 반 아이들은 읽기와 쓰기에 제법 재미가 들었는지
받아쓰기 시간을 목 빼고 기다린다.
아침마다 "오늘은 어떤 공부를 먼저 할까?" 물으면 받아쓰기를 하자고 한다.
난 그럴 때마다 팔짱을 끼면서
"음, 좋아. 오늘은 아주 어려운 문제를 내겠어."라고 겁을 준다.
아이들은 꺅꺅 소리를 지르면서
2학년 형님들처럼 어려운 거 내면 안 된다고 엄살을 부린다.
받아쓰기라야 교과서에 나오는 낱말 쓰기가 전부다.
내가 낱말을 부를 때마다 아이들은 기다렸다는 듯 글씨를 쓴다.
사각사각.
아이들이 조막만 한 손으로 온 힘을 다해 눌러 쓰는 글씨들에는
아이들이 그걸 익혀 오면서 느꼈을
기대와 공포, 성취감과 좌절이 녹아 있다.

우리 반에서 받침이 있는 글자를 어려움 없이 읽고 쓰는 아이는 아직 없다.
그렇다 보니 글씨가 틀리는 경우가 많다.
하지만 아이들은 자기들이 글씨를 잘 모른다고 생각하지 않는다.
초등학교 들어와서 매일 받아쓰기를 하기 때문에,
그전까지 자기가 읽고 쓰던 수준에 비해
한글을 엄청 많이 알게 되었다고 생각한다.
가능하면 이런 자신감을 유지하게 해 주려고 애쓴다.

나는 받아쓰기를 시작하기 전에
불러 줄 낱말들을 칠판 이 구석 저 구석에 미리 써 놓는다.
글씨를 모르는 아이들이 눈치껏 보고 쓰게 하려는 의도다.
칠판을 보고 쓰기 때문에 대부분 제대로 쓰지만
그중엔 칠판을 보고 써도 틀리는 아이도 있다.
아이들이 맞게 썼든 틀리게 썼든 다 쓴 아이에겐 모두 별을 그려 준다.
그렇다고 받아쓰기를 대충대충 하는 아이는 없다.

다만 어쩌다 가끔 이르는 아이는 있다.
"선생님, 애들이 칠판을 보고 써요."
또 왜 100점을 안 주고 별을 그려 주냐며,
별 대신 100점이라고 써 달라는 아이도 있다.
100점보다 더 잘했을 때 별을 그려 준다고 말했더니,
그래도 별 말고 100점이라고 써 달란다.
자기는 학교 들어오기 전부터 힘들게 글씨를 연습해서
칠판을 안 보고도 쓸 수 있는데,
다른 아이들은 칠판을 보고 따라 써도
똑같이 별을 받으니 억울하다는 거다.

그 아이는 한글 공부를 하면서 엄마에게,
"이렇게 자꾸 연습해야 친구들보다 잘하고
선생님한테 칭찬을 받을 수 있다."고 들었을 것이다.
이런 양육 태도가 오히려 아이의 학습 의욕을 꺾는다는 것은
아이가 자기보다 공부를 더 잘하는 아이를 만났을 때 드러난다.
그럴 때 아이는 기다렸다는 듯 공부를 포기해 버린다.
공부 자체의 즐거움보다는 친구를 이기기 위한 도구로
배움을 경험했기 때문이다.
공부의 즐거움을 알려 주기는 어렵고, 승부욕을 부추기는 건 쉽다.
시간이 걸리더라도, 좀 늦더라도 충분히 기다렸다가
아이가 배우고 싶어 할 때 가르치면 공부의 즐거움을 맛볼 수 있을 텐데.
왜 이렇게 서두르게 되었을까, 경쟁을 부추기게 되었을까.
그러다 끝내 아이가 공부에 질려 나가떨어지게 만들었을까.

오늘은 받아쓰기를
재미있게 해 보려고,
중간중간 재미있는
낱말을 불러 주었다.
전학 간 친구를 언급하며
"잘 가"라는 말도 넣고,
키득키득 웃음이 나오는
"방구뽕"이라는 말도 넣는다.

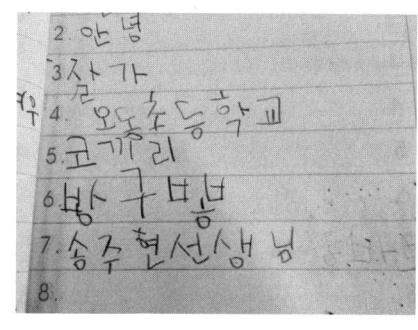

그리고 "선생님 바보"라는 말도 넣어 보았다.
아이들이 꺄륵꺄륵 웃으며 그 말을 받아 적는데,
한 아이가 다 쓰고 난 뒤 지우개로 '바보'라는 말을 슥슥 지운다.
그러면서 "우리 선생님은 바보 아니잖아요." 그런다.
그동안 나 때문에 받은 스트레스가 많았을 텐데,
통쾌하게 바보라는 낱말을 선생님 뒤에 써 붙일 만도 한데,
말랑말랑 작은 손으로 지우개를 문지르는 걸 보니
내가 오히려 아이 마음에 모진 일을 한 것 같다.
아이 마음이 참 선하다.

**신으면 더 빨리
떨어지잖아요**

너, 참 속 깊다

아이들이 교실에서 '무궁화꽃이 피었습니다' 놀이를 하고 있다.
아이들이 꺅꺅 소리 지르며 술래에게 점점 다가가다가
술래 등을 치고 후다닥 도망가는데, 가만 보니 한 아이가 맨발이다.
실내화는 어디 있냐고 물으니 자기 의자를 가리킨다.
눈처럼 깨끗한 실내화 한 켤레가 의자 옆에 가지런히 놓여 있다.
왜 안 신느냐고 물으니 실내화를 신어 보인다.
"빵꾸났다요."
그리고 보니 왼쪽 엄지발가락 부분이 벌어져 있다.
아직 다 떨어진 건 아니니 신는 게 어떠냐고 물으니 안 된단다.
"신으면 더 빨리 떨어지잖아요."

아이는 엄마를 참 좋아한다.
아이의 엄마는 밭에서 일한다.

엄마가 힘들게 일해서 사 준 실내화인데,
자기가 아껴 신으면 엄마가 돈을 덜 쓸 수 있단다.
그래서 가만히 앉아 있는 수업 시간엔 신고,
뛰거나 움직일 땐 벗어서 의자 옆에 두겠단다.
아이는 실제 자기 집 형편이 꽤나 살 만하다는 건 잘 모른다.
그저 자기가 좋아하는 엄마의 노고를 덜어 주고 싶은 마음인 것이다.
그래서 오늘처럼 비 오는 날은 수시로 창밖을 내다본다.
"아이 씨, 엄마 밭에서 일하는데."

어떻게 하면 저리 속 깊은 아이로 키울 수 있을까.
저런 아이를 만나면 아이의 부모가 어떤 분인지 궁금해진다.

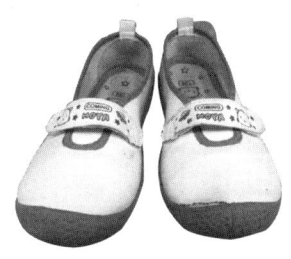

**누가 뭐래도
내가 좋아하는 것**

아이는 스스로
자기 색깔을
찾는다

눈이 달린 키 큰 나무에 오색 종이테이프가 붙어 있다.
우리 반 아이의 작품이다.
아침에 오자마자 다른 아이들처럼 나가 놀지 않고
책상에 바싹 엎드려 뭔가를 하더니
저걸 만들어 내 책상에 탁 올려놓는다.
"와, 나무에 눈이 달렸네!"
내가 말하자 아이가 웃는다.
"색동저고리 입은 나무예요."
아이의 발상에 감탄이 절로 나온다.
"아, 그럼 이 나무는 여자 나무구나."

이 아이는 교사용 서랍을 열어 보는 것을 좋아한다.
틈만 나면 이곳저곳 열어 본다.

그 안에 색종이, 풀, 가위를 비롯해서 예쁜 끈 같은
미술 시간에 쓰는 온갖 재료가 들어 있어서다.
가끔 내가 서랍 안을 정리하면 아이는
물건들 자리가 바뀌었다는 것을 금세 알아챈다.
그 뒤부터 난 어지간하면 정리하지 않고 그대로 둔다.
서랍뿐만 아니라 교실 곳곳에 어떤 재료가 있는지 아이는 잘 안다.
난 뭔가를 찾을 때 부러 멍청한 표정으로 이 아이에게 부탁을 한다.
"수림아, 풀 어디 있더라?"
그러면 아이는 "참 내. 선생님은 그것도 몰랐어요?" 하면서 쏙 찾아 준다.

필요한 재료가 있을 때마다 아이는 내게 써도 되느냐고 묻는다.
"선생님, 제가 나무를 그릴라 그러는데요,
에어컨 옆 서랍에 있는 눈깔 두 개만 써도 되죠?"
한 아이가 제동을 건다.
"야, 교실 께 다 니 꺼냐. 너만 자꾸 쓰면 어떡해. 그럼 안 되죠, 선생님?"
나는 그럴 때마다 멍한 표정으로 말한다.
"공부하려고 쓰는 건 괜찮을 거 같은데, 잘 모르겠네."
그러면 아이는 "거 봐, 된다 그러잖어." 하면서 으스대고,
상대 아이는 "맨날 이상한 거 꾸미면서 그게 무슨 공부냐."고 따진다.
아이도 지지 않는다.
"야, 디자인도 공부라고 우리 엄마가 그랬어."

자기가 원하는 재료가 없을 때, 아이는 색연필을 꺼내 그림을 그린다.
이런 쪽에 영 감각이 없는 내가 봐도 색상이 제법 잘 어울린다.
단순히 옷뿐 아니라 소품도 그려 넣고
때론 옷에도 특별한 장식을 달아 변화를 준다.

이 작품이 고작 초등 1학년 아이의 결과물이라니.

아이는 12색 색연필을 책상 한쪽에 나란히 늘어놓고
한참 동안 그걸 응시한다.
그러다 아이디어가 떠오르면 망설임 없이 색연필 하나를 집어 들고는
입술을 약간 도톰하게 내어 오므린 채 콧등을 손등으로 슥 문지른다.
이 아이가 뭔가에 집중할 때 습관적으로 하는 행동이다.
야무지게 앙다문 입술,
힘이 들어간 미간,
색연필을 꼭 쥔 손을 볼 때마다,
몰입이라는 것이 어떻게 이루어지는지 다시금 확인하곤 한다.

아이는 자신만의 디자이너 책을 만들었다.
집에서 책꽂이를 뒤지다가
공책 하나를 찾았다고 한다.
아이는 이 공책이 원래 어떤 용도로
사용되는지는 안중에 없는 듯하다.
예쁜 노트나 스케치북을 사 달라고
조를 수도 있었을 것이다.

그러나 그런 건 중요하지 않다고
생각했나 보다.
오히려 공책에 자신의 정체성을 강하게 표시해 놓았다.
자신의 이름 옆에 큼지막한 하트도 그려 넣고.
작품집을 가족에게 바치는 헌사도 잊지 않았다.
저 아이는 어떻게 이리도 진한 자기 색깔을 갖게 되었을까.
디자이너 책.
다시 보니 알파벳 연습하라고 만들어진 영어 공책이 아니라
아이가 자신을 위해 특별히 제작한 하나뿐인 책처럼 보인다.

> 저놈, 참 성격 좋네

아이의 유쾌함은
어디서 오는가

운동장을 가로질러 출근하는데
호랑이 동상에 올라간 아이들이 나를 부른다.
평소엔 형님들이 노는 곳이어서 1학년한테 차례가 잘 안 오는 곳이다.
그래서 기념사진을 찍어 주려는데
난데없이 손가락 두 개가 달팽이 뿔처럼 쏙 올라온다.
한 아이가 내가 사진을 찍는 걸 보고 쏜살같이 달려와
렌즈 앞에 손가락을 들이민 것이다.

동상 위에 있던 아이들, 갑작스런 방해꾼에 난리가 났다.
선생님이 자기들 사진 찍어 주는데 왜 갑자기 끼어드느냐는 것이다.
정작 손가락의 주인공은 넉살 좋게 웃는다.
"아, 미안 미안. 나도 같이 찍게 껴 줘."
"야, 너는 우리 찍고 난 담에 올라와서 찍으면 되잖아."

동상 위 아이들은 빨리 비키라고 소리를 지르는 한편,
나더러는 저 아이 빨리 쫓아내라고 성화다.
난 난처한 표정을 지으며 두루뭉술하게 답한다.
"사진을 찍긴 찍어야 되는데, 난감하네."
그러자 그 아이, 내 앞에서 팔짝팔짝 뛰며 말한다.
"그럼 쟤네 먼저 찍어 주시고요. 저도 꼭 찍어 주세요, 히히."
내심 이 아이도 동상 위에 올려 주고 같이 찍고 싶은데
분위기를 보아하니 그건 안 되겠고,
할 수 없이 먼저 세 아이를 찍어 준 뒤
이 아이를 따로 찍어 주기로 한다.

동상 위 아이들 사진을 찍고 나서, 뒤에 온 아이를 찍으려고
하나, 둘, 셋 하며 셔터를 누르려는데
아이가 갑자기 한발로 껑충 뛰며 왼쪽 다리를 한껏 뻗더니
고개를 젖히며 내 쪽으로 바짝 다가와 팔을 쭉 뻗어 브이 자를 한다.
아이가 이런 포즈를 취할 줄 모르고 가까이 서서 찍던 나는
얼결에 아이의 한쪽 다리가 잘린 사진을 찍고 말았다.
어쩌나. 다시 찍어 주자니 아이의 흥이 떨어질 거 같고,
그렇다고 이상한 구도의 사진을 보여 주자니 미안해서 우물쭈물하는데
자기 어떻게 나왔는지 보고 싶다며 내 휴대폰을 날쌔게 뺏는다.
사진을 보더니 "오 예!" 이러면서 우히히 웃고는
그네를 향해 다다다 달려간다.
그 모습이 운동장 옆 과수원 사과꽃처럼 싱그럽다.
나도 모르게 이 말이 절로 나온다.

"저놈, 참 성격도 좋네."

무엇이 아이를 유쾌하게 만드는가.
동상 위의 아이들이 툴툴대는데도 노여워하지 않고 밝게 웃던 이 아이는
자기가 원하는 사진을 결국 얻어 낸다.
아이의 유쾌함과 넉살은 타고난 기질이기도 하고
삶을 지탱하는 무기이기도 하다.

대부분의 1학년 아이들은 이런 상황에서, 동상 위 아이들과 맞서 싸운다.
자기가 질 걸 알면서도 싸운다.
그러다가 상대에게 밀릴 것 같으면 울면서 내게 와 일러바친다.
그러면 해결될 거라고 생각한다.
자기가 지금 억울한 상황이기 때문에
세상 모든 이들도 그렇게 믿어 줄 거라고 믿는 것이다.
1학년은 아직 모든 상황과 감정을 자기 위주로 판단하는 나이이기 때문이다.

집에서 형제와 다투거나 교실에서 친구와 다툴 때,
엄마나 담임에게 이르는 것은 자기 힘이 아닌
제삼자의 힘으로 문제를 해결하려는 방식이다.
아이들이 이 방식에 매달리는 까닭은 이 방식이 쉽고 잘 통하기 때문이다.
어른을 개입시키면 상대가 금세 위축되기 때문이다.
또 이르기만 하면 엄마든 선생이든 나서서 상황을 통제해 주니
자기들끼리 일일이 시비를 가리는 수고도 덜 수 있다.

그러나 아이가 저학년을 벗어나면 얘기가 달라진다.
3, 4학년만 되어도 친구들과의 갈등에서 담임의 권위를 빌리려는 행위는
암묵적으로 금기시된다.
그때가 되어서도 친구를 고자질하는 아이들은
어딘가 부족하거나 비겁한 아이라고 인식된다.
아이들은 하고 싶은 말이 있을 때 자신의 언어로 표현하지 않고
어른의 입을 빌리는 아이를 "찌질하다"고 말한다.
이는 이 시기가 의존적 자아에서 점차
독립적 자아로 발전하는 시기임을 의미한다.
하지만 정작 당사자는 자신이 갑자기 찌질한 아이로 취급받는 까닭을
이해하지 못한다.
학급 아이들이 자기와 어울려 주지 않고 따돌린다고
계속 부모나 교사에게 이르기만 할 뿐이다.
그건 또 다른 '찌질함'으로 받아들여진다.
울음을 터뜨리는 한이 있더라도,
자기 힘으로 친구들과의 갈등을 해결하는 연습을
충분히 하지 않은 아이는 독립적 자아로 넘어가는 대신
의존적 자아로 남으려는 경향이 있다.

말만 하면 어른들이 나서서 해결해 주고
그런 경우 승률은 거의 100프로인데,
굳이 망신 당할 일을 사서 할 이유가 없는 것이다.
그래서 자신의 문제를 어른에게 슬쩍 떠넘기면서
어른이 자신의 삶을 대신 살아 주길 원한다.

그런데 이 아이는 여간해서 그러지 않는다.
일러바칠 일이 생겨도 그 자리에서 어떻게든 스스로 해결을 본다.
갈등이 생기고 잠시 뒤에 살펴보면 어김없이 친구들과 어울려 놀고 있다.

우리 반 아이들은 뭘 하고 놀지를 결정할 때,
혹은 시비를 가려야 할 상황에 맞부딪쳤을 때,
이 아이의 의중을 먼저 확인하려고 한다.
그러면 이 아이는 예의 유쾌한 표정으로
친구들의 의견을 조율하고 놀이를 이끈다.
이 낙천성의 배경에는 바락바락 대드는 동생을
귀찮다고 내치지 않고 보듬어 준 손위형제들의 너그러움과
늦둥이 동생으로 인해 쌓였을 손위형제들의 스트레스를
헤아려 주고 다독인 부모의 인내와 지혜가 있다.
그 또한 아이의 복일 것이다.

**그렇게 잘났으면
2학년에나 가라!**

선행 학습 유감

수학 시간.
답답한 교실을 나가, 운동장 구석의 나무 그늘 아래 자리를 잡았다.
내가 내는 스무 개의 덧셈 문제를 다 풀면 놀기로 했다.

요즘 우리 반 아이들은 10보다 작은 수의 덧셈을 공부 중이다.
그 복잡하고도 난해한 계산을 위해
아이들의 열 손가락이 쉴 새 없이 펴졌다 오므라들었다 한다.
내가 문제를 낼 때마다 단풍잎 같은 손가락들이 꼬물거린다.

한 아이가 4 더하기 3을 하면서 짜증을 낸다.
2 더하기 3은 한 손만 있어도 되는데
4 더하기 3은 한 손의 손가락 네 개와 다른 손 손가락 세 개를
따로 세어야 하기 때문이다.

한 손의 손가락 네 개와 다른 손의 손가락 세 개를 이어서
눈으로 셈하면 될 문제지만,
일일이 손가락으로 짚어 가며 세야 하는 아이들인지라
숫자가 커지면 당황한다.

하지만 어떤 아이는 암산으로 계산을 한다.
문제를 듣자마자 바로 답을 말한다.
그러자 기껏 손가락을 세던 아이들이 계산을 멈추고
그 아이의 답을 따라 쓴다.

이는 암산으로 계산이 될 때까지 몸을 쓰는 경험을 많이 하게 하려는
나의 수업 의도와 어긋나는 것이다.
그 아이가 좀 참아 주면 좋겠는데, 자신의 암산 실력을 뽐내고 싶을 테니
못 하게 막을 수도 없다.
나는 차라리 다른 아이들이 그 아이의 암산 실력을
부러워하면 좋겠다고 생각해 보았다.
그러면 다들 암산을 하려고 애쓸 것이고
수업 목표 달성은 앞당겨질 테니 말이다.

그런데 분위기는 내 생각과 퍽 다르게 흘러간다.
먼저 답을 말하는 아이를 나머지 아이들이 짜증스러워하기 시작한 것이다.
급기야 한 아이가 성을 낸다.
"야, 너 자꾸 먼저 말하면 어떡해. 그렇게 잘났으면 2학년에나 가라!"
그러자 그 아이도 성을 낸다.
"너도 빨리 계산하면 되잖아. 지가 계산 못하면서."
그 말에 다른 아이가 목소리를 높인다.
"선생님, 쟤 2학년에 가라 그래요."
암산하던 아이, 얼굴이 붉어지더니
벌떡 일어나 나무 그늘에 가서 웅크려 앉는다.

친구 하나가 멀찌감치 떨어져 울고 있는데도
나머지 아이들은 별 신경을 안 쓰는 것 같다.
아이들은 우는 아이 쪽을 쳐다보지도 않는다.
그러면서 나에게 어서 문제를 계속 내라고 재촉까지 한다.
남은 아이들은 난데없이 친밀감을 과시하면서
"빨리 풀고 우리끼리만 재미있게 놀자."고 의견을 모은다.

난 곤란한 표정을 짓는다.

"에이, 모두 같이 풀고 같이 놀아야 재미있지."

난 싸움이 해결될 때까지는 더 이상 문제를 내지 않겠다고 선언한다.

빨리 풀고 놀려고 했는데 일이 틀어지자 아이들은 화를 낸다.

"쟤는 자기만 빨리 맞히고 잘난 척하니까 우리만 문제 풀면 되잖아요."

나는 우는 아이와 화가 난 아이들을 내버려 두고

화난 척하며 교실로 휙 들어와 버린다.

내가 자리를 뜨자 몇몇이 우는 아이에게 다가간다.

잠시 뒤, 우는 아이는 눈물을 닦고

아까 앉았던 자리로 다시 가 앉는다.

그 사이에 한 아이가 나를 부르러 교실로 온다.

난 못 이기는 척 다시 나가서 문제를 마저 불러 준다.

암산을 잘하는 아이, 이번엔 먼저 답을 말하지 않는다.

다만 친구가 틀린 답을 말하려고 하면

눈짓으로 신호를 살짝 보내 준다.

난 일부러 모른 척한다.

그 아이의 눈짓 신호 덕분에 생각보다 문제 풀이가 빨리 끝난다.

아이들은 언제 화가 났었느냐는 듯 벚나무 그늘 아래에서 어울려 논다.

약간만 기다려 주면, 아이들은 어떤 상황에서도 해결책을 찾는다.

학교 공부를 못 따라갈까 봐 선행 학습을 시킨다고, 학부모들은 말한다.

남의 아이보다 실력이 떨어지면 안 된다는 강박과 불안은

사교육 비즈니스를 낳는다.

먼저 배우면 더 쉽게 이해하는 건 당연한 일일 것이다.

문제는 선행을 해서 남들보다 잘 알게 된 아이와
그렇지 않은 아이들이 받아들이는 수업 시간의 의미가
사뭇 다르다는 것이다.

상담 중 만난 부모들은 아이가 선행 학습 때문에
학교에서 힘들 줄은 꿈에도 몰랐다고 말한다.
먼저 배웠으니 공부가 쉽게 느껴질 것이고,
그러면 친구들에게도 인정받으며
즐겁게 공부할 수 있을 줄 알았다고 한다.

남들보다 뭔가를 더 먼저, 더 많이 알 경우,
그걸 주변 사람들에게 내색하고 인정받고 싶어 하는 것이 인지상정이다.
아이들도 마찬가지다.
하지만 그걸 바라보는 나머지 아이들은 이런 모습을 좋게 보지 않는다.
자기들보다 먼저 배워 와서 정답을 척척 내놓는 아이를 보면서
나머지 아이들은 공정하지 않다고 느낀다.
그래서 은연중에 그 아이에 대해 삐딱한 시선을 가진다.
그 결과, 그 아이는 친구들의 인정을 받기는커녕 따돌림을 당한다.
그 아이가 어떤 걸 잘하면, 그게 선행의 결과가 아니라 해도 믿지 않고
먼저 배웠으니까, 하며 우습게 여긴다.
따돌림당하는 아이는 친구들이 왜 자기를 시기하는지 모르기 때문에
친구들을 원망하고 대립한다.
결국 엄마들의 의도나 바람과는 달리
선행 학습은 정작 공부에 쓸 기운을 다른 데 소진하게 만든다.

마법의 장화

하늘도 움직인
아이의 간절함

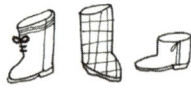

아침에 주차장에 차를 세우자마자 한 아이가 달려온다.
"선생님, 저 오늘 장화 신고 왔다요. 아빠랑 샀죠. 비 오면 신을라구. 근데 요즘에 비가 잘 안 와서 못 신었잖아요."
다른 아이가 샘이 난다는 투로 끼어든다.
"얘, 지금 자랑할라구 그러는 거예요.
너는 오늘 비도 안 오는데 장화를 신고 오냐. 너 자랑할라 그러지?"
아이도 지지 않고 맞선다.
"오늘 비 온다 그랬어. 내가 테레비에서 봤다니깐."
그 아이, 어이없다는 듯 하늘을 가리킨다.
"야, 저렇게 해가 났는데 비가 오겠냐. 너 장화 샀다고 잘난 척하지 마."
아이도 하늘을 보더니 한풀 꺾인다.

공부 시간.

한창 수업이 진행 중인데 아이가 창밖을 보더니 느닷없이 내게 묻는다.
"선생님, 쫌 이따 비 올 거죠? 밖에 보란 말이에요. 흐리잖아요."
못 들은 척하며 수업을 계속 이어 가려는데,
아이가 벌떡 일어나 창가로 뛰어가더니
까치발을 하고 손을 쭉 뻗어 창문을 확 연다.
창문이 창틀에 쾅 부딪히는 소리가 나고 바깥 찬 바람이 훅 들어온다.
아이들이 그 아이를 향해 소리를 지른다.
"야, 너 공부 시간에 왜 시끄럽게 해. 우리 춥잖아.
너 비 오면 장화 신고 잘난 척하려고 그러지? 다 알어."
아직 비가 안 오는 걸 확인한 아이는
창문을 닫고 시무룩하게 자리에 앉는다.
그리고 친구들에게 억울하다는 듯 말한다.
"테레비에서 오늘 비 온다 그랬어. 내가 어제 봤다니깐."
한 아이가 아기 달래듯 말한다.
"그래도 공부 시간에는 공부를 해야지.
그러다가 비 오면 그때 장화 신고 나가면 되니깐."

내가 잠깐 끼어든다.
"이따가 점심시간에 비 오면 좋겠네. 장화 신고 나갈 수…"
그러자 그 아이는 내 말이 끝나기도 전에 소리를 버럭 지른다.
"오늘 비가 안 올까 봐 그런다구요!
오늘 비 안 오면 내가 장화를 어떻게 신냐구요!"

아이의 성마른 반응에 다른 아이들이 놀라서 모두 내 쪽을 쳐다본다.
선생님에게 무례하게 소리를 질렀으니
저 아이를 어떻게 혼낼지 지켜보겠다는 반응 같기도 하다.

하지만 정작 나는 아이의 말투에서 어떤 필사적인 기운이 느껴져서
가만히 지켜보고 있었다.
그런 내가 안돼 보였는지 한 아이가 나 대신 그 아이를 나무란다.
"야, 너 왜 버르장머리 없이 선생님한테 까불어. 잘한다, 아주 잘해.
누구는 뭐 장화 없는 줄 아냐.
야, 니네 중에서 장화 있는 사람 전부 손들어."
그러자 아이들이 모두 손을 든다.
그러면서 자기 장화를 누가, 언제 사 줬는지,
자기 장화가 어떤 모양, 어떤 색인지 각기 떠드느라 바쁘다.

그 정도면 장화 이야기는 충분히 한 것 같아서
다시 수업을 해 보려 내가 한마디 한다.
"다음에 진짜로 비 오면 전부 다 장화 신고 오기로 하고
아까 공부하던 거 다시…"
이번에도 내 말이 끝나기도 전에 그 아이가 울부짖는다.
"다음번에 나는 장화 못 신는다구요.
장화가 너무 짝아져서 발에 안 들어가니깐요!"
아유, 저 녀석을 그냥.
그깟 장화 하나 갖고 공부 시간을 다 망치네, 싶어
나는 슬슬 화가 난다.
누가 나 대신 그 아이에게
"야, 그깟 장화 하나 갖고 그만 좀 해!"라고
일갈해 주길 기대하며 아이들을 둘러보는데, 웬걸.
아이들의 눈빛은 짜증은커녕
공감과 호기심으로 반짝반짝 빛나고 있는 게 아닌가.

"헐. 장화가 짝아져? 너 그거 언제 샀는데?
그 사이에 발이 컸어?"
"어… 그러니깐 내가 유치원 다닐 때 샀으니깐.
일곱 살 때 샀지. 아빠가. 비 올 때 신으라구."
"나도 장화 얼마 못 신었는데. 비가 안 와서.
한 번 비 올 때 신을라 그랬는데, 엄마가 못 신게 했어."
"헐. 왜 못 신게 해? 그럴라면 왜 사 줬는데. 와, 니네 엄마 쩐다."
"내가 지난번에 짝아진 장화를 신고 개울에 들어갔단 말이야.
(갑자기 양말을 벗고 책상 위에 발을 척 올리고 엄지발가락을 가리키며)
그런데 여기가 엄청 아팠단 말이야. 니네도 조심해."
"장화가 짝아지면 양말은 안 신어야 돼. 그러면 발이 쪼금만 아퍼."
"야, 니네 내 노란 장화 봤지? 그거 짝아져서 지금은 못 신는단 말이야.
근데 우리 엄마가 저번에 그거 신고 빨리 학교 가라 그랬단 말이야.
그래서 내 발가락이 꼬부라지고 엄청 아팠단 말이야."
"헐. 장화 짝으면 얼마나 아픈데 그걸 신으라 그래. 와, 니네 엄마 쩐다."

아이들에게 비 오는 날 장화는 전장에 나가는 장수의 갑옷과 같다.
어른들이 만들어 놓은 이 세계의 틈바구니에서 동심을 지켜 주는 갑옷.
장화를 신은 아이들은 어김없이 빗물이 고인 웅덩이를 찾아 달려든다.
물속에 발을 담가도 젖지 않는 짜릿함!
아이의 본성을 마음껏 발산할 수 있는 물웅덩이!
장화가 있는 한, 아이들이 어찌 비를 기다리지 않을 수 있을까.

아이의 간절함이 하늘을 움직였을까.
아니면 아이가 신고 온 장화가 마법의 장화였을까.
점심시간이 시작되는 것과 동시에 비가 쏟아진다.

아이는 점심을 평소보다 빨리 먹는다.
그리고 준비된 무대를 향해 걸어 나가는 배우처럼
전쟁터로 나가는 용감한 장수처럼
하늘색 장화를 신고 비를 향해 유유히 걸어 나간다.

**다음 날이면
사이가 좋다**

글쓰기의 치유 능력

우리 반 아이들은 내가 컴퓨터 키보드를 안 보고
글자를 입력할 수 있다는 걸 무척 신기하게 여긴다.
자기들은 키보드의 글자판을 한참 들여다봐야 몇 글자 겨우 입력하는데,
선생님은 피아니스트처럼 양손을 이용해서 쏜살같이 입력하기 때문이다.
아이들에게 화면을 보여 주며
교과서에 실린 지문을 빠른 속도로 입력하면,
아이들은 누구랄 것도 없이 "와!" 하며 탄성을 내지른다.
그리고 내가 입력하는 글을 큰 소리로 읽는다.
난 가끔 일부러 오타를 내서 아이들을 웃긴다.
오타가 나기 전까진 엄청 도도하게 잘난 척을 하다가
오타가 나면 과장해서 창피한 척을 한다.
그러면 아이들이 막 웃는다.

종종 아이들이 하는 말을 그대로 쳐서 화면에 띄우곤 하는데,
그럴 때면 아이들은 앞다퉈 나에게 이야기를 해 준다.
나는 로봇이 된 것처럼
"주인님! 말씀하세용. 삐리삐리!" 큰 소리로 외친 다음
아이가 불러 주는 말을 입력한다.
아이들이 이 놀이를 좋아하는 것을 이용해서
나는 아이들에게 짧게나마 시를 지어 보게 하고 있다.
시에 대해 가르친다기보다,
아이들이 자기 이야기를 시로 표현해 보게 하는 것이다.
아이들은 시가 뭔지도 모른 채 내가 정한 주제를 가지고 시를 쓴다.
글자를 능숙하게 쓰는 아이에게서는 글로 받고,
말로 하는 게 편한 아이에게서는 내가 받아 적는다.
시간이 지나면서 글로 쓰는 아이들은 점점 줄어들고
말로 불러 주는 아이들이 늘어난다.
선생님이 자기가 불러 주는 대로 컴퓨터로 따닥따닥 입력하는 걸
구경하는 게 재미있어서다.
말로 시를 지으면 글로 쓰는 것보다 내용이 훨씬 풍성해진다.

시는 상상 속의 세계로 아이를 이끌기도 하고
아이의 현실을 솔직하게 드러내기도 한다.
아이는 시라는 형태로 자신의 속마음을 표현하면서
<u>스스로 상처를 치유하기도 하고 나의 공감을 요구하기도 한다.</u>
난 시를 입력하면서 아이의 마음을 헤아려 주고
재미있는 표현이 나오면 웃어 주기도 한다.

우리 엄마

나는 1학년이다
나는 엄마 말을 잘 안 듣는다
나는 그래서 쫑쫑댄다
엄마가 파리채로 나를 막 때린다
그래도 언제나 좋다
하지만 기쁠 때도 있고 슬플 때도 있고 화날 때도 있지만
다음 날이면 사이가 좋다
그래도 엄마가 좋다

이 아이는 두 언니들에게
까분다고 엄마한테 혼난 일을
항상 나에게 와서 이르곤 한다.
이 시 역시 엄마에게
혼난 내용인데,
엄마에 대한 서운한 마음이
뒤로 갈수록
누그러지고 치유되는 것이 보인다.

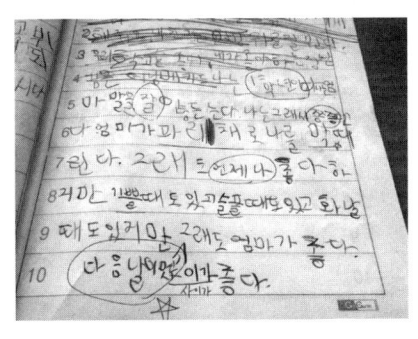

나에게 이를 땐 엄마가 자기에게 나쁘게 대한 것들만 얘기했는데,
시에는 '그래도 엄마가 좋다'는 내용을 썼다.
평소 아이가 내게 하던 이야기와 다르기에,
"너네 엄마가 만날 너 혼낸다고 해서 나쁜 엄마인 줄 알았는데,
좋은 엄마구나." 했더니 아이가 정색하며 말한다.
"좋은 엄마는 아니구요… 연필 줘 보세요."
그러더니 '그래도' 앞에 '다음 날이면 사이가 좋다'는 말을 써넣는다.

이 아이는 야단을 맞아도 엄마가 좋긴 하지만,
그래도 아주 좋은 건 아니라는 의미를
'다음 날이면 사이가 좋다'는 표현에 담은 것이다. 훌륭한 동시다.

타이핑된 자기 시가 4학년 언니들이 공부하는 교실 앞 복도에 걸리자
아이는 기분이 좋은지 액자 앞에서 떠날 줄 모른다.
자기는 그냥 하고 싶은 말을 써냈을 뿐인데 그걸 칭찬받고
곱게 액자까지 씌워 학교에 전시를 하니 어리둥절한 모양이다.

시를 쓸 때 기분이 어떠냐고 물어보면 아이는 시원하다고 한다.
시를 쓰면서 섭섭했거나 억울했던 감정들이 씻겨 나가는가 보다.
아이는 글쓰기의 힘을 이미 몸으로 체험한 것이다.
시든 산문이든 자기감정을 글로 표현하는 일은
아이에게 크나큰 힘이 된다.
난 아이들이 쓴 시들을 부모에게도 보내 준다.
그리고 가정에서도 좋은 동시를 아이와 함께
읽어 보고 외워도 보시라고 권한다.
아이들은 자기 마음을 꼭 집어낸 듯한 시들을 보면서 쾌감을 느낀다.

**아이들의
관찰 밀도는
어른보다 높다**

그림일기를 대하는
어른의 자세

아직 사고가 자기중심적인 1학년 아이들은
어른들과 다른 방식으로 기억한다.
어떤 걸 먹거나 보거나 만지거나 듣는 일 같은 직접적인 감각이
사건에 대한 감정보다 우선하는 시기이기 때문이다.
그래서 아이들 최초의 그림일기는 대부분
한 개의 사물을 그리는 것으로 시작한다.

엄마 생일날 케이크를 먹은 아이는
그림일기에 케이크 하나만 달랑 그린다.
아이에게는 엄마의 생일이라는 '사건'보다
달콤한 케이크가 주었던 '감각'이 더 강렬한 기억이기 때문이다.
하지만 담임 입장에서 케이크만 봐서는 그게 어떤 의미인지 알 수가 없다.
아이가 그린 케이크를 보고 내가

"와, 엄청 맛있어 보이는 케이크네." 하면
그제야 아이는 내게 케이크에 담긴 사연을 줄줄 늘어놓는다.

"어제가 엄마 생일이었단 말이에요. 그런데 아빠가 까먹었단 말이에요.
그래서 할머니가 아빠한테 빨리 케이크를 사 오라 그랬단 말이에요.
엄마가 오기 전에 아빠가 케이크를 사 왔단 말이에요.
할머니는 엄마한테 미역국을 끓여 줬단 말이에요.
나랑 누나가 엄마한테 선물을 줬단 말이에요.
그러니까 엄마가 눈물이 났단 말이에요."

아이의 단순한 케이크 그림 하나엔 이렇게 깊은 감동의 사연이 스며 있다.
아이의 그림일기는 그래서 소중하다.

엄마에게 회초리를 맞은 어떤 아이는 울고 있는 아이 한 명을 달랑 그린다.
그림 속 아이는 입꼬리가 아래로 처져 있고 눈에는 눈물이 맺혀 있다.
그걸 보고 내가 "이 아이는 누구신데 이렇게 슬프게 우시나." 이러면
기다렸다는 듯 자기 엄마를 일러바친다.

"어제 내가 레고로 터닝메카드를 만들었단 말이에요.
내 동생이 자다가 일어났단 말이에요.
그런데 내 터닝메카드를 망가뜨렸단 말이에요.
그래서 내가 빨리 다시 만들어 놓으라고 그랬단 말이에요.
난 때리지도 않았단 말이에요.
그런데 내 동생이 울었단 말이에요. 그래서 엄마가 날 때렸단 말이에요."

아이는 엄마에게 혼이 나기까지의 과정보다는

엄마에게 맞아서 아프고 억울했던 순간만을 기억한다.
1학년 아이에게 훈계나 회초리는 이런 의미다.

1학년 아이들의 관찰 시점은 자기 자신에게 머물러 있지만,
그렇다고 아이들의 관찰력이 성근 것은 아니다.
관찰 범위가 좁은 대신 그 밀도는
어른들의 그것과 비교할 수 없을 정도로 높다.
사물과 현상에 대한 고정관념에 지배당하는 어른들과 달리
아이들은 배경지식이나 편견 없이 관찰하고
그 안에서 무수한 이야기를 발견해 낸다.
표현이 아직 서툰 시기라 그 세밀한 관찰 결과들이

온전히 그림일기에 담기지 못할 뿐이다.
하지만 탈각된 기억들은 그대로 휘발되어 사라지지 않고
아이 내면에 어떤 심상으로 맺혀 무의식 깊숙이 저장된다.
그것은 쉽게 의식 위로 떠오르지 않지만, 특별한 계기가 주어지면
아이 삶 전체를 뒤바꿀 만큼 강렬한 기제로 작용하기도 한다.
이런 것들을 가능하면 다채롭게, 진하게 심어 놓을 수 있다면
나중에 어른이 되어서도 기댈 수 있는 든든한 둥치가 되지 않을까.

그림일기를 쓰게 하면서 원칙을 몇 가지 정해 준다.
글씨를 알면 글씨를 써도 되지만
글씨를 모르거나 글씨를 쓰기 싫으면 그림만 그려도 된다.
글씨를 틀리게 써도 괜찮다.
기분에 따라 색은 칠해도 되고 안 칠해도 된다.
대신 사람이나 동물을 그릴 땐
그 기분이 나타나게 표정을 그려 넣는다.
이 원칙들은 아이들이 자신이 느낀 것을
그대로 표현하게 하려는 전략이다.
그림일기의 핵심은 얼마나 글을 잘 쓰고 그림을 잘 그렸느냐가 아니라,
하려는 이야기와 표현하고 싶은 감정을
마음껏 담아내는 데 있기 때문이다.
그럼에도 어떤 아이는 벌써 정형화된 그림일기를 쓰기도 한다.
일기의 내용이 일목요연하고
그림도 체계가 잡혀 있으며 글씨도 가지런하다.
일기 맨 위쪽에 날짜와 날씨도 적어 넣는다.
일기 끝에는 '오늘의 반성과 내일의 계획'까지
꼼꼼하게 채워 넣는다.

이러한 일기는 훈련된 것이다.
그림이나 글씨에 신경을 쓰다 보니
정작 담아야 할 자신의 솔직한 감정은 담기 어렵다.
일기가 과제가 되고 의무가 된다.
이런 아이는 자기에 비해 그림도 대충 그리고
글씨도 삐뚤빼뚤한 친구의 일기가
선생님 칭찬을 받는 걸 이해하지 못한다.
나 또한 이런 아이에게, 굳이 날씨나 날짜는 안 써도 되고
오늘의 반성이나 내일의 계획도 쓸 필요 없다는 말을 하기가 어렵다.
아이에게 혼란을 줄 수 있기 때문이다.
오늘을 반성하고 내일을 계획하기 위한 일기는 진짜 일기가 아닐 것이다.
하고 싶은 말을 솔직하게 터놓아야 진짜 일기다.
세상 어느 아이가 반성과 계획을 통해 성장하는가.
아이는 오로지 자신의 내면을 들여다보고 타인과 교류하면서 성장한다.

이렇게 단정하고 모범적인 일기의 이면에는 부모의 욕망이 숨어 있다.
자기 생각을 가지런하고 말끔하게 표현하는 것.
정작 부모 자신도 잘 못 하면서 아이들에게 그런 것들을 요구한다.
하지만 이런 일기가 좋은 일기인지 난 잘 모르겠다.
이런 아이들의 일기엔 아이 삶의 개성이 잘 드러나지 않는다.
자기 삶을 기록하는 방법을
스스로 체득하지 못하고 배워서 알게 된 아이는
테크닉은 뛰어날지 몰라도 자기 언어를 갖는 데 실패한다.
이런 일기는 자신의 시점이 아닌 타인의 시점,
혹은 객관적인 시점으로 기록된다.
사실만을 기록하는 실록처럼 평이하고 건조하다.

이런 일기엔 아이 자신만의 감정도 별로 드러나지 않는다.
그저 즐거웠다, 맛있었다, 다음에 또 하고 싶다 등의
상투적인 표현으로 가득 차 있을 뿐이다.
당연히 일기 쓰는 시간이 아이를 깊은 내면으로 안내하지 못한다.
이렇게 일기 쓰기를 시작한 아이는 학년이 올라가
본격적인 글쓰기를 하게 되어도 자신의 내면과 겉도는 글을 쓰기 쉽다.
이런 일기는 안 쓰느니만 못하다.

어쩌다 부모들은 이런 일기가 담임의 호감을 살 거라고 생각했을까.
부모들의 유년 시절 그들의 선생들이
그런 일기들을 칭찬하고 치켜세웠기 때문일 것이다.
왜 이렇게 글을 쓰느냐고,
이 그림은 이해하기 어렵다고 타박을 받아 본 아이는
자기만의 표현 방식을 포기하고
부모나 선생이 요구하는 기준에 자신을 맞춰 간다.
아이의 창의성과 상상력이 어른들의 평범성에 압사당하는 것이다.
그림일기 쓰기를 시작하면서 나는 부모님께도 따로 당부한다.
그림일기의 형식에 대해 조언하지 마시고
아이가 표현한 것에 관심 갖고 존중해 주실 것,
아이의 그림이 무슨 내용인지 모르거나 부족해 보여도
절대 수정이나 보충하지 마실 것,
그림일기를 쓸 때는 아이의 사생활을 위해 가급적 혼자 있게 해 주실 것.

한 아이가 등교하자마자 가방도 멘 채
내 책상에서 제 일기장을 가져가더니
숨을 헐떡이며 일기를 쓰기 시작한다.

그림을 어떻게 그릴까, 잠시 고민하는 것 같더니
이내 그림은 포기하고 바로 글씨 쓰는 칸으로 넘어가 뭐라고 막 쓴다.
그걸 보고 무슨 일이 있나 싶어 내가 한마디 한다.
"아유, 가방 무거워 어깨가 빠지겠네."
아이는 내 말은 들은 척도 안 하고 계속 뭔가 써 내려가더니
뭐가 맘에 안 드는지 갑자기 쓴 내용을 연필로 북북 긋는다.
아이를 향해 내가 한마디 더 한다.
"아이고, 일기장 다 찢어지겠네."
잠시 후, 아이가 상기된 얼굴로 내게 일기장을 쑥 내밀며 외친다.
"오늘은 말로예요, 알겠죠?"
평소엔 그림으로 가득하던 아이의 일기장이
오늘은 그림 대신 '말로'라는 글씨뿐이다.
"오잉, 오늘 그림은 왠지 글씨처럼 보이네. '말로'가 뭐야?" 하며 묻자,
아이는 답답한지 일기를 확 뺏어 가며 타박을 한다.
"으이구, 오늘 일기가 너무 길어서 말로 하겠다구요."
"나랑 우리 누나랑 아빠 차를 타고 학교에 오고 있었단 말이에요.
그런데 어디서 개가 나타났단 말이에요.
누런 갠데 빨간 목줄을 했단 말이에요.
그런데 우리 차가 벌써 지나갔단 말이에요.
그 개가 어제도 나타났단 말이에요.
개가 우리 차를 막 쫓아왔단 말이에요.
나랑 누나가 아빠한테 "저기 개 있다"고
말했단 말이에요.
그런데 아빠가 더 빨리 갔단 말이에요.
그런데 그 개가 학교까지 막 따라왔단 말이에요.
개가 아빠 차에 치일 수도 있으니깐 나는 아빠한테

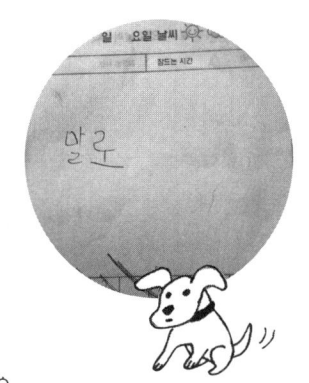

차라리 천천히 가라 그랬단 말이에요.
제가 학교에 딱 내렸잖아요?
그런데 그 개가 운동장까지 벌써 와 있단 말이에요.
제가 운동장에 가 봤단 말이에요?
형님들이 개를 귀엽다고 데리고 놀았단 말이에요.
그래서 저도 좀 거기서 개랑 노느라 늦게 들어왔단 말이에요.
이제 알겠죠?"

아이가 말로 하는 일기에서 범상치 않은
생각의 힘이 느껴진다.
동네를 돌아다니는 유기견에 대한 따스하고 건강한 생각,
그리고 그 생각을 전하면서 스스로 느끼는 자부심.
1학년 아이들의 하루하루 이야기는 이렇게 다들 선이 굵다.
늘 그렇고 그런 내용에 싸구려 감상을 몇 줄 끼적이는 것으로
일기를 대신하는 나의 그것과는
그 구체성이나 생생함이 질적으로 다르다.

아빠 차에 개가 치일까 봐,
차라리 차가 더 천천히 달리기를 바라는 따뜻한 마음씨.
오늘은 그림이나 글이 아닌 '말로' 대신했지만,
이 아이가 쓰기에 능숙해지면
조만간 독창적이고 훌륭한 일기가 탄생할 것이다.
아이에게 글쓰기 방법을 훈련시키기보다
자기를 먼저 표현하게 해 주어야 하는 까닭이 여기에 있다.
지금 저 아이의 그림과 글씨의 속도는 말의 속도를 이기지 못하지만,
머잖아 언어의 힘만으로 세상에 없는 그림까지도 그려 낼 것이다.

어른은 흉내도 못 낼 아이의 상상

글쓰기 훈련이 아이의 고유성을 파괴해서는 안 된다

단독주택 집 안에서 '나'가 텔레비전을 보고 있다.
텔레비전을 향해 뻗은 나의 손에는 리모컨이 들려 있다.
검은색 지붕에는 굴뚝이 두 개 달려 있는데
굴뚝 하나에서 나온 연기는 하늘의 별과 이어져 있다.
나머지 굴뚝의 연기는 별을 지나쳐 우주 공간까지 이어진다.
지붕 위 하늘에는 반짝이는 별(큰 마름모)과
반짝이지 않는 작은 별(길쭉한 동그라미)이 뒤섞여 있고 그 위엔 특별히 크고 멋진 별 세 개와 그믐에 가까운 하현달이 있다.
언어 구사가 서툰 1학년 아이들의 그림 속엔
하늘의 별들처럼 무수한 이야기가 깃들어 있다.
인식의 한계를 뛰어넘은 비구상 그림은,
글로는 표현되기 어려운 아이만의 세계를 선명히 드러낸다.
이런 그림은 나 같은 사람은 흉내도 못 낸다.
아이가 그림 그리는 걸 옆에서 지켜보면,
상상의 세계가 아닌 현실 세계를 그리고 있는 게 아닌가 하는
착각마저 든다.
어른의 시각에서는 맥락이 안 맞고 개연성을 잃은 것처럼 보이지만,
아이의 머릿속에서는 그 나름의 논리가 딱딱 들어맞는
'진짜 세계'로 펼쳐지기 때문이다.

상상을 하면 곧바로 현실의 삶으로 이어지는 세계,
나에게도 저런 시절이 있었을까.
아이들의 그림을 보면, 내가 저 아이들을 단지 어리다는 이유로
얕보거나 무시하면 안 되겠다는 생각이 든다.

아이는 자기가 그린 그림을 상상이라고 말하지 않는다.
내가 "와, 하늘 멋지다." 그러면 아이는 대수롭지 않다는 듯 퉁을 준다.
"우리 집 마당에서 보면 이렇다니깐요."
지붕은 밤이어서 까맣게 보이는 거고,
더 반짝이는 별과 덜 반짝이는 별이 함께 있는 풍경은
네온사인과 온갖 조명들에 별빛이 묻히는 도시에서는
결코 포착할 수 없는 풍경이다.

"와, 별이 엄청 많네?"
내 감탄에 아이는 또 아무렇지도 않은 듯 말한다.
"아유, 달이 쪼그매지니깐 당연히 별이 많죠."
아이의 말은 과학적으로도 타당하다.
그믐달이 되면 밤하늘이 상대적으로 어두워지니 별이 더 잘 보이니까.
1학년 아이의 관찰력이 이 정도다.
관찰만으로 논리와 지식을 습득한다.

글자를 알아 가면서 아이들의 그림일기도
점차 추상의 틀을 벗어가고 있다.
아이들이 그린 추상의 세계를
남들이 이해할 수 있는 구상의 세계로
연결해 주려면 약간의 설명이 필요하다.
나는 아이가 그림일기를 그려 오면 그 내용을 일일이 물어
아이가 보는 데서 글로 써 준다. 아이들은 이 과정을 좋아한다.
그래서 어떤 아이는 내가 긴 글을 쓰게 하려고
부러 복잡한 그림을 그리기도 한다.
이 과정을 거치면서 아이들은 자기가 그려 낸 이미지가
어떻게 언어로 치환되는지 경험하게 된다.

아이의 그림일기를 보면 난 언제나 같은 질문을 한다.
"이거 뭐 한 그림이야?"
그럼 아이들은 익숙한 듯 그림의 내용을 이야기해 준다.
"테레비 본 그림이잖아요. 그것도 몰라요?"
그럼 나는 또 묻는다.
"언제 봤어?"

"어제 봤다니깐요".
"누구랑 봤어?"
"으이구, 나 혼자 봤죠. 아빠 거실에 있었으니깐요."
"뭘 봤는데?"
"뉴스 봤다니깐요. 보고 싶어서 테레비 켰죠. 그런데 리모컨으로 켰죠.
리모컨이 망가졌으니깐 장에서 새로 사 왔죠."
나는 아이가 그린 그림을 토대로
문장에 살을 붙이기 위해 질문을 이어 간다.
그럼 아이는 나의 질문에 차곡차곡 답을 한다.
나는 아이의 대답들을 모아 문장으로 써 준다.

지금 상황에서는 아이들이 언제 스스로
문장을 만드는 단계까지 갈까 싶지만,
아이들은 어른들 예상보다 훨씬 빨리 성장한다.
금세 문장을 익히고 응용까지 한다.
신기하게도 그게 몇 개월 안에 다 이루어진다.
2학년만 되면 두 개의 문장을
중심 문장과 보조 문장으로 구분하는 능력까지 생긴다.
아이들이 작문 능력을 갖게 하려면,
문장을 어떻게 익혀야 하는지를 아는 사람이 가르쳐야 한다.
문장을 가르치는 일은 덧셈 뺄셈을 가르치는 것과 다르다.
언어 교육은 고도의 노하우들이 결집되어야 한다.

어떤 부모는 아이가 글씨를 예쁘게 쓰는 데 집중한다.
아직 손가락 힘이 모자라 바른 모양으로 글씨를 쓰는 게 잘 안 되는데,
글씨가 깍두기공책의 네모 칸을 벗어났다고,

이응(ㅇ)의 동그라미 모양이 일그러졌다고,
받침이나 띄어쓰기가 틀렸다고 다시 쓰라고 한다.
이런 상황이 반복되면 아이는 쓰는 것 자체를 싫어하게 된다.
부모가 생각의 힘을 길러 주기보다 글씨에 집착하는 건
그게 눈에 띄는 결과를 빠르게 보여 주기 때문이다.
하지만 아이 입장에서는 기술적인 부분을 자꾸 지적받다 보니
글씨 쓰는 게 영 재미없고,
글씨 쓰는 게 재미없다 보니, 글을 읽고 쓰는 것도 재미가 없다.

국어 교과의 목적은 글씨를 예쁘고 가지런히 쓰는 데 있는 게 아니라,
다양한 어휘를 이용해 자신의 생각을 정확하고 자유롭게
표현하는 능력을 기르는 데 있다.
말은 제법 유창하게 잘하는 아이가 글쓰기를 싫어하는 경우,
어김없이 그 아이가 글씨를 익히는 과정에서 받은 상처들이 보인다.

아이는 자기가 그렸던 그림일기에서 문장을 뽑아낸다.

테레비 봤어요.
어제 테레비 봤어요.
어제 집에서 테레비 봤어요.
어제 집에서 나 혼자 테레비 봤어요.
어제 집에서 나 혼자 리모컨으로 테레비 봤어요.
어제 집에서 나 혼자 리모컨으로 테레비를 켜서 뉴스를 봤어요.
어제 집에서 뉴스가 보고 싶어서 나 혼자 리모컨으로
테레비를 켜서 뉴스를 봤어요.

아이는 계속 '리모컨으로 테레비를 켰다'는 걸 강조한다.
아이가 리모컨을 좋아해서일 수도 있고,
리모컨으로 텔레비전 전원을 켜는 과정이
아이에겐 중요한 일이어서 그럴 수도 있다.
아이가 표준어 대신 테레비라는 표현을 쓰는 것은
가족의 언어 습관에서 온 영향일 것이다.
만약 이 아이에게 표준어를 쓰게 하고 불필요한 부사구를 빼게 하면
바르고 정제된 문장을 쓸 수는 있게 되겠지만,
그렇게 하는 건 조심해야 한다.
아이 고유의 개성과 표현력이 획일화될 수 있기 때문이다.

교사가 한 번에 너무 많은 걸 가르치려 하다 보면
그 과정에서 아이의 고유성이 파괴되기 쉽다.
그 결과, 아이는 매끄럽지만 빤한 문장,
조리가 있지만 건조한 문장만 지어내게 된다.
이런 식으로 길들여진 아이에게 동시를 지어 보라고 하면 힘들어한다.
논리적인 글은 곧잘 쓰면서도
솔직한 생각과 풍부한 감성이 드러나야 하는 글쓰기는 어려워한다.
연령이 낮을수록 한 번에 하나씩,
천천히 가르쳐야 하는 이유가 여기에 있다.

이 아이의 문장에서 아이다운 표현은 '테레비'와 '리모컨으로'이다.
하지만 표현되지 못한 것들이 훨씬 더 많다.
밤하늘의 수많은 별들,
그 별들에 닿은 연기,
검은 지붕,

가을밤의 냄새와 풍경….
아이는 머지않아 자신이 느낀 것들을 글로 유려하게 풀어내게 될 것이다.
그때까지 글씨가 밉다고, 그림이 서툴다고 타박받는 일이 없기를.
그래서 아이의 그림에서
까만 지붕과 연기와 별과 달이 밀려나지 않기를.

**방학을
해야 하는 이유**

저는 게으름뱅이가 될 거예요

겨울 방학식 날.
방학식 날이면 으레 하기 마련인 이런저런 잔소리를 늘어놓고 나서
"방학하면 뭐 하고 싶은지 써 봐." 했더니,
한 아이가 이렇게 써 놓고 내가 못 보게 양팔로 가리면서 깔깔댄다.

방학하면 저는 게으름뱅이가 될 거예요.
왜냐하면 공부를 너무 많이 해서 쉬고 싶거든요.

아이고, 이 녀석.
얼마나 공부가 힘들었으면, 얼마나 쉬고 싶었으면
게으름뱅이가 되겠다고 할까.
싫은 공부 억지로 하다가 연필 내던지며 집에 가겠다고 울기도 여러 번,
말썽 부릴 때마다 혼나기도 여러 번.
또래들보다 학습 발달이 다소 늦다 싶어 입학해서부터
질질 끌다시피 몰아쳐 가르쳤는데,
아이에겐 꽤나 벅찼나 보다.
나 보라고 일부러 쓴 것 같아 미안해진다.
나 역시 이 녀석과의 한 해는 유독 길게 느껴졌다.

1학년이 끝나 가는 시점에서도 여전히 비뚤배뚤한 글씨,
쥐 갉아 먹은 옥수수처럼 빼먹은 낱말들을 보면
부지런히 배워 따라가야 할 것 같은데,
녀석은 무슨 배짱인지 공부 많이 했다고 큰소리다.
아직 친구들에 비해 글씨도 잘 못 쓰고,
모르는 단어도 많지만 기죽지도 않는다.
오히려 그동안 자신이 애써 온 것에 대한 자부심으로 똘똘 뭉쳐 있다.
어쩌면 이 아이는 글씨를 배우는 일보다
더 중요한 걸 스스로 터득했을지도 모른다.
아무튼 아이의 당당함을 보니 어디 가도 굶지는 않겠구나 싶어
왠지 든든하다.

아이들은 관계 속에서 성장한다

단짝이란 이런 것 1

단짝은 교사보다 힘이 세다

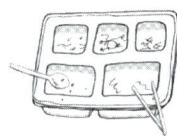

다른 아이들은 점심을 다 먹고 운동장으로 달려 나갔는데,
오늘따라 한 아이의 식사가 유독 늘어진다.
비지를 넣고 끓인 찌개가 먹기 싫은 모양이다.
그럴 수 있지. 그래서 딱 한 숟가락만 먹어 보고 나가라고 달래는데,
이 녀석, 그마저도 내키지 않는지 완강하게 버틴다.
"아이고, 이러다 선생님이 먼저 먹고 운동장 나가겠네."
나는 빨리 먹는 척을 하며 아이를 재촉해 본다. 요지부동.

그때, 먼저 먹고 달려 나간 아이들 중 하나가 급식실로 되돌아왔다.
먹고 있는 아이의 단짝 친구다.
레고도 같이 하고 화장실도 같이 가고 항상 서로 챙기는 사이다.
친하다 보니 다툼도 잦아서 서로 담임한테 이르기도 하고 울기도 하지만
뒤돌아보면 어김없이 착 붙어 있다.

그 아이가 아까 먼저 밥을 먹고 나가면서
그네를 맡아 놓고 기다리겠다고 했는데,
아무리 기다려도 친구가 안 나오니까 급식실로 다시 찾아온 것이다.
"야, 왜 이렇게 안 나와. 너 때문에 못 놀잖아." 하며 화를 낼 만도 한데,
아이는 친구 곁에 바짝 앉아 숟가락을 집어 들더니
밥알을 싹싹 긁어모아 친구 입에 넣어 준다.
"야, 야, 이거 빨리 먹고 나가서 재미있게 놀자, 응?"
엄마라도 되는 듯 살갑게 달래기까지 한다.

그러자 방금 전까지 한 숟갈도 안 먹겠다며 버티던 아이는 어디 가고,
아기 양처럼 순한 표정이 되어 덥석덥석 잘 받아먹는다.
자기 옷 스스로 꺼내 입기, 밥 먹여 달라고 하지 않고 스스로 먹기.
방금 전 수업에서 그렇게 강조했는데, 선생님 눈앞에서 이런 상황이라니.
저 녀석들, 나한테 도대체 뭘 배운 거지?
하지만 정말 보기 좋은 풍경이다.

"와, 준희는 좋겠네. 호준이가 밥도 먹여 주고. 아이고, 부러워라.
선생님은 준희가 너무 부러워."

내 말에, 먹여 주는 아이나 받아먹는 아이나 씨익 웃는다.
그러더니 잠시 후, 준희는 보란 듯이 식판을 번쩍 들어 보이더니
호기롭게 말한다.
"봐요. 다 먹었죠? 저 이게 나가요!"
거참.
선생님이 먹으라고 할 때 꿈쩍도 안 하던 아이가
친구의 한마디에 저렇게 바뀌다니.
둘 사이에 어떤 마법이라도 있었던 걸까?

나도 부랴부랴 밥을 마저 먹은 뒤,
두 아이가 궁금해서 따라 나와 봤다.
거참.
밥을 떠먹여 준 걸로 끝난 게 아니었다.
아이는 친구에게 자기가 타던 그네까지 떡 하니 양보했다.
그리고 자기는 기꺼이 그네 근처에서 친구를 기다려 준다.
단짝 친구의 극진한 봉사를 받은 아이 표정엔 뿌듯함이 가득하다.

1학년.
모든 것이 낯설기만 한 학교생활.
초등학교에서 스트레스가 가장 많은 학년이다.
갑자기 많아진 수업 시간도 참기 힘들고,
규칙만 강요하는 선생님의 요구도 감당하기 어렵겠지.
그럴 때, 저런 단짝 친구 하나 있으면 얼마나 의지가 될까.
먹기 싫은 비지찌개도 기꺼이 먹을 수 있게 만드는 힘의 원천,
단짝 친구 말이다.
숟가락으로 밥을 먹여 주던 기억, 크레파스를 기꺼이 빌려주던 기억,

그네를 말없이 내주던 기억들이 하나둘 모여
같이 웃고 서로의 눈물을 닦아 주는 친구로 살아가게 되겠지.
때로는 기꺼이 자기의 모든 것을 걸고 상대를 도울 일도 올 테지.
저 정도의 끈끈함이라면, 문제없을 것이다.
저 두 아이의 우정에 함부로 촐싹대지 말아야겠다. 감히.
아이고, 부정 탈라.

우리 엄마가 오셨어요

아이가
지금 견디고 있는
시간

우리 반은 아침에 어제 치 그림일기를 쓴다.
학교에서 일기를 쓰게 하면 아이들이 전날 있었던 일들을
친구들과 이야기하게 되는데,
그러면 뭘 했는지 생각이 안 나는 아이도 쉽게
어제의 일을 떠올릴 수 있기 때문이다.
그런데 한 아이가 일기를 집에서 써 왔다며 오자마자 보여 준다.
왜 미리 썼느냐고 물으니 일기장을 펴 보이며 씨익 웃는다.
"우리 엄마가 오셨거든요!"
예쁘게 그린 엄마 얼굴에, 입술엔 빨간색으로 정성 들여 색칠한 뒤
'우리 엄마가 오셨어요. 조하써요(좋았어요).'라는 문장도 써넣었다.
'우리'라는 글씨 위에 멋진 별도 그려 넣었다.
아이 표정이 세상을 다 가진 듯 뿌듯해 보인다.

아이 엄마는 직장 때문에
아이와 멀리 떨어져 지낸다.
그리고 주말마다, 혹은 한 주 건너,
혹은 한 달 만에 아이를 보러 온다.
아이가 엄마와 떨어진 채
지낼 수밖에 없는 현실은
도시 위주로 편중된 일자리와
안정적인 벌이가 어려운 농촌 경제
환경에 그 까닭이 있다.

아이 얼굴에서,
난 아이가 지금 견디고 있는 시간을 읽는다.
견디다 견디다 엄마가 오는 날은 기쁨에 겨워
일기장에 엄마 얼굴을 그리는 걸로
그간 참았던 감정을 푸는 것이다.
엄마가 오기로 한 며칠 전부터, 아이는 내게 와 자랑을 한다.
"우리 엄마 온다요. 선생님, 부럽죠?"
그러면 나도 아이 마음에 장단을 맞춰 준다.
"아이구, 좋겠네. 선생님도 선생님 엄마 보고 싶은데,
아직 한참 있어야 보는데."
그러면 아이는 나를 위로한다.
"선생님도 쪼끔만 기달려 보세요, 저처럼."
엄마가 올 때가 되면, 아이는 달라진다.
발걸음이 가벼워진다. 얼굴에 미소가 떠나지 않는다.
평소 싫어하던 반찬도 먹어 보려 애쓴다.
안간힘을 쓰며 참았던 외로움을 일기장에 쏟아부으면서도,

정작 자기를 두고 일하러 간 엄마를 원망하지 않는 어른스러움이,
내겐 오히려 애잔하다.
"엄마가 열심히 돈 벌고 있으니
다음번에는 같이 맛있는 것도 사 먹고 꽃도 보러 가자."
멀리 떨어진 엄마는 전화로나마 세상에서 가장 친절한 약속들을 한다.
이제 갓 1학년이 된 아이를 떼놓고 일을 하러 가면서
얼마나 가슴이 옥죄었을까.
수화기 너머로 아이의 칭얼거림을 들을 때마다 얼마나 목이 멨을까.
아이를 낳아 그저 곁에 끼고 키우고픈 소박한 꿈이
아이의 엄마에겐 너무나 멀다.

아이는 친구와 다툴 때 자기가 밀린다 싶으면
비장의 필살기를 꺼낸다.
"우리 엄마 오면 너 다 일러 줄 거야."
다른 친구들이 엄마 이야기를 하면
나도 모르게 그 아이 눈치를 보게 된다.
아이에게 엄마는 안식처인 동시에
제 심술을 풀어 놓는 가장 만만한 상대다.
이따금 말도 안 되는 걸 트집 잡아 엄마를 붙잡고 늘어지기도 하고,
특별한 이유도 없이 엄마에게 짜증을 내거나 떼를 쓰기도 한다.
아이는 그렇게 평소 엄마와 함께하지 못했던 서러움을 한꺼번에 터뜨린다.
그래서 어떤 땐 엄마가 제때 직장으로 돌아가지 못하고
아이가 잠들고 나서야 겨우 출발하기도 한다.

엄마와 헤어지고 학교에 온 월요일,
아이의 표정은 말로 표현하기 힘들 정도로 애처롭다.

엄마에 대한 그리움과 서운함이 뒤섞인 마음이 얼굴에 고스란히 드러난다.
하지만 내가 뭐라도 위로를 해 주려 다가가면
아이는 아무렇지 않게 말한다.
"우리 엄마 담달에 또 온다요. 좋겠죠?"
그 말에 값싼 동정으로 위로하려던 나는 멈칫하고 만다.
대신 두 손으로 아이의 양 볼을 감싸며 부러운 표정을 짓는다.
"와, 정말 좋겠네. 아우, 부러워."

정치가들아, 제발 아이와 엄마가 떨어질 필요가 없는 사회를 만들어라.
그것이 당신들이 그토록 떠드는 진짜 복지다.

할머니의 힘

아이는
예뻐하는 만큼
큰다

병원에 할머니와 아이가 있다.
환자복을 입은 할머니 손등엔
링거 주사가 꽂혀 있다.
그런데도 얼굴은 웃는 표정이다.
웃고 있는 할머니 옆에는 아이가 있다.
아이의 눈엔 커다란 눈물방울이
맺혀 있다.
그림을 그리다 보니 더 슬퍼진 걸까.
연필 선을 자세히 보면 눈물은 나중에
추가로 그려진 걸 알 수 있다.
아이의 말 주머니를 보니 '할머니'를 부르고 있다.
무채색의 그림 안에서 할머니는 유일하게 색이 입혀져 있다.
할머니는 얼마 전 파마를 하셨다.

그날 아이도 머리를 멋지게 잘 땄는데,
아이는 자기보다 할머니의 머리를 더 공들여 그린 것 같다.
아이는 글씨로 다 표현하지 못한 애정을 그림에 녹여 놓았다.
'할머니가 이번(입원)을 해(했)습니다.'

엄마 아빠가 일을 나가면 아이는 늘 할머니와 지낸다.
할머니가 깨워 주고 할머니가 씻겨 준다.
할머니가 숟가락 위에 반찬을 놓아 주면 오물오물 먹는다.
"세상에서 우리 손주가 제일 밥 잘 먹네." 칭찬도 많이 듣는다.
똥 눠도 할머니가 닦아 주고 친구가 놀려도 할머니만 있으면 해결된다.
숙제 안 해 선생님한테 혼나도,
발 안 씻어 엄마한테 혼나도,
할머니만 있으면 분이 풀린다.
어쩌다 출퇴근길에 나와 마주치면 아이 할머니는
이미 굽은 허리를 더 굽혀 손이 땅에 닿도록 인사를 하신다.
그러곤 늘 같은 당부를 하신다.
"애가 삼대독자래유. 잘 좀 가르쳐 주세유."

그런 할머니가 쓰러지셨다.
할머니를 병원에 두고 혼자 학교에 오던 날, 아이는 이 일기를 썼다.

이 아이에게 할머니라는 존재는
엄마와 시시때때로 다투는 고부 갈등의 주역이거나
명절 때 만나 용돈이나 쥐여 주는 그런 대상이 아니다.
할머니에게 역시 아이의 존재가 노년을 희생해 키우는,
그저 빨리 벗어나고 싶은 그런 대상이 아니다.

할머니와 아이는 서로의 삶에 깊이 스며들어 있는,
서로에게 없어서는 안 될 존재다.

아이는 할머니가 안 계셔도 밥을 잘 먹고 혼자 발을 씻고 똥을 닦는다.
그리고 자기 전, 할머니에게 전화를 걸어
자기가 혼자 똥 닦았다고 자랑을 한다.
그러면 할머니는
"아이고, 우리 손주가 밥도 잘 먹고 똥도 잘 닦네." 그런다.
아침이면 아이는 내게 와서
자기가 할머니에게 어떤 자랑을 했는지 들려준다.
할머니에게 받은 애정만큼 아이는 쑥쑥 자랄 것이다. 그것이 성장이다.
아이가 자라는 만큼 할머니는 더 늙어 갈 테지만
적어도 외롭지는 않으실 것이다.
자신이 조금만 아파도 두 눈에 눈물을 매달고 응원하는 손주가 있는 한.

**이야기는
아이와 친한 사람이
들려줘야 한다**

들려주기가
독서의 시작이다

봄날의 점심시간.
아이들이 밥을 다 먹고 나간 뒤 뒤이어 먹으며 급식실 창밖을 보는데
한 아이가 현관 난간에 걸터앉아 뭔가를 하고 있다.
아이 앞에 작은 것들이 오밀조밀 놓여 있다.

식사를 마친 뒤 가까이 가 보니 소꿉놀이를 하고 있다.
완충 비닐을 바닥에 곱게 깔고 그 위에 파란 소풍 바구니를 올려놓더니

앙증맞은 음식 모형들을 꺼내 펼쳐 놓는다.
분홍 리본을 단 강아지 인형도 하나 놓여 있다.
다들 운동장에서 신나게 어울려 노는데,
혼자 현관 앞에 앉아 벌려 놓은 소꿉놀이가 귀여워 아는 척을 했다.
"와, 봄 소풍 나왔구나?"
"으이구, 제가 소풍 온 게 아니라 강아지가 소풍 온 거라구요."

아이는 책을 좋아한다. 정확히는 책이 아니라 이야기를 좋아한다.
동화책의 이야기도 좋아하고, 만화영화의 이야기도 좋아하고
내가 들려주는 허접한 귀신 이야기도 좋아한다.
가끔 아이들에게 나의 어린 시절을 배경으로
다소 예스러운 이야기들을 각색해서 해 주는데,
저 아이는 그때마다 넋을 놓고 듣는다.
아이의 표정을 보면 아이가 얼마나 이야기에 몰입하는지 보인다.
이야기를 마치면, 아이는 항상 그다음 얘기는 언제 해 줄 거냐고 조른다.

이야기에 대한 열정이 아이 스스로 책을 찾아 읽게 만들었을 것이다.
아이가 혹할 만한 근거도 없이 무조건 책 던져 주고 읽으라고 강요해서는
결코 책을 좋아하는 아이로 만들 수 없다.
고전도 좋고, 창작동화도 좋지만
무엇보다 이야기를 좋아하게 만들어야 한다.

이야기는 아이와 친한 사람이 들려줘야 한다.
그것도 아이가 좋아할 만한 이야기를.
할머니의 무릎을 베고 잠들기 전 듣는 '호랑이와 곶감' 이야기,
엄마나 아빠가 먼저 푹 빠져 추억하는 자신들 어린 시절 이야기가 그렇다.

그런 이야기를 들으면서 자란 아이는 글자를 익혀 책을 볼 때도
머릿속에 그림을 뭉게뭉게 떠올리며 읽을 수 있다.
그다음부턴 글이 많은 책도 술술 잘 읽게 된다.
다만 이때까지 지겨울 만큼 많은 시간이 걸린다는 게 문제다.
대부분의 부모들이 그 전에 포기해 버린다.
그러면서 "우리 아이는 책과 안 맞나 보다."라고 지레 단정해 버린다.
많은 부모들이 이야기 들려주는 시간을 건너뛴 채
아이에게 책을 건네 버린다.
그 순간부터 아이에겐 책이, 책 속 이야기가, 공부가
즐거움이 아닌 고통이 된다.

무작정 책을 주면 대개의 아이들은 읽기 싫어한다.
책에 적힌 언어는 입으로 하는 말과 달라서다.
책의 언어는 1학년 아이들에게 너무 어렵다.
억양도 없고 감정도 안 느껴지기 때문이다.
아이들은 글씨를 읽으면서 감정을 느끼고 이입할 수 있어야
재미를 느끼기 시작한다.
그때까지는 끝없이 이야기를 들려줘야 한다.
그 지루하고 끝없는 과정을
아이가 "그만해. 이제부턴 내가 책으로 읽을래." 할 때까지 이어 가야 한다.
아이의 독서욕은 결국 부모가 들려준 이야기들이
켜켜이 쌓여 만들어진 것이다.
하지만 책을 읽고 희열을 느껴 본 적 없이 성장기를 보낸 부모들에게
자식에게 책을 읽어 주고 이야기를 들려주는 것은 결코 쉬운 일이 아니다.
엄마와 아빠가 아이 곁에 오래 머물 시간을 주지 않는 이 사회 탓도 있다.
이야기를 들려주고 책을 읽어 줄 시간에 돈을 벌도록 등 떠미는 나라가

아이들의 꿈을 말할 자격이 있는가.

"강아지야, 넌 무엇부터 먹을래?"
"뭐라고? 떡을 달라고?"
아이는 혼자 묻고 답하며
이것저것을 건네다
나와 눈이 마주치자
쑥스러운지 놀이를 멈춘다.
내가 황급히 자리를 비켜 주자
다시금 놀이를 시작한다.

얼마 뒤, 내가 다시 살금살금
그 자리에 갔을 때에도
아이의 대화는 계속 이어지고 있었다.
아이가 만들어 낸 이야기 속에서 강아지는
밥투정을 하다 엄마에게 혼이 나기도 하고
지나가는 언니에게 위로를 받기도 한다.
아이는 소꿉놀이를 하면서 야단치는 엄마도 되었다가
다독이는 언니도 되었다가 강아지가 되기도 한다.
저런 놀이의 경험이 쌓여 아이는 여러 입장을 헤아릴 수 있게 될 것이며,
훗날엔 자기 아이에게 재미있는 이야기를 많이 들려주는
엄마도 될 수 있을 것이다.

단짝이란 이런 것 2

단짝의 격려가
선생을 이긴다

오늘은 지난 시간에 읽기 연습을 한 부분을 공책에 쓰게 했다.
자신이 쓴 것을 선생님 앞에서 바르게 읽으면
공책에 왕별을 하나 그려 준다.
그러면 운동장에 나가 놀 수 있다.
글씨가 틀렸거나 바르게 읽지 않으면 처음부터 다시.
내가 "시작!"을 외치자 아이들은 불과 십여 분 만에 후다닥 쓰고
내 앞에 와 줄줄 읽은 다음 썰물처럼 바깥으로 나간다.

교실에는 한 아이만 남았다. 저 아이는 글씨를 모르는 게 아니다.
다만 행동이 좀 느리다.
글씨 한 자 쓰고 창밖 한 번 쳐다보고, 한 자 쓰고 책상 밑에 들어가고.
친구들이 먼저 나가서 노는데도 저 아이는 급한 게 별로 없다.
어차피 주어진 시간이 40분이니 시간은 아직 많이 남아 있다.

하지만 너무 느긋한 것도 습관인 것 같아서
"야, 너도 어서 하고 나가 놀아야지." 한마디 하자
속도가 조금 붙는가 싶더니 다시 제자리.
난 아이의 맞은편에 앉았다.
아이는 딴짓을 하다가 내 눈치를 보고 한 글자 쓰더니 또 그대로.

그때, 창밖에서 한 아이가 이 아이를 부른다.
"빨리하고 나와. 내가 너랑 타려고 그네 맡아 놨어."
아이가 창밖을 향해 소리 질러 답한다.
"나 아직 많이 남았어! 지금 못 나가."
잠시 후, 창밖에서 부르던 아이가 교실로 들어온다.
얼굴이 조금 상기된 걸 보니 급히 왔나 보다.
그 아이, 잠시 내 눈치를 보더니 친구 연필을 뺏어
자기가 막 써 주기 시작한다.
어서 같이 놀고 싶은 마음에 좀 급했나 보다.
"아이구, 준희 공부인데 호준이가 다 해 주면 안 되는데." 하고
내가 끼어드니, 아이는 씨익 웃으며 연필을 다시 친구에게 건넨다.
"내가 불러 줄 테니 니가 써."
그 아이는 친구가 잘 쓸 수 있게 쓰는 속도에 맞춰
한 글자씩 또박또박 불러 준다.
가끔 틀리는 글자가 나오면 작은 소리로,
"그거 아냐, 다시 써." 하면서 가르쳐 준다.
쓰다가 틀리면 들고 있던 지우개로 재빨리 지워 주고
다시 쓰라고 일러 준다.
지우고 다시 써도 틀린 글자를 쓰자 이번엔 아이가 연필을 받아
흐릿한 글씨로 살짝 써 준다.

친구가 그 위에 글씨를 쓸 수 있게 하기 위해서다.
아, 저건 교사인 내가 할 일인데….
가만 보니 저 아이가 선생이다.

불러 주는 아이의 목소리에도 귀여움이 가득하고
받아 적는 아이의 손가락에도 귀여움이 가득하다.
불러 주는 아이의 목소리와 받아쓰는 아이의 숨소리가
넓은 교실 한구석에서 잔잔히 퍼진다.

드디어 다 썼다.
저 아이가 들어온 지 오 분도 안 되어서다.
선생인 내가 빨리 쓰라고 재촉했다면, 오 분 만에 끝낼 수 있었을까.
단짝 친구의 다정한 격려가 선생인 나를 이겼다.
이제는 쓴 걸 읽어야 하는 시간.
아이는 더듬더듬 글씨를 읽어 가기 시작한다.
"기다란 기차가 나무 옆을 지나…"

읽다가 어려운 글자가 나오자 아이가 잠시 멈칫한다.
그러자 친구는 얼른 손가락으로 그 글자를 가리키면서
친구의 귀에 들릴락 말락 한 소리로 알려 준다.
그러면 그 아이는 이내 큰 소리로 따라 읽는다.
선생님에게 받는 지적은 부끄러워하기도 하고,
어떨 땐 대놓고 싫은 내색을 하면서
안 하겠다고 떼를 쓰기도 하는데,
친구에게 받는 지적은 무한 수용이다. 처지가 같은 또래이기 때문이다.
아이들은 알게 모르게 각자가 받은 상처와 불안을
또래와 나누며 유대감을 느낀다.
그 유대감들이 모여 우정이 만들어진다.
그 우정을 바탕으로 아이들은
부모나 선생과 나누지 못하는 고민을 나눈다.
그러면서 세상에서 나만 힘든 게 아니라는 걸 배운다.

친구 덕분에 드디어 과제를 다 마쳤다.
아직 정해진 시간보다 십오 분이나 남았다.
두 아이의 빛나는 성취에 나도 부러운 기색을 감추지 않는다.
"와, 준희는 호준이가 있어서 참 좋겠네.
선생님도 너네 같은 단짝 친구 있음 좋겠다."
이런 칭찬 따위는 대수롭지 않다는 듯 아이들은 내 말이 끝나기도 전에
교실을 벗어나 복도를 내달린다.
'저놈들, 또 뛰네.' 나는 허겁지겁 복도로 나간다.
아이들은 이미 바람처럼 복도 끝에 다다랐다.
"얘들아, 뛰지 마."라고 외치려다 멈칫.
녀석들, 오늘은 뛰어도 될 것 같아 놔둔다.

아기 고양이 까미가 아이들에게 가르쳐 준 것들

아이들에겐 고양이도 스승이다

신발 상자 안에 검정색 아기 고양이 한 마리가 있다.
부드러운 내복이 밑에 깔려 있고 그 옆 약병에는 분유가 들어 있다.
주인에게 버려진 이 고양이는 우리 학교 한 아이에게 발견되었다.
아이는 고양이를 키우고 싶어 했지만 부모님이 허락지 않으셨다.
결국 아이는 고양이를 학교에 데려왔고
우여곡절 끝에 1학년 교실까지 오게 되었다.

1학년 아이들이 열광했다.
"선생님, 이 고양이 우리 교실에서 키우면 안 돼요?"
나는 뻐딱하게 말했다.
"니네가 교실에서 뛰고 떠들잖어. 고양이가 시끄러워 못 살지."
아이들 기운이 한풀 꺾인다.
"우리가 교실서 안 뛰고 안 떠들 테니 키워요, 네?"

난 여전히 삐딱하게 나간다.
"고양이가 먹을 게 없잖어. 고양이가 배고파 못 살지."
아이들이 또 한풀 꺾인다.
"우리가 먹는 우유 덜어 줄 테니 키워요, 네?"
나의 삐딱함도 계속된다.
"니네가 집에 가면 선생님 혼자 돌봐야 되잖어. 선생님 힘들어서 못 하지."
아이들이 더 낮춘다.
"우리가 선생님 말 잘 들어서 선생님 힘들지 않게 할 테니 키워요, 네?"
마침내 아이들이 먼저 조건을 내건다.
"점심시간에 급식 잘 먹기, 선생님이 말 안 해도 우유 마시기,
아침에 오면 그림일기 알아서 쓰기,
바깥 놀이 하다가 선생님이 부르기 전에 알아서 들어오기,
선생님한테 짜증 부리지 않기."

여간해서 아이들이 지키기 어려운 약속이다.
한 번도 아이들 쪽에서 먼저 이런 거래를 제안해 온 적이 없었는데
고양이 한 마리에 이렇게 빡센 조건을 과감하게 거는 걸 보니
어지간히 키우고 싶은 모양이다.
태어난 게 무슨 죄라고 어미와 떨어져 여기까지 흘러들어 온
아기 고양이의 순탄치 않은 삶과
엄마와 떨어진 채 학교에 맡겨져 싫은 공부를 해야 하는
자기들의 처지가 서로 닮았다고 생각하는 걸까.

고양이의 이름으로 여러 의견이 나왔다.
검돌이, 쪽쪽이, 구름이, 별.
아이들이 합의를 못 하고 다퉜다.

난 또다시 삐딱하게 말했다.
"거봐, 니네가 그렇게 싸우면 고양이가 속상해 못 살지."
그러자 한 아이가 말한다.
"야, 그럼 자기가 맘에 드는 이름에 손들기 하자."
또 한 아이도 말한다.
"저 고양이 데려온 사랑이 언니가 까미라 그랬어."

쉬는 시간마다 위 학년 형님들이 고양이를 보러 교실로 몰려왔다.
더 이상 고양이를 교실에 둘 수 없어 복도에 내놓아야겠다고 하니
아이들이 말렸다.
"안 돼요! 형님들이 자꾸 까미를 만지면 까미가 놀라잖아요."
그래서 형님들이 읽을 수 있게 규칙을 만들기로 했다.
아이들은 아예 고양이 옆에 착 붙어서 고양이를 보러 온 형님들에게
먼저 규칙을 읽으라고 안내했다.
가끔 규칙을 읽지 않는 형님이 오면 나에게 와서 일렀다.
어느새 아이들은 고양이의 보호자가 된 듯했다.

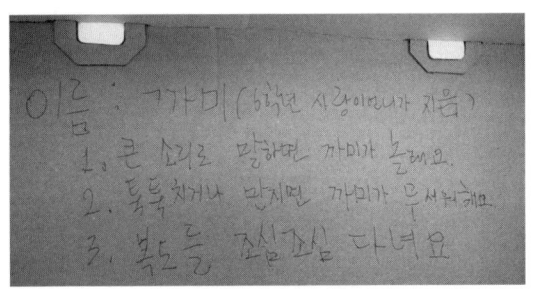

살아 있는 것들에 대한 아이들의 자비심은 어디에서 오는가.
다윈이 지은 『인간의 유래』를 보면 인간이 어떻게 진화해 왔는지 나온다.

열악한 신체 조건을 지닌 인간이 지구를 지배하게 된 힘은 도덕성이라고.
도덕성이야말로 치열한 경쟁 사회에서 적대적 관계를 누그러뜨리고
화합할 수 있는 열쇠인 것이다.
도덕성이 결여된 아이는 개미를 함부로 밟아 죽이고도 아파할 줄 모른다.
자기 때문에 친구가 속상해 울고 있어도 그 이유를 잘 모른다.
자기는 그냥 좀 때렸을 뿐인데 왜 우는지 모르겠다고 말한다.
도덕성이 발달되지 않은 아이는 상대의 감정에 공감하는 일이 어렵다.

한 아이가 그림일기에 까미 이야기를 썼다.
아이는 처음에 '불쌍하다'는 글자를 어떻게
쓰냐고 물어 왔다.
내가 종이에 써서 건네자,
잠시 고민을 하더니
'귀엽다'라는 표현으로 바꿨다.
- 고양이가 왔어요. 귀여웠어요.
난 이 아이의 '귀엽다'는 표현 속에서
아이 몸속에 흐르는 측은지심을 읽는다.

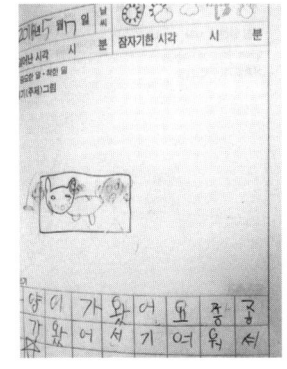

측은지심은 상대를 불쌍히 여기는 마음에서 시작된다.
불쌍히 여기려면 내가 상대 입장이 되어 보는 경험이 쌓여야 한다.
내가 어미를 잃은 고양이의 입장이 될 수 있어야,
고양이의 울음이 비로소 내가 엄마를 찾으며 울던 경험과 동일시되고
어미 잃은 아기 고양이를 보면서
'고양이가 엄마 보고 싶겠구나. 내가 도와주고 싶다.'는 생각을 할 수 있다.
이런 동일시의 경험이 건강한 애착 관계를 만들고,
그 속에서 자비심이 피어난다.
당연히 이런 것은 책으로 배울 수 있는 게 아니다.

저 고양이를 버린 주인이 누구냐고, 사람이 그렇게 나쁠 수 있냐고,
아이들은 말하지 않는다.
다만 눈앞에 있는 고양이가 울면 운다고 쳐다보고, 자면 잔다고 쳐다본다.
도덕성을 기르는 데 열 가지 가르침보다
저 어린 고양이가 더 좋은 스승인 셈이다.

**나는
엄마가
되고 싶어요**

어떤 교육 기관도
엄마보다 좋을 수는 없다

나의 꿈 말하기.
나중에 커서 어떤 일을
하는 사람으로 살고
싶은지를 생각해 보는 시간.
글자의 짜임을
배우는 시간에
나의 꿈에 대해 쓰라니,
얼핏 생뚱맞은 듯하지만,
요즘엔 초등 교과 어디에고 진로 교육이 깊이 녹아 있다.

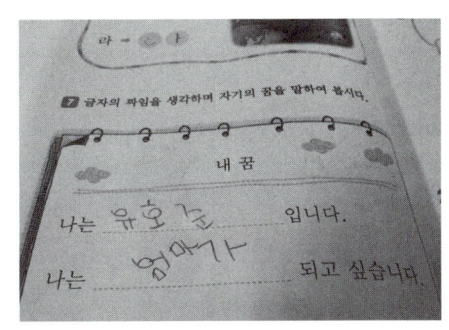

축구선수, 소방관, 선생님….
아이들이 각자 자기 희망을 쓰는데 한 아이가 골똘히 생각하더니
'엄마'가 되고 싶다고 쓴다.

그러자 옆에 있던 아이가 핀잔을 준다.
"넌 남잔데 어떻게 엄마가 되냐."
그 옆 아이도 거든다.
"야, 너는 아빠라고 써야지."
다른 아이도 거든다.
"으이구, 엄마는 어른 되면 그냥 되는 거야. 딴 걸 써."
아이가 나와 눈이 닿았다.
"엄마가 너무 좋아서 썼어?" 하니 고개를 끄덕인다.
그러자 다른 아이들이 너도나도 말한다.
"나도 엄마가 되고 싶은데."
아직 엄마와 더 붙어 있고 싶을 나이인데
어린이집, 유치원, 초등학교로 이어지면서
엄마와 너무 많이 떨어져 있었나 보다.

우리 반 아이들은 학교 공부가 끝나도 곧장 집으로 가지 못한다.
일부는 학교 돌봄 교실로 가고, 나머지는 지역 아동 센터에 간다.
집에는 해 질 무렵에나 갈 수 있다.
학교 돌봄 교실이나 아동 센터에서는 체험 학습이나
부족한 학교 공부를 하거나 숙제를 한다.
결국 아이들 입장에서는 학교 공부의 연장인 셈이다.

이러한 상황에는 일을 해야 하는 부모님들의 사정이 있다.
부모 모두가 벌이를 하다 보니
아이들을 가정이 아닌 곳에 위탁할 수밖에 없는 것이다.
아이들을 부모 대신 맡아 주는 곳이 아무리 좋은 프로그램을 가졌다 해도,
그곳에서 먹는 간식이 유기농, 친환경에 암만 맛있다 해도,

마음껏 안기고 매달리고 떼쓸 수 있는 엄마의 품보다 더 나을 수 있을까.
학교든 어디든, 아이를 맡아 돌보는 곳에서 아이들은 교육의 대상이다.
그런 곳에서 아이들은 교육이라는 이름으로
끝없는 잔소리를 들으며 지내야 한다.
이런 잔소리와 규칙을 좋아할 아이는 당연히 없다.
교사가 아무리 좋은 사람이어도 교사는 엄마가 아니다.
뭘 해도 내 새끼가 예뻐 보이는 엄마와, 가르치는 것을 일로 삼는 교사는,
아이에게 전해지는 온기가 다를 수밖에 없다.

아이들은 가끔 말한다.
"아, 오늘은 그냥 집에 가고 싶다."
그럴 때마다 엄마에게 연락해서
"오늘은 아이를 일찍 데려가 꼭 안아 주세요."라고 하고 싶지만,
한참 밖에서 일하고 있을 아이 엄마의 상황을 떠올리면 그렇게 못 한다.
대신 돌봄 교실에 부탁한다.
아이가 힘들어하니 한잠 재우면 어떻겠느냐고.
아무리 애를 써도 아이 엄마는 될 수 없는,
그저 교사일 뿐인 내가 할 수 있는 건 여기까지다.

아이들이 학교가 끝나자마자 집으로 달려가면
모든 엄마들이 집에서 아이들을 맞아 줄 그런 세상은 언제쯤 올까.
학교가 끝나 집에 가면 항상 엄마가 밭에 있던 농촌에서 자란 나는
엄마와 떨어진 채 종일 집 밖에 머물며 자라야 하는
요즘 아이들의 사정이 안쓰럽기만 하다.
난 학교에서 엄마가 보고 싶었던 적이 없었다.
얼마 있다가 집에 가면 만날 테니까.

책가방 던져 놓고 마당 끝에 서서 엄마를 부르면
집 근처 밭에서 일하던 엄마가 모처럼 허리를 펴고 일어나 웃으며
손을 흔들어 주었다.
결핍이 일상이던 과거에, 그 당시 아이들보다도
더 불우한 환경에서 자란 내가,
요즘 아이들보다 오히려 더 행복한 유년을 보냈다는 사실이
참 아이러니하다.

**아이를 키우는 건
부모만이 아니다**

아이가 스스로 마음을
지켜 내는 법

아이의 그림일기. 달랑 사람 두 명.
화가 난 듯한 키가 큰 사람과
울고 있는 키 작은 사람.
평소 가지런하던 글씨가
오늘은 좀 수상하다.
날짜를 쓴 숫자도 거칠어 보이고
날씨 부분에 표시한 연필선도 퍽 신경질적이다.
그림 속 이들이 누군지, 뭘 하고 있는 중인지는 알 수 없다.
아이들이 애매한 내용의 그림을 그려 오면
난 그림 내용을 물어 보충 설명을 써넣어 준다.

그림 속 키 큰 사람이 누구냐고 물으니 "홍, 석, 영." 이렇게 끊어서 말한다.
석영이는 아이의 큰언니다.

같은 학교 5학년인 석영이는 막냇동생인 이 아이를 무척 예뻐해서 복도나 급식실에서 만나면 좋아 난리다.
그래서 다른 아이들은 언니가 있는 이 아이를 부러워한다.
평소엔 꼭 큰언니라고 부르는 아이가 오늘은 언니라는 호칭도 빼고, 이름 석 자만 똑똑 끊어 부른다. 심상치 않다.

평소 일기장 가득 재미있는 그림으로 채우던 아이가
오늘은 웬일일까 싶어 오른쪽 내용을 보니 그럴 만해 보인다.
무슨 일이 있었느냐 물으니 화가 잔뜩 난 목소리로 말한다.
"홍석영이 제 목을 졸랐어요, 엄청 쎄게!"
그러자 옆에 있던 아이가 끼어든다.
"야, 너 석영이 언니한테 왜 까불어? 언니라 그래야지."
그 아이, 기다렸다는 듯 거칠게 대꾸한다.
"이제부터 언니 아니거든? 홍석영이야. 내 목을 봐."
아이가 손가락으로 자기 목을 가리킨다.
내 눈에는 목이 졸린 흔적이 안 보이지만 일단 아이 마음에 맞춰 준다.
"헉. 니네 언니가 니 목을 졸랐어?"
아이들이 모여든다.

난 일부러 놀라는 척하며 거든다.
"그럼 너 엄청 아팠겠네? 석영이 언니, 안 되겠는걸. 선생님이 혼내 줘야겠는데."
"네. 혼내 주세요."
아이가 지원군이라도 만난 듯 내 말에 적극 동조한다.
난 더 화난 척 묻는다.
"선생님이 석영이 언니 어떻게 혼내 줄까? 가서 막 패 줄까,

아니면 언니가 너한테 한 것처럼 목을 졸라 줄까. 엄청 엄청 세게."
아이, 잠시 주춤 생각하는 것 같더니
"말로 혼내 주세요. 말로만요." 그런다.
하지만 자기가 너무 봐줬다 생각했는지 곧 말을 바꾼다.
"선생님이 때리고 싶으면 쬐끔 때려도 돼요."

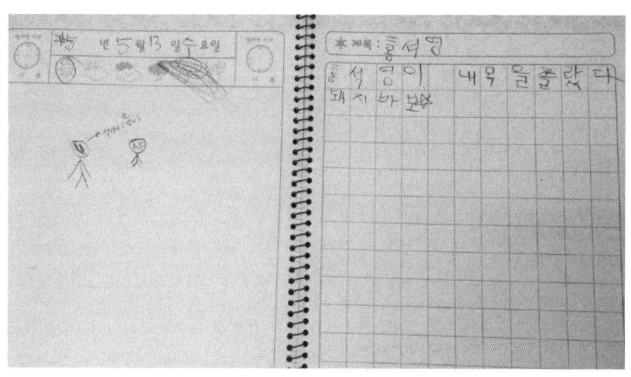

쉬는 시간.
아이들이 내게 와서 묻는다.
"선생님, 석영이 누나 때리러 5학년 교실에 갈 거예요?"
난 여전히 화나 있는 척 말한다.
"아니지. 쉬는 시간은 너무 짧으니까 이따 시간 많을 때 가야지.
동생 목을 졸랐으니까 엄청 패 줘야지."
아이들이 수군거린다.
"와, 인제 석영이 누나 죽었다."
그사이 한 아이가 그림자처럼 쓰윽 교실을 나간다.
아마 석영이에게 이 사실을 알려 주러 갔을 것이다.

점심시간.
급식실에서 밥을 먹고 있는 아이 언니가 보인다.
아이들이 일제히 나를 쳐다보고 한 아이가 내 귓가에 속삭인다.
"선생님, 저기 석영이 누나 있어요."
난 여전히 화나 있는 척 말한다.
"아니지, 급식실은 너무 좁아. 밥 먹고, 운동장에 나가서 패 줄 거야.
동생 목을 졸랐으니 엄청 혼나야지."
그사이, 석영이 누나를 좋아하는 아이들이
쪼르르 가서 통신병처럼 상황을 전한다.

점심을 먹고 아이의 손을 잡고 운동장으로 나간다.
"잘 봐, 선생님이 석영이 언니 엄청 혼내 줄게."
하지만 내가 신발을 신고 막 운동장에 발을 내딛는 순간, 아이가 외친다.
"선생님! 때리지는 말고요. 목도 조르지 마요. 그냥 말로만 혼내 주세요."
"어? 너 목 엄청 아팠잖아."
난 멈칫하며 말한다.
"대신 저도 언니한테 돼지, 바보라고 했어요."
아이 역시 머뭇거리듯 말한다.
그사이, 또 몇몇 아이가 이 상황을 알리러 쪼르르 달려간다.
난 석영이에게 가서 한마디 한다.
"니 동생이 너 엄청 좋아하나 보다야."
그러자 석영이가 눈을 내리깔면서 수줍게 웃는다.

동생인 아이는 가끔 화가 나면 제 언니의 이름을 불러 댄다.
자기를 화나게 하는 언니를 언니라고 불러 주기 싫은 것이다.
그러나 현실은 이런 자신에게 호의적이지 않다.

"넌 막내가 돼 가지고 왜 큰언니 말을 안 듣고 바락바락 대들어?" 하고
엄마 아빠도 자기편을 안 들어 준다.
비 오면 우산도 씌워 주고, 엄마한테 혼날 땐 제 편을 들어 주는
참 좋은 언닌데,
왜 가끔 자기를 발로 차고 목을 조르는지 모르겠다고 아이는 푸념한다.

그렇게 힘으로나 머리로나 극복할 수 없는 언니에게 받은 상처로부터
자신을 지켜 내는 방법으로 아이는 일기장을 택했다.
일기장에 언니에 대한 서운함을 털어놓는 것으로
자기 마음의 상처를 치유하는 것이다.
실생활에서는 감히 할 수 없는 언니에 대한 앙갚음.
소심하지만 그렇게라도 털어놓음으로써 제 마음을 지켜 낸다.
다른 아이들은 어떻게 하면 일기를 대충 쓰고 넘어갈 수 있을까
궁리하느라 바쁜데,
저 아이는 일기장을 꽤나 유용하게 이용하고 있는 셈이다.
언니와의 적당한 긴장 관계가 만들어 낸 결과인지도 모른다.
지금은 일기장이 언니와의 일을 털어놓는 해우소 역할을 하지만,
앞으로는 친구 문제를, 공부 문제를, 진로 문제를, 결혼 문제를,
또 육아 문제를 두고 자신과 대화하는 내밀한 친구가 되어 갈 것이다.
저 아이의 일기장에 빽빽하게 기록된 삶에는
단단히 여며진 자존감이 가득하다.
결국 저 아이를 키우고 있는 건 언니인 셈이다.

아이는 지금도 복도에서, 운동장에서,
언니가 자기 마음에 안 들면 막 대든다.
언니는 막냇동생의 반항을 대체로 참고 봐준다.

그 언니는 아이가 던져 놓고 간 가방을
야무지게 챙겨 가기도 하고,
아이가 아파 학교에 못 오면 대신 와서 수줍은 표정으로
"동생이 아파서 학교에 못 와요."라고 전하기도 한다.
5학년이면 아직 어린아이인데도 야무지게 동생을 챙기는 모습이 대견해서
"야, 넌 참 좋은 언니구나." 칭찬을 해 주면 볼이 발그레해지면서 웃는다.

언니가 자기를 괴롭히는 것보다
자기가 언니에게 대들고 고집부리는 일이 더 많다는 걸
막내인 저 아이는 끝내 깨닫지 못한 채 살아갈지도 모른다.
그럼에도 언니에게 사랑받으며 살 수 있다면,
그 또한 좋은 언니를 둔 저 아이 복일 것이다.

형제자매들은 때로 부모보다 더 긴밀하게 서로에 대해 알고 있기도 하다.
부모가 일터로 나가기 때문에
정작 아이와 시간을 많이 보내는 건 형제나 자매들이다.
형제자매들끼리는 터울이 약간 있을 뿐
대체로 공유하는 환경과 문화가 같아서
부모가 미처 살피지 못하는 부분까지 채워 줄 수 있다.
아이의 큰언니 역시 아이 부모가 채워 주지 못하는 부분을
세심하게 채워 준다.
물론 아이의 부모가 큰딸이 임시 엄마 역할을 할 수 있도록
아낌없는 칭찬과 격려를 실어 준 덕분이다.

아버지의 선택

아이를 기르면서 부모는 수없이 기로에 선다

아이가 생일 선물로 친척에게 장난감 드론을 받았단다.
학교 가져가서 친구들에게 자랑하고 싶지만 엄마가 허락하지 않는다.
하지만 자기 집 마당에서
혼자만 갖고 놀기엔 아깝다고 생각한 아이는
몰래 가방에 넣어 기어이 학교로 가지고 왔다.

아이가 드론을 자기 책상 위에 꺼내어 놓자,
이윽고 드론이 아이의 손끝 조종만으로 가볍게 책상 위를 날아오르자
아이들이 열광했다.
드론은 교실 이 구석 저 구석을 작은 새처럼 날아다니기 시작했다.

한 아이가 묻는다.
"이거 운동장 소나무보다 높이 날 수도 있어?"

아이는 자신 있게 답한다.
"당연하지!"
그걸 증명하러 모두 운동장으로 나간다.
아이는 드론을 조종해서 소나무 위로 가볍게 날린다.
까마득히 올라간 드론을 보고 아이들이 감탄하며 손뼉을 친다.
하지만 아이의 뿌듯함도 잠시,
드론이 그만 소나무 가지에 걸리고 만다.
탈출 시도를 해 보지만 프로펠러만 돌아갈 뿐 그 자리에서 요지부동이다.

아이가 울면서 내게 달려온다.
"엄마가 학교 가져가면 망가뜨린다고 갖고 가지 말라 그랬는데 어떡해요."
나가 보니 드론은 과연 꽤 높은 가지에 얹혀 있다.
긴 막대로도 닿지 않는다.
축구공을 던져 봐도 솔방울과 나뭇가지들만 떨어질 뿐,
드론은 점점 가지 사이에 끼어 버리고 만다.
아이는 나뭇가지에 얹힌 드론 생각에 공부는 하는 둥 마는 둥,
혹시라도 바람이 불어 드론이 떨어지거나 날아가면 어쩌나,
온 신경이 운동장에 쏠려 있다.

오후 퇴근 무렵, 아이가 나에게 달려온다.
"아빠가 왔어요. 우리 아빠가 지금 왔어요!"
아빠는 어디서 가느다랗고 기다란 철근을 구해 오셨다.
휘청거리는 철근을 겨우 길게 뻗어 소나무 가지를 후빈다.
그러나 가지 깊숙이 낀 드론 내리기가 만만치 않다.
아이는 아빠로부터 적당히 떨어져 눈을 떼지 않고 지켜본다.

오후 햇살이 뜨겁다.
아빠는 철근 무게 때문인지
숨을 몰아쉬며
나뭇가지를 향해 힘을 쓴다.
엄마 말 안 들은 아이를
야단치고 그냥 포기할 법도 한데,
저 아빠, 벌써 꽤 오랜 시간을
땀으로 샤워하며 고전하고 있다.
자기 자식을 위한 일이니
저렇게 하지,
세상 누가 저렇게 온몸을 던져
애를 쓸까 싶다.

귀한 장난감을 잃게 된 건 안됐지만
아무래도 드론을 나무에서 내리는 건 어렵겠다 하며 돌아서려는데…
그 순간, 드론이 땅으로 툭 떨어진다.
아이는 후다닥 달려가 드론부터 집어 든다.
아빠도 그제야 땀을 닦으며 철근을 들었던 오른쪽 어깨를 주무른다.
"와, 너네 아빠 최고다."
내가 말을 건네니 아이는 그제야 아빠를 쳐다보며 웃는다.
아빠도 아이를 보며 웃는다.

아이는 오늘 생각이 꽤 많았을 것이다.
안 그래도 엄마가 나뭇가지에 걸릴까 봐 드론을 갖고 가지 말라 했는데,
딱 그 말대로 되었으니 난감했을 것이다.
아이는 그래서 엄마 대신 아빠에게 전화를 걸었을 것이다.

아이의 사정을 전해 들은 아빠는 두 가지 선택을 두고 고민했을 것이다.
엄마 말을 안 듣고 잃어버렸으니 그 대가를 치르게 함으로써
다음에 같은 잘못을 하지 않게 하자는,
냉정하지만 교육적일 수 있는 선택과
아이가 처한 상황을 공감해 주고
어떻게든 엄마가 알기 전에 해결을 해 줌으로써
인정에 치우친 듯 보이지만 고마운 아빠가 되는 선택.
아빠는 후자를 선택했다. 그리고, 그 목적을 이룬 것 같다.

아이를 기르면서 부모는 수없이 선택의 기로에 선다.
이럴 때마다 어떤 선택을 하는 것이 좋을지
그들은 교사에게 끝없이 물어 온다.
난감한 노릇이다.
아이에 따라, 상황에 따라 어떤 땐 냉정해야겠고
또 어떤 땐 너그러워야 할 텐데,
길어야 고작 일 년 가르치는 담임일 뿐인 내가
지금껏 아이를 길러 온 부모보다
어떻게 더 나은 선택을 할 수 있단 말인가.
많은 부모가 이런 경우 교육적인 선택을 한다.
아이의 잘못을 눈감아 주고 자꾸 도와주다 보면
끝내 개선이 되지 않을 거라는 염려에서다.

저 아이는 수업 시간에도, 점심시간에도, 쉬는 시간에도
드론 때문에 맘 졸인 것으로 이미 대가를 치렀다.
온종일 혼이 나고 있었던 것이나 다름없다.
굳이 엄마에게 혼나지 않아도 스스로 깨우친 바가 클 것이다.

이번 기회에 저 아이는
아빠와 돈독한 연대를 맺었다.
아이와 아빠는 둘만의 비밀을 하나 공유하게 된 것이다.
나이가 들어서도 아빠와 아들이 드론 사건을 돌아보며 즐거워할 것이다.
그렇게 된다면 엄마로서도 손해 볼 일은 아니다.

내가 알기로 아이 아빠의 직장은 쉽게 조퇴할 수 있는 곳이 아니다.
그런데도 어떻게든 짬을 내서 학교에 왔다.
그리고 비 오듯 땀을 흘리며 아이를 위해 헌신했다.
아이는 모든 상황을 고스란히 지켜보았다.
아빠의 고군분투를 보면서,
아이는 새삼 아빠가 있어 든든하다는 것을 느꼈을 것이다.
또 자기 때문에 아빠가 애쓰는 것이 미안했을 것이다.
더불어 그동안 자기가 아빠를 힘들게 했던 일들이 떠올랐을 것이다.
그 미안함을 조금이라도 전해 보려고
꼼짝 않고 서서 아빠를 지켜보았는지도 모른다.
이 순간을 좀 더 오래 기억하게 해 주고 싶어
아이와 아빠 사진을 찍어 주었다.

아들과 아버지의 관계가 유난히 소원한 우리의 가족 문화는
아이가 어릴 때 아버지로부터 야단맞은 기억(특히 체벌) 때문이라는
연구 결과가 있다.
아들에게 아버지는 언제나 자신을 통제하고 훈육하는 사람인 것이다.
아버지가 친구 같아야 살갑게 다가갈 수 있는데
가정에서 아이 잘못을 심판하는 역할을 도맡다 보니
아들로서는 아버지가 편할 리 없다.
그저 어른이 되어 빨리 벗어나고 싶은 대상일 뿐.
아들과 아버지의 관계가 이렇게 경직된 배경에는
이 사회의 문제가 도사리고 있다.
아빠들을 가정으로 일찍 돌려보내지 않는 회사,
아빠들을 경제 발전의 도구로, 돈 버는 기계로 만들어 버린 나라.
하지만 저렇게 애쓰는 아빠가 있어서 그나마 다행이다.
분명 저 아이 또한 좋은 아빠가 될 것이다.

**야단맞을 때 아이는
무슨 생각을 할까**

엄마도 아이도,
각각 아프다

학교에 오자마자 아이들은 내게 어제 있었던 일들을 와르르 쏟아 놓는다.
- 어제 닭갈비를 먹었는데 맛있었다요.
- 우리 닭이 알을 안 낳아서 오늘 아침에는 계란을 못 먹고 왔어요.
  내일도 안 낳으면 할아버지가 잡아먹는대요.

주로 이런 사소한 일상을 얘기하지만
가끔은 대수롭지 않게 지나칠 수 없는 이야기도 한다.
- 아침에 늦게 학교 간다고 엄마가 때렸다요. 엄청 아팠겠죠.
다른 이야기들은 적당히 응대해 주면 되는데,
이런 사연엔 그럴 수 없어서 자세한 정황을 이것저것 물어보게 된다.

"내가 오늘 아침에 일어났단 말이에요.
그런데 우리 엄마가 더 늦게 일어났단 말이에요.

나는 아침을 먹는 줄 알고 엄마가 밥 먹으라 그럴 때까지
방에서 또봇을 했단 말이에요.
그런데 엄마가 갑자기 때렸단 말이에요. (잠시 울음)
그리고 엄마가 가방을 던졌단 말이에요.
내가 우니깐(자기 등과 머리를 때리는 흉내를 내며)
또 등을 빡 때리고 머리도 때렸단 말이에요.
신을 늦게 신어서 여기(다리를 가리키며)도 때렸단 말이에요.
(우느라 말을 멈춤) 그러곤 빨리 학교 가라 그랬단 말이에요.
난 아침 먹는 줄 알았는데 그냥 학교 왔단 말이에요."

부모가 아이에게 화를 내거나 때리는 건 나쁜 부모여서가 아니다.
그 이면엔 팍팍한 세상을 살아야 하는 부모의 현실이 있다.
돈을 벌면서 아이를 키워 내는 건 쉬운 일이 아니다.
부모 삶을 살기도 벅찬데 아이까지 키워야 하니 얼마나 힘들까.
자기 아이를 볼 때마다 부모는
'내 새끼를 잘 키워야 하는데….' 하고 염려하면서
아이를 고생만 시키고 잘못 키우는 것 같아 괴로워한다.
그게 죄책감으로 연결되고, 속상한 마음에 화가 나고,
그러다 보니 그 화가 다시 아이에게 미치는 아이러니가 생긴다.
안 그래도 힘든 여성의 삶에 양육의 책임까지 주어지는
우리 사회의 현실이 자꾸 엄마를 예민하게 만든다.

하지만 아이는 엄마의 현실을 모른다.
그저 '엄마가 화가 났나 보다,
엄마는 나랑 같이 사는 게 싫은가 보다.'라고 생각한다.
결국 아이도 엄마도, 각각 아프다.

오후에 엄마가 아이를 데리러 왔을 때,
아이가 엄마에게 야단맞은 일을 담임에게 이르더라고 말씀드렸다.
엄마는 민망한 표정을 지으며
"휴, 애가 학교 와서 별 얘기를 다 하나 봐요." 한다.
아이들은 별 의미 없이 그냥 이야기하는 거라고,
엄마를 망신 주려고 그러는 게 아니라고,
그저 자신의 일상을 매일 만나는 담임선생에게
알려 주는 것뿐이라고 설명했지만,
엄마는 내 앞에서 끝내 민망한 표정을 풀지 못했다.
그래도 이 일로 다음엔 아이를 덜 혼내게 된다면,
그것도 나쁘지 않을 것 같다는 생각은 들었다.

우리 할머니도
그러셨어

아이가 어른의 삶을
이해하는 법

할머니

오늘 내가 입고 온 옷은 너무 작았다.
그래도 할머니가 입으래서 입었다.
그때만큼은 할머니가 미웠다.
그런데 지금 생각해 보니
할머니께 미안한 생각이 들었다.

아이의 글에 나오는 할머니를
뵌 적은 없지만,
그분에 대해 조금 안다.
아이가 할머니 얘기를
자주 했기 때문이다.

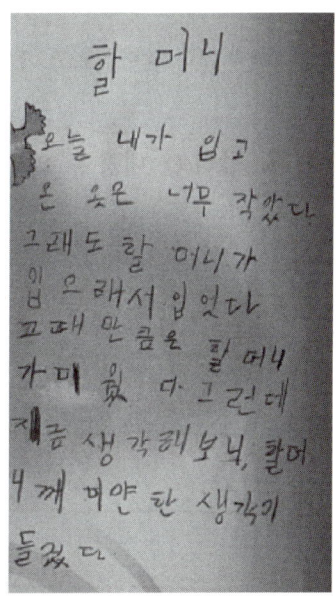

할머니는 직장 나가는 아이 부모를 대신해 아이를 키우고 있다.
평소 아이의 말대로라면, 할머니는 욕을 잘한다.
툭하면 아이의 등짝도 때린다.
노인정에 갈 땐 전화기를 잘 안 갖고 간다.
그래서 비 오는 날, 아이가 우산 갖다 달라는 전화를 못 받는다.
그런 할머니가 쌀쌀한 오늘,
아이에게 한참 작기는 하지만 도톰한 옷을 입혀 보낸 모양이다.
아이는 아침에 할머니한테 화를 냈는데,
막상 나와 보니 날이 추워 도톰한 옷을 입히려 했던 할머니한테
미안한 마음이 들었나 보다.
할머니를 생각하는 마음이
군더더기 없이 깔끔한 문장에 잘 녹아든 글이다.

아이들에게 겉만 번지르르한 글쓰기,
상을 받기 위한 글쓰기가 아닌
살아 있는 글쓰기를 가르쳐야 한다고 주장하는 교사들이 있다.
나는 그중에서도 이오덕 선생을 특히 존경한다.
이오덕 선생은 아이들이 글을 쓰는 과정에서
쌓인 슬픔을 해소하고 옳은 가치를 더 굳게 다짐으로써
바른 어른으로 성장한다고,
그러기 위해서는 아이들이 글을 쓸 때
그 어떤 굴레도 씌워선 안 된다고 가르쳤다.
읽는 이를 의식하지 않고 자기 내면을 솔직하게 기록하는 글쓰기야말로
아이를 단단하게 성장시킨다고,
그러니 선생들은 두 눈 똑바로 뜨고
아이들 글에 숨어 있는 속뜻을 헤아리고,

아이들 무서운 줄 알아야 한다고 강조했다.
평생을 평교사로 살면서 살아 있는 글쓰기를 연구한 이오덕 선생은
우리 시대의 진정한 어른이다.
나는 선생이 되고 나서야 자기 소신을 유지하면서
평교사로 사는 일의 위대함을 알게 되었다.
그분도 나처럼 애들한테 들들 볶이고 치이며 살았을 텐데,
하루하루 허덕이며 아이들과 지냈을 텐데,
어쩌면 그토록 한결같은 마음으로
아이들을 아끼며 자기 신념을 지켜 냈을까.

아이가 어쩌다 할머니와 살게 되었는지는 잘 모른다.
다만 언젠가 이런 말을 한 적이 있다.

"우리 동네에 헌 옷 모으는 통이 있단 말이에요.
그런데 우리 할머니는 거기서 옷을 막 꺼내 온단 말이에요.
그 옷들은 원래 어떤 아저씨들이 갖구 가는 거예요.
그런데 우리 할머니는 막 꺼내 온다니깐요.
그 옷들이 어떤 건 크고 어떤 건 작단 말이에요.
그래도 할머니가 입으라고 하면 입어야 된단 말이에요.
내가 할머니한테 내 옷은 새로 사 주고 할머니 옷이나 주워 오지, 그러면
할머니들 옷은 사람들이 잘 안 버려서 주워 올 게 없대요.
우리 할머니는 옷을 안 버리는데도
옷 잘 버리는 집보다 우리가 더 못 살아요."

그 말을 듣고 한 아이가 동조한다.
"헐. 니네 할머니도 그러냐? 우리 할머니도 그러는데.

전번에 우리 엄마가 이모랑 전화할 때 할머니가 너무 안 버린다며
'어휴, 우리 노인네'라 그랬어."
아이들은 할머니들이 얼마나 아끼고 절약하며 사는지 안다.
동시에 할머니의 그런 행동이 며느리인 엄마에게
'노인네' 같은 모습으로 받아들여지는 것도 안다.
아이들은 어느 쪽 편도 들지 않은 채 다만 그 상황을 받아들인다.
그러면서 우리 할머니는 왜 그러냐고 내게 묻는다.
나 역시 같은 말을 해 준다.
"우리 할머니도 그러셨어."

조금 더 크면 아이는 할머니의 그 '노인네스러움' 덕에
자기가 편히 자란 걸 알게 될 것이다.
시간이 더 지나면 엄마와 할머니 사이에 존재하는
삶의 태도와 방식의 차이도 깨닫게 될 것이다.

아이들을 볼 때마다 교육이란 결국 시간이라는 생각이 든다.
아이가 자라면서, 글을 쓰면서
서서히 엄마와 할머니의 삶을 이해하고 헤아리게 되는 일.
오로지 시간의 힘이다.
할머니와 같이 사는 저 아이에게는,
그 시간이 조금 더 앞당겨질지도 모르겠다.

쟤들이 저만 따돌린다고요

아이들은 관계 속에서 성장한다

아이들 몇이 모여 쑥덕이더니 금세 놀이 하나를 만들어 낸다.
서로 다리를 하나씩 걸어 둥그런 원을 만든 뒤
노래 박자에 맞춰 깨금발로 빙빙 도는 놀이다.
원 안에는 술래가 있다.
친구들 중 깨금발을 잘 못 맞추는 아이가 나오면
술래와 틀린 아이가 서로 자리를 바꾼다.
오랫동안 안 틀리고 버티면 계급이 올라가는데
계급은 아이들이 만들어 낸다.
요즘 인기인 터닝메카드의 주인공들 이름이다.

잠시 후, 사람이 더 필요한지 놀던 아이들이
다른 아이들에게 참여를 요청한다.
요청을 받은 아이들은 마침 기다리고 있었다는 듯 선뜻 참여한다.

그런데 어찌 된 일인지 끝까지 참여를 안 하는 아이도 있다.
아침에 장난감 문제로 친구와 말다툼이 있었는데
아직 분이 안 풀린 모양이다.
사람이 많을수록 재미있는 놀이인지라
아이들은 거듭 그 아이를 설득해 보지만, 차갑게 거절당한다.
"선생님, ○○도 우리랑 좀 놀라 그래요."
아이들이 나에게 와서 사정을 한다. 난 그 아이를 쓱 쳐다본다.
아이는 친구들의 말을 들었으면서도 못 들은 척 자리에 앉아만 있다.
눈빛도 제법 매섭다. 놀 생각이 없나 보다.
나는 중얼거리듯 말한다.
"○○가 놀기 싫을 수도 있는데….
선생님이 강제로 놀라고는 말 못 하는데…."
그러자 한 아이가 내게 통을 준다.
"선생님이 그것도 못 시켜요?"
"그게… 공부 시간에는 선생님 맘대로 시키지만…
느네 지금 놀고 있잖아. 노는 건 자기 맘이니깐.
놀고 싶으면 니네가 잘 구슬려 보면 될 거 같은데…."
내가 슬그머니 뒤로 빠지자 아까 통을 준 그 아이가
찬바람을 내며 휙 돌아선다.
"으이구, 선생님, 속 터져요. 야, 그냥 우리끼리 놀자."

이내 아이들은 자기들끼리 놀이를 시작한다.
금세 까르륵 웃음이 교실에 가득해진다.
잠시 후, 그 아이와 장난감 시비가 있었던 아이가 와서
그 아이에게 같이 놀자고 권한다.
그 말에 마음이 좀 풀렸는지 아이는 못 이기는 척 놀이에 참여한다.

그런데 머잖아 놀이에서 빠져나온다.
놀다가 발을 밟힌 것이 기분 나빴나 보다.
놀이가 중단되고 발을 밟은 아이는 미안한 표정을 지으며
아이에게 다가가 등을 토닥이며 미안하다고 한다.
아이는 사과를 받아 주지 않는다.
잔뜩 부은 얼굴로 교실 구석의 블록을 만지작거릴 뿐이다.
머쓱해진 아이는 나와 아이를 번갈아 보며 난처해한다.
나는 양쪽을 번갈아 보다가 제안한다.
"아, 그럼 느네는 계속 놀고, ○○는 발이 안 아파지면 다시 놀면 되겠네."

친구들이 다시 놀기 시작하자 아이는 기분이 더 나빠졌는지
블록 조각을 발로 찬다.
난 책을 보는 척하며 그 아이를 곁눈질한다.
아이는 혼자 구석에 앉아 장난감을 가지고 놀다가 나와 눈이 마주치자
갑자기 장난감을 옆으로 치우고 나를 향해
아픈 표정을 지으며 자기 발을 주무른다.
정말 발을 다친 것 같지는 않았지만, 난 아이에게 가서 속삭인다.
"아이구, 발 많이 아프구나. 치료하러 교무실 가자."
아이의 손을 잡고 교무실로 간다.
양말을 벗겨 아프다던 곳을 봤는데 긁힌 자국이 안 보인다.
어디가 아프냐고 다시 물으니 이번엔 그 옆쪽을 가리킨다.
그곳에도 상처는 보이지 않는다. 그래도 반창고 하나를 붙여 준다.

교실로 돌아와서 난 다시 아까 읽던 책을 읽고
아이는 자기가 있던 구석 자리로 간다.
그사이, 다른 아이들 놀이가 절정에 이른다.

아이는 자기가 빠졌는데도 놀이가 왁자하게 이어지자
더 화가 나는지 소리를 지른다.
"니네 내 발 아픈 거 빨리 물어내!"
놀던 아이들이 일제히 나와 그 아이를 번갈아 바라본다.
나도 그 아이와 놀던 아이들을 멍하니 바라본다.
막상 소리를 지르긴 했지만
선생님과 친구들이 자기를 주목하는 데 부담을 느낀 아이가
잠시 머뭇거리는 사이, 놀던 아이 중 한 아이가 소리를 지른다.
"야! 너 발 아프지도 않잖어. 징징대지 마!"
아이는 속이 상한지 엎드린다. 놀이는 다시 계속된다.

몇 분 동안 엎드려 있던 아이가 슬며시 고개를 든다. 나와 눈이 마주친다.
난 그 아이에게 가서 지금이라도 놀고 싶다면
선생님이 친구들에게 말해 주겠다고 제안해 본다.
내 말에 아이는 잠시 친구들을 바라본다. 놀고 싶은 기색이 역력하다.
나는 놀고 있는 아이들에게 다시
저 아이 좀 껴 줄 수 있느냐고 부탁을 해 본다.
어떤 아이는 선뜻 들어오라 하고 어떤 아이는 표정이 차가웠지만,
결국 받아들여 준다.
하지만 잠시 뒤, 아이가 다시 화난 표정으로 무리에서 뛰쳐나온다.
늦게 들어가면 술래를 하면서 단계를 올려 가야 하는 게 놀이의 규칙인데,
그걸 납득할 수 없어서다.
같이 놀던 한 아이가 소리를 지른다.
"선생님, 쟤 이제 안 껴 줄래요. 지 맘대로 하잖아요. 으휴, 짜증 나게."

아이는 다시 구석에 가 있다. 나와 눈이 마주치면 재빨리 피한다.

다른 아이들은 숨이 넘어가게 웃으며 논다.
그걸 물끄러미 바라보던 아이의 표정에 바짝 약이 오른다.
가지고 놀던 블록 조각을 친구들을 향해 던지려는 순간,
나는 눈에 힘을 주고 그 아이를 빤히 본다.
그리고 고개를 천천히 좌우로 젓는다.
아이는 마지못해 블록을 다시 내려놓는다.
그리고 눈물 맺힌 눈으로 내게 따진다.
"쟤들이 저만 따돌린다고요."
나는 아이에게 가서 속삭인다.
"화가 나면 화를 내도 되고 놀기 싫으면 안 놀아도 되지만
친구에게 욕을 하거나 때리면 선생님이 가만 안 있을 거야."
아이들에게 주먹을 휘두르다가 나에게 번쩍 들린 채 끌려가
야단을 맞은 적이 있는 아이는
내가 이 정도로 세게 나가면 더는 대들지 못한다.
아이는 다시 구석에 가서 눈물을 흘리며 블록을 만지작거린다.
잠시 그대로 두다가 아이 눈물이 말랐을 무렵,
다시 가서 친구들과 같이 놀아 보겠느냐고 제안해 보았다.
아이는 지친 얼굴로 고개를 끄덕인다.
"이제 수업을 시작할 시간이지만 ○○와 함께 놀면 좀 더 놀게 해 줄게."
아이들이 내 제안을 흔쾌히 받아들인다.

다시 놀이에 끼게 된 아이는 이번엔
한 발 정도 물러선 채 소심하게 어울린다.
조그만 발가락만 보일 듯 말 듯 까닥까닥할 뿐이다.
난 다시 아이들에게 가서 ○○가 처음이라 놀이 방법을 잘 모를 수 있으니
처음부터 다시 시작하면 안 되겠느냐고 부탁한다.

몇 아이는 입을 삐죽 내밀었지만 결국 받아 준다.
하지만 잠시 뒤, 아이는 또 뛰쳐나온다.
나오면서 이번엔 한 아이에게 거칠게 시비를 건다.
"니가 나 밀었잖어!"
아이들도 더는 못 참겠는 모양이다.
짜증을 내며 우르르 자리로 가서 앉는다.
"저희 ○○랑 안 놀고 차라리 공부나 할래요."
상황 종료.

아이들의 사회성은 오로지 몸으로 겪어 내며 얻은 훈장이다.
그렇다 보니 자기들 질서에 반하는 이단아들에게 가차 없다.
운동장에서, 산과 들에서, 심지어 난민 수용소에 이르기까지
세상 어느 곳에서든 잘 노는 아이들.
하지만 모든 아이가 그런 재주를 갖고 있는 건 아니다.
어쩐 일인지 심사가 단단히 꼬인 아이도 있다.
그런 아이는 무리를 겉돈다.
이런 아이들은 교실에서뿐 아니라 어느 곳에서든 비슷한 모습을 보인다.
어쩌다 그렇게 되었을까.
자라면서 그 아이는 이런 질문을 수없이 들었을 것이다.
너는 왜 겉도니, 왜 친구를 못 사귀니,
왜 어울리지를 못하니, 무슨 애가 그 모양이니….
그 질문 다음엔 이런 진단도 따라붙었을 것이다.
사회성 부족, 공감 능력 부재, 애착 결핍, 감정 표현 부족,
폭력적 성향, 분노 조절 장애, 과도한 집착, 문제 해결력 결여….
부모는 답답한 마음에 강한 압박도 해 보았을 것이다.
하지만 이런 방법으로는 아이를 변화시킬 수 없다.

감정 표현 부족
분노 조절 장애
왜 그리 친구랑 못 어울려!
넌 왜 그 모양이니!
사회성 부족

이런 아이에게 비치는 세상은 어떨까.
주위에 온통 자기를 못마땅하게 여기거나 야단치는 사람만 가득하다.
가족들은 자기를 남들에게 내보이는 걸 부끄러워하는 것 같다.
친척 집에 가도 친척들이 은근히 자기를 경계하는 것 같다.
친구들은 이유 없이 자기를 따돌리는 것만 같다.
선생님도 자기가 잘못을 하면
다른 친구들이 그랬을 때보다 더 못마땅해하는 것 같다.
주위 사람들이 자신의 성장을 염려하는
좋은 사람들이라는 걸 믿을 수 있게 되면 좋으련만.
아이는 세상에는 이유 없이 자기를 미워하는 사람들로
가득하다고 생각하며 점점 적대감을 키우게 된다.
그렇게 분노와 적대감을 가득 끌어안은 채 어른이 되면 문제가 커진다.
극심한 분노는 최악의 상황에서는 범죄로 이어질 수도 있다.
그러면 그 아이의 삶뿐 아니라 가족,
주변인의 삶까지 엄청난 혼란과 고통 속에 던져진다.

분노는 불안의 이면이다.
아이는 자신의 욕망이 이뤄지지 않을 때 불안해한다.
불안이 해소되지 않고 길어지면 분노가 된다.
자기는 잘 키운다고 키웠는데 아이가 왜 이렇게 예민한지 모르겠다고
부모들은 하소연한다.
다른 아이는 대수롭지 않게 넘어갈 일도
자기 아이는 유독 예민하게 가시를 세운다는 것이다.
이런 아이들의 부모와 상담하다 보면 아이들의 성장 환경에
단서가 있는 경우가 많다.
아이의 분노는 아마도 가장 가까운 관계, 부모로부터 시작되었을 것이다.

아이가 충분히 만족할 만큼 부모가 사랑을 준다면
아이의 정서적 문제는 많이 줄어들겠지만,
매일매일 전쟁을 치르는 것 같은 삶을 살면서
아이의 욕망까지 세심하게 살피는 것은 쉽지 않다.

그래도 저 아이는 다행이다.
표현이 거칠고 서투르긴 해도 친구들과 놀고 싶은 마음이 남아 있다.
그래서 친구와 수시로 갈등을 빚고
심지어 냉대를 받으면서도 늘 친구들 주변을 맴돈다.
친구들 역시 아주 내키지는 않아도
놀이에 끼워 줄 아량 정도는 남아 있다.
그러면서도 무조건 받아들이는 게 아니라
자신들이 만든 규칙과 질서를 요구함으로써
아이가 배려와 양보를 익히도록 자연스레 유도한다.
이건 부모와 교사들이 여간해서 할 수 없는,
오직 친구들만이 가능한 역할이다.
앞으로도 아이는 수없이 토라지고 화내고 겉돌겠지만,
머잖아 자신의 장난감을 친구들에게 보여 주게 될 것이다.
난 아이들의 그런 욕망을 이용한다.
그래서 드러내 놓고 어느 한쪽 편도 들어 주지 않는다.

내가 어느 한쪽 편을 들어 주는 순간,
반대편의 아이들은 그 아이를 공격할 것이다.
그 아이가 미워서라기보다는 선생님의 사랑을 빼앗겨 불안하기 때문이다.
동생이 미워서가 아니라 엄마를 빼앗겼다는 불안감 때문에
동생에게 적대적으로 구는 것과 비슷한 심리다.

난 대부분 멀찍이서 아이들 사이의 역학 관계를 지켜보다가
누군가의 상처가 임계점에 다다르는 것 같으면
그제야 살짝 끼어들어 판을 바꿔 준다.
웬만하면 아이들 관계에 개입하지 않으려는 것은
내가 편하고 싶은 속내도 있지만,
어느 정도의 방임이 아이들이 자기들 문제를
스스로 해결할 수 있게 해 준다는 것을
경험으로 깨달았기 때문이기도 하다.
결국 아이들의 사회성은
선생이나 부모의 일방적인 가르침이나 훈수가 아닌,
친구들과의 쌍방 교류를 통해 더 잘 만들어지는 것이다.

아이들은 별난 친구들을 자신들만의 방식으로
타이르거나 어르거나 때론 배제한다.
그 속엔 친구에 대한 기본적인 예의, 놀이의 규칙,
공동체 구성원이 지켜야 할 윤리 등이 폭넓게 녹아 있다.
이런 것들을 부모나 선생이 아닌 친구들을 통해 배운다면,
결국 배우는 아이의 명예도 존중받는 셈이다.
또래들은 부모나 선생처럼 아이를 훈계하지 않는다.

아이를 가르치려 들지도 않는다.
친구들의 다정함 혹은 까칠함은 선생의 몇 마디 잔소리와는 달리
아이에게 몸으로 와 닿는 가르침이 될 것이다.
나는 아이들이 서로 부대끼며 만들어 가는 사회성이
끝내 선생의 가르침을 넘어설 거라 믿는다.

사람의 변화는 단순하게 이뤄지지 않는다

**누가 1학년 아이들의
눈물을 가볍다 하는가**

눈물로 성장하는
1학년 아이들

1학년 아이들의 집중력은 3분.
어떤 상황이든 그 시간이 넘어가면 산만해진다.
마음보다 몸이 먼저 반응하는 나이인데다,
주의를 끄는 것이 주변에 너무 많은 까닭이다.
그래서 주기적으로 신체 활동을 해서 발산을 해야 하는데,
그런 점에서 시골 학교의 넓디넓은 학교 운동장만 한 곳이 없다.

지리하게 이어지던 황사가 물러간 날.
아이들과 운동장에 나가 보았다.
아이들은 각자 놀고 싶은 곳으로 내달렸다.
그러다가 잠시 후,
따로따로 놀자니 심심했는지 하나둘 모이더니
서로 밀어 주며 그네를 타거나, 떼로 모여 정글짐에 올랐다가,

함께 축구를 하고, 교무실 앞 커다란 소나무에 매달리기도 하면서
놀기 시작했다.

그러던 중, 두 아이가 그네를 서로 먼저 타겠다고 실랑이하다
결국 한쪽에서 울음이 터졌다.
별 시비랄 것도 없었다. 한 아이가 일방적으로 힘으로 밀어붙인 것이다.
밀려난 아이는 서럽게 울었다. 다행히 어디 다친 곳은 없어 보였다.
난 그 옆에 몇 발짝 떨어져서 책읽기에 빠진 척
고개를 숙이고 적당히 못 본 척하고 있었다.
아이 울음소리가 널찍한 학교 운동장에 쩌렁쩌렁 퍼졌다.
이윽고 아이들이 우는 아이 주위로 모여들었고,
힘으로 밀어낸 아이를 비난하기 시작했다.
몇몇은 나에게 와서 그 아이를 혼내 주라고 요구했다.
내가 미지근하게 반응하자, 다시 그 아이에게 몰려가 계속 나무랐다.
비난을 받던 아이는 처음엔 안 그랬다고 잡아떼다가
비난의 강도가 높아지자 욕을 했다.

"지랄하지 마!"

모른 척하던 내가 잠시 개입한다.
"욕은 안 돼." 딱 선을 그었다.
그 아이가 내 눈빛을 읽은 걸 확인하고 나서
다시 몇 발짝 옆으로 물러나 읽던 책을 집어 들었다.
그러자 이번엔 아이들이
욕을 했으니 빨리 사과하라며 그 아이를 다그쳤다.
아이는 험한 말을 내뱉는가 싶더니 이내 자리를 박차고 일어났다.

그러고는 그네 옆 오동나무 밑으로 가서 앉아
얼굴을 감싸고 울기 시작했다.
그제야 아이들은 공평하게 해결됐다는 듯 제각각 놀던 곳으로 돌아갔다.

여덟 명의 아이들.
아이들이 국민인 이곳, 작은 공화정에서
다수가 똘똘 뭉쳐 힘을 휘두르는 소수를 제압한 순간이었다.
난 끝까지 모르는 척 책을 읽었다.

잠시 후,
한 아이가 벗어 놓았던 잠바가 땅에 떨어져 모래가 묻었다며 운다.
어떤 아이는 손이 나무에 긁혔다며 운다.
1학년 아이들의 눈물을 어떤 이가 가볍다 할 것인가.
아이들의 눈물은 어떤 상황에서도 정당하다.
오늘 운 아이들은 모두 나의 극진한 보살핌을 받았다.
아이들 하나하나 교무실 앞 수돗가로 데려가 눈물의 흔적을 닦아 주었다.
말하자면 훈장인 셈이다.

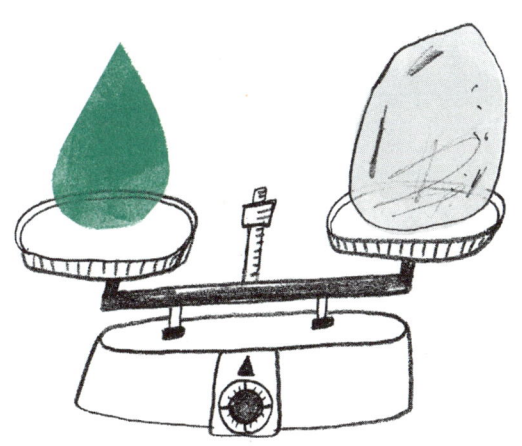

자기 앞에 닥친 갖가지 문제로 울고 웃으면서
아이들은 오늘 하루도 치열하게 자란다.
아이들이 각자의 감정에 휘둘려 울거나 웃는 동안
난 모른 척하거나, 최소한만 개입한다.

어떤 아이는 울면서 성장한다.
어떤 아이는 친구들의 지적을 받으면서 성장한다.
제아무리 성질을 내며 버텨도
친구들 여럿의 여론을 거스를 수 없다는 것을 깨닫게 된다.
지금 울 것을 미리 울었더라면,
그래서 다른 아이들과 함께 노는 법을 배웠더라면.
그랬다면 놀이 시간에 그리 쉽게 울지 않아도 됐으련만.
그랬다면 울면서 제 엄마를 부르느라 목이 쉬지 않아도 됐으련만.
그랬다면 그 아이의 엄마가 일터에서 한달음에 달려와
자기 아이의 눈물을 보고 속상해하지 않아도 됐으련만.
이제라도 울 수 있어서 다행이다.
이 눈물로 성장할 수 있다면 이다음에 같은 일을 겪지 않아도 될 것이다.

장난감에 담긴 속사정

아이의 자존감은 어떻게 만들어지는가

대부분의 아이들은 어느 정도 시간이 지나면 교실 질서에 적응한다.
아이들이 저마다 자기가 가져온 장난감으로 놀이를 만든다.
재미있는 점은, 아이들이 만들어 내는 놀이에
아이 각각의 환경이 반영된다는 것이다.
요즘 우리 반에서 자주 하는 역할극 놀이는 이런 것들이다.

- 닭갈비집 놀이(닭갈비집 사장님, 요리사, 서빙 직원, 손님 역할이
  필요한데, 요리사가 인기가 높고 의외로 사장님은 인기가 없다)
- 학교 놀이(담임선생님, 학생들, 공부 못하는 아이, 엄마 역할이 필요한데,
  선생님이 인기가 높고 공부 못하는 아이는 비인기)
- 진짜 사나이(TV 프로그램에서 영감을 얻음 - 교관, 훈련병 역할 중 교관이
  인기가 높고 훈련병은 비인기)

담임이 장난감 가져오는 걸 허락해도 어떤 아이는 안 가져온다.
가정에서 보내지 않는 경우도 있다.
모든 아이들이 자기 장난감을 학교에 가져오고 싶어 할 것 같지만,
실제로는 그렇지 않다.
우리 반 아이들 중 장난감을 가지고 온 아이는
첫날 한 명, 다음 날 두 명, 그 뒤로도 네 명을 넘지 않았다.
아이들은 왜 장난감을 가지고 오지 않으려고 할까.
자기 장난감에 대한 애착이 강하기 때문이다.
내가 아끼는 걸 친구와 나눠 노는 것이 불안한 것이다.
부모님을 겨우 졸라서 하나 장만했는데,
아까운 내 장난감을 친구가 만져 망가지기라도 하면 큰일이다.
엄마들이 장난감을 사 주면서 주로 거는 조건 중
'잃어버리지 않기', '오래 가지고 놀기', '망가뜨리지 않기'
등이 들어 있기 때문이기도 하다.

하지만 진짜 이유는 따로 있다.
나의 장난감이 다른 친구들의 그것과 너무 다를까 봐,
특히 내 것이 더 초라할까 봐, 그래서 망신당할까 봐 두렵기 때문이다.

아이들에게 장난감이란 또 다른 자아다.
그저 몇 천 원짜리 플라스틱 제품 이상의 의미다.
아이들의 장난감에는 그 아이의 심리가 투사되어 있다.
장난감의 차이가 아이들에게는 서열의 높고 낮음으로 받아들여진다.
같은 자동차라도 크기, 디자인의 정교함, 가격에 따라 서열이 매겨진다.
그 서열은 계층의 분화로 확대된다.
이를테면 비싼 자동차 장난감을 갖고 있는 아이는

당연히 집도 부자일 거라고 생각하는 것이다.
장난감뿐 아니라 학용품과 옷차림으로도 빈부가 구별된다.
1학년밖에 안 되는 아이들도 이런 것을 예리하게 가려낸다.
그 상황에서 자기 가방이나 옷이 비싼 것이어서
본의 아니게 서열이 상위로 매겨진 아이는 친구들의 시샘을 받는다.
물론 반대의 경우 역시 유쾌할 일은 없다.
1학년 아이들을 보면, 인간의 원형질 깊은 내면에
시샘 유전자가 웅크려 있는 것이 보인다.
아이들은 공주 드레스를 입었거나 비싼 가방을 들었거나
고급 신발을 신은 아이들을 경계하고 배척한다.
자기도 갖고 싶은데 가지지 못한 부러움과
자기 부모가 그걸 사 주지 않아 생긴 열등감을
친구에게 공격적으로 표현하는 것이다.
생애 첫 책가방이니까 조금 과용해서라도 비싼 걸 사 주고자 하는
부모 마음은 이렇게 아이에게 독이 되기도 한다.
장난감이나 학용품이 아이들 사이에서
서열과 계층을 나누는 지표로 이용되는 걸 안다면
무턱대고 좋은 것, 비싼 것만 사 줄 수는 없을 것이다.

단지 예쁘고 고급스럽게 보이게 하려고 많은 돈을 지출하는 것은
교육적 효과보다는 엄마의 자기만족이 더 클 것이다.

초등학생만 되어도 아이들은 자기 마음에 안 드는 옷은 입지 않는다.
그 옷이 더 비싸거나 좋은 것이라도 그렇다. 이유는 간단하다.
자기가 입은 옷이 다른 아이들의 시선에
어떻게 비칠지를 먼저 생각해서다.
이 시기의 아이들에게 자신의 개성을 드러내는 일은
사실 위험한 도전이다.
성공을 장담할 수 없기 때문이다.
그래서 자신의 색깔을 숨기고
대중이 원하는 보편의 코드에 적당히 편승하려 한다.
유행에 지나치게 앞서지도 뒤처지지도 않으면서

아주 작은 것에서 개성을 드러냄으로써
자신을 '조금만 다른' 아이로 표현하고 싶어 한다.
보편의 범위에서 너무 멀리 나가는 것을 스스로 감당해 내지 못해서다.
놀라움, 시기, 질투, 조롱 등의 반응이 부담스러운 것이다.
사실 그 반응이라는 것도
결국은 제각각의 열등감 표현에 불과할 텐데도.

그래서 이 시기의 아이들에겐 몰개성화
혹은 유행에 대한 맹목적 추종의 양상이 보인다.
그런데 이러한 과정이 지속되다가
끝내 자존감을 획득하지 못한 채 성인이 되면
결국 과시를 위해 명품 브랜드에 목을 매고,
자기 몸을 학대하면서까지 다이어트에 열을 올리고,
"다들 가니까 나도 한 번은!" 하며
특별한 목적 없이 어학연수에 비용을 투자하고,
자신의 의사와 상관없이 남들이 좋다는 것들만을 좇게 된다.
타고난 개성을 특화해 타인에게 인정받으려는 노력 대신
자동차의 크기로, 핸드백의 브랜드로 자기를 드러내는 것이다.
그렇게 가벼운 가치로 스스로 서열을 매기면서
자기가 위쪽에 있는 것처럼 보이려 안간힘을 쓰는데,
아직 어린 1학년 아이들이 이를 모방하는 것이다.

자존감이 잘 형성된 아이는 누구나 따르는 유행에 동요하지 않는다.
반 친구 99%가 치마를 줄여 입고 비싼 아웃도어를 걸치더라도
개의치 않을 수 있는 여유,
다수가 좇는 스타일이 아니라 자신만의 스타일을 만들어 나가는 당당함,

그것이 자존감이다.
물론 학교라는 폐쇄적인 사회에서 그것을 지켜 내기란 쉽지 않은 일이지만.

내가 맡은 아이들이 그저 자기가 좋아하는 것을
아무 거리낌 없이 표현하면서도 기죽지 않으려면,
교실에서부터 그런 분위기를 만들어 줘야겠다고 생각했다.
그 시작이 내가 좋아하는 나의 장난감을
친구들에게 당당히 드러내는 일이다.
가격이나 기능에 상관없이 내가 좋아하는 장난감이면
당당하게 친구들에게 선보이기.
매일 조금씩 시간을 할애해서 자기 장난감에 이름 붙여 주기,
친구들에게 자기 장난감을 소개하는 일을 해 보았다.
아이들은 조금의 망설임도 없이, 마치 어제까지 그렇게 해 왔던 양
자연스럽게 받아들였다.
아직 어른들만큼 남의 시선을 의식하지 않는 아이들에겐
그게 편했던 것이다.

장난감 하나에 아이들이 뭐 그리 복잡하게 생각할까 싶지만,
천만의 말씀이다.
아이들의 세계는 어른 세계의 축소판이다.
거꾸로 말하면, 아이들의 문화가 고스란히 어른의 문화가 된다.
자신의 욕망을 어떻게 바라보고 표현해야 할지 모르는 채로 성장하게 되면
자신의 가치를 자동차나 집의 가격으로 매기는 것 외의
방법을 알지 못하는 어른이 된다.
오롯이 자기 자신으로 자신의 가치를 드러내지 못하니
소유물로 대체하는 것이다.

그리고 이러한 행태가 자식들에게까지 이어지는 악순환이 되풀이된다.
결국 아이들의 비교, 경쟁, 계급의식 등의 밑바탕엔
어른들이 유지하는 세계의 의식이 자리 잡고 있다.

그래도 저 아이들이 살아갈 세상은 좀 더 나아지라고,
모두 같이 어울리게 하려고
오늘도 나는 온갖 술수를 쓴다.

**무슨 과자를
먼저 먹을까?**

의사 결정 과정에
참여하는 1학년 아이들의
여러 행태

어떤 부모님께서 상담 오는 길에 과자 한 보따리를 가져오셨다.
나는 아이들이 잘 볼 수 있는 빈 책상에 과자들을 올려놓은 뒤 퇴근했다.
다음 날, 학교에 가 보니 아이들이 과자 주변에 모여 있다.
다들 과자 먹을 생각에 잔뜩 흥분한 표정들이다.

한 아이가 말한다.
"이거 한 번에 다 먹으면 이 썩어요. 하루에 한 가지씩만 먹어야 해요."
"아, 그렇겠구나. 그럼 오늘 뭘 먹고 싶은지 쉬는 시간에 정해 보자."
나는 이렇게 말하고는 우선 수업을 해야 하니 책을 꺼내자고 했다.
그런데 아이들은 책을 꺼낼 생각이 없다.
오늘 먹고 싶은 과자를 정하느라 난리법석.
몇 번씩이나 공부할 시간이라고 얘기했지만
과자에 쏠린 눈은 요지부동이다.

급기야 한 아이가 감자칩을 먹고 싶다고 집어 든다.
그러자 다른 아이가 감자칩보다 떡볶이 과자가 맛있다며
감자칩을 빼앗아 내려놓는다.
감자칩을 빼앗긴 아이가 가만있을 리 없다.
"선생님, 쟤가 자기 과자도 아닌데 제가 들고 있는 걸 빼앗아요!" 하며
냅다 이른다.
과자를 빼앗았던 아이도 질세라 "니 것도 아니잖아!" 하고 맞선다.
갈수록 목소리가 커져 나중엔 비명에 가까운 음량이 된다.
옆에 있던 다른 아이도 가세한다.
"야, 너네 왜 소리 질러. 시끄럽게."
상황이 정리되려는 찰나 또 다른 아이가 끼어든다.
"이거는 예성이네 아빠가 사 오셨으니까 예성이가 정해야지."
예성이는 갑작스런 상황에 좀 당황한 표정이다.
중구난방. 아이들 주장이 교실에 가득하다.
상황을 지켜보던 내가 한마디 보탠다.
"음, 예성이 아빠는 사이좋게 나눠 먹으라고 하시던데?
그러니까 너네가 한번 정해 봐."
결국 아무것도 결정하지 못한 채 국어 공부를 시작한다.
아이들 표정이 좋지 않다. 친구들끼리 다툰 데다가
과자까지 못 먹게 되어 화가 난 모양이다.

쉬는 시간이 되자
나는 조금 떨어진 자리에서 책을 보면서 못 본 척한다.
아이들이 또다시 모여든다.
어떤 과자부터 먹을지 순서를 정해야 하는데
쉽사리 의견이 모이지 않는다.

하지만 아까처럼 다투지는 않는다.
선생님이 또 자리에 앉으라고 할까 봐 서로 조심하는 모양새다.
한 아이가 입을 열었다.
"어차피 우리가 다 먹을 거니까 아무거나 먼저 먹어도 되잖아.
그러니까 빨리 골라."
그 말을 듣고 아까 감자칩을 집었던 아이가 냉큼 감자칩을 집어 든다.
"오늘 이거 먼저 먹고 내일 딴 거 먹자."
그러자 떡볶이 과자를 고집했던 아이한테서 볼멘소리가 나온다.
"넌 왜 감자칩만 먹자 그래. 너 땜에 우리 또 못 먹겠다.
으이구, 빨랑 내려놔."
그러자 감자칩 아이가 맞선다.
"근데 너 왜 소리 질러. 선생님, 얘 또 소리 질러요."
그러자 떡볶이 과자 아이가 책상을 땅 치며 더 크게 소리를 지른다.
"내가 뭐. 어쩌라구!"
분위기가 험악해지자 두 아이의 대결을 지켜보던
나머지 아이들은 잔뜩 긴장한 표정이다.
내가 한 번 더 끼어든다.
"예성이 아빠가 그러셨어.
이 과자는 우리 모두 사이좋게 나눠 먹으라고."
그러자 그때까지 가만히 있던 아이가 나선다.
"야, 너네 자꾸 싸우지 마. 그러면 우리 또 못 먹어."
그 옆에 있던 아이도 거든다.
"맞아. 너네 때문에 우리가 못 먹으면 너네 어뜩할 건데."
수세에 몰리는 게 불안했는지 감자칩 아이가 과자를 책상 위에 던진다.
"나 안 먹어. 너네 맘대로 해."
그러자 한 아이가 말한다.

"그래, 넌 먹지 마. 선생님, 쟤 안 먹는대요. 우리끼리 먹어도 되지요?"

합리적 의사 결정에 방해되는 구성원을 아예 제외시키려는 것이다.
비협조자에게 결정권 박탈이라는 사회적 징벌을 내리는 것은
어른들의 세계와 다를 바 없다.
자신들과 생각이 다르다고 내치기 시작하면 그 집단은 도태된다.
한 사회에 진보와 보수가 서로를 견제하며 공존해야 하는 이유다.
하는 수 없이 나는 또 한 번 끼어든다.
"얘들아, 예성이네 아빠가 사이좋게 모두 나눠 먹으라고 하셨는데
언제까지 싸울 셈이야. 이러다 선생님 혼자 다 먹겠네."
아이들이 일제히 나를 쩨려본다.
다시 수업 시간이 되어 아이들은 화난 표정으로 자리에 앉는다.

다음 쉬는 시간.
아이들이 다시 과자 주위로 몰려든다.
이번에는 먹고야 말겠다는 의지가 가득하다.
지난 시간까지 얌전히 있던 아이가 제안을 하나 한다.
"가위바위보 해서 이기는 사람이 먼저 먹을 과자를 정하자!"
냉큼 가위바위보를 시도하지만, 숫자가 너무 많아서 이도 쉽지 않다.
빨리 내는 아이, 늦게 내는 아이, 가위 냈다가 주먹으로 바꾸는 아이,
그걸 시비 거는 아이, 자긴 결백하다고 우기는 아이.
급기야 한 명이 삐쳐서 자기 자리로 가 엎드린다.
아이들의 화가 오를 만큼 올랐나 보다.
참다못한 아이들이 나한테 화풀이를 한다.
"아, 짜증 나. 차라리 선생님이 정해 주란 말예요!"
"좋아. 음, 선생님은 오늘 과자 안 먹고 싶어. 내일 다시 의논하자."

아이들이 동요한다.
"헐, 그런 게 어딨어요! 빨랑 정해 주란 말예요."
아이들이 뭐라거나 말거나 나는 다시 수업을 시작한다.

요즘 아이들은 가정에서 의사 결정 경험이 별로 없다.
자기가 원하는 일들이 별 어려움 없이 이뤄지는 경우가 많기 때문이다.
그런데 학교라는 사회에서는 그런 것이 통하지 않는다.
자기중심적인 아이들이 모인 세계에서, 의사 결정 경험은 중요하다.
자기 생각과 다른 의견이 있을 수 있다는 것을 인정하는 능력,
다른 친구들은 어떤 의견을 가지고 있을까 미리 헤아려 보는 능력,
다른 의견을 나의 의견과 조율하거나
상대가 내 의견에 동조하게 만드는 설득력.
복잡한 여러 의견을 하나로 끌어모으는 능력….
한글을 떼고, 구구단을 외우는 일보다
훨씬 더 가르치기 어려운 덕목이다.
이런 능력을 기르려면,
의사 결정 과정에 대한 경험이 많이 쌓이는 수밖에 없다.

다음 날.
아침부터 내가 아이들에게 보채기 시작한다.
"얘들아, 오늘은 선생님도 과자 먹고 싶어. 너네가 결정 좀 잘해 봐."
이번엔 어제 다투던 아이 둘은 얌전히 자리에 앉아 있다.
나머지 아이들이 과자 주변에 모여 뭐라 얘기를 나누는 것 같더니
한 아이가 감자칩을 번쩍 들며 외친다.
"감자칩 먼저 먹고 싶은 사람 손들어."
감자칩 먹겠다고 우기던 아이, 손을 들지 않는 걸 보니

머리가 아니라 몸에 배움을 새기는 것이 진짜 공부인 것이다.
아이들은 몸에 밸 때까지 쓰고 또 쓴다.

내가 낱말 하나를 불러 주면 아이들은
책에서 그 낱말을 찾고
찾은 낱말의 글자 모양을 눈여겨본 다음,
그 모양을 기억해 공책에 쓴다.
그리고 한 글자, 또 한 글자.
안 보고 쓸 수 있을 때까지
연필이 닳도록 계속 쓴다.
한 아이는 너무 집중해 쓰다 보니
공책의 위아래가 바뀐 것도 몰랐나 보다.
1학년이 이 정도 쓰려면 시간이 꽤 걸린다.
받아쓰기 한 번 하면 아이들 몸에서
기가 쭉 빠져나가는 게 보인다.
도공이 온몸으로 작품을 빚어내듯 아이들도 이렇게 온몸으로 배운다.

그런 정성 때문일까,
아이의 글씨가 마치 순백의 천에 꽃수를 놓은 것처럼 아름답다.
틀린 글자를 발견하면 아이 앞에서 슬쩍 고쳐 준다.
내가 글자를 고쳐 줄 때 아이는 부끄러워한다.
난 모른 척한다.
"괜찮아, 틀릴 수도 있어."라고 말해 주지도 않는다.
아이는 부끄러워한 만큼 실력이 늘 것이다.
난 다만 아이가 부끄러움을 창피함과 혼동해서
좌절하지는 않는지 신경 쓴다.

옆에 있던 아이가 묻는다.
"틀렸는데 왜 100점을 줘요?"
난 그 아이에게도 모른 척 둘러댄다.
"열심히 썼으니 100점이지."

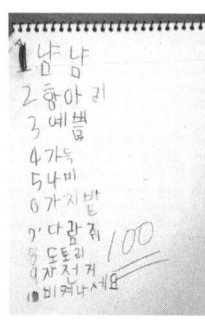

또 다른 아이의 공책. 이 아이는 글씨에 자기 마음을 담았나 보다.
진하고 큰 글씨는 기분이 좋을 때,
작고 흐릿한 뒷부분의 글씨는 짜증이 났을 때 쓴 것이다.
아이가 쓰기를 시작한 지 얼마 지나지 않아 연필 끝이 뭉툭해졌다.
아이가 짜증을 냈다.
"에이 씨, 연필이 자꾸 미끌미끌해요."
아이 앞에 연필깎이를 가져다 놓으며 말을 건넨다.
"연필 줘. 선생님이 깎아 줄 테니 조금만 더 써 봐."
"아우, 깎기도 싫어요. 그냥 쓸래요."
결국 아이는 조금 더 쓰더니 짜증을 내면서 연필로 지우개를 푹푹 찌른다.
"아우, 선생님, 골머리 아퍼요. 그만 쓸래요."
골머리. 할아버지와 함께 사는 그 아이,
할아버지의 언어로 자신의 감정을 드러낸다.

아이가 짜증을 내든 말든 난 내 고집을 피운다.
"니 맘대로 해. 하지만 집에 가기 전엔 써야 해."
앞으로 아이가 공부 때문에 상처받을 일들을 생각하니 안쓰럽다.
아이는 한 번 더 짜증을 확 내더니 다시 앉아서 꾸역꾸역 남은 걸 쓴다.
뒤로 갈수록 작아진 글씨 하나하나가 아이의 눈물 같아 마음에 걸린다.
그래도 저 글씨, 추사 김정희의 그것보다 멋지구나.

**아이들은
싸우면서 배운다**

아이의 생각이
만들어지는
과정

노란 공을 따라 아이들이
잔디 위를 달린다.
몸동작이 봄 나비처럼 너울거린다.
학교 운동장을 벗어나 담장 쪽에는
잔디가 있는 작은 빈터가 있다.
운동장은 형님들이 축구를
하고 있어 못 들어가고
1학년 아이들은 주로 이곳에서 공놀이를 한다.
학교에선 아이들을 위해 미니 골대를 놓아 주었다.

요즘 1학년 아이들은 학교가 파하면 여기서 논다.
놀 만큼 놀다 지치면 자기들끼리 시빗거리를 만든다.
아웅다웅 다투다 보면 꼭 폭발하는 아이가 나온다.

그런 아이들은 1층에 있는 우리 교실의
운동장 쪽 창가로 달려와 나를 부른다.
내가 창을 열고 무슨 일이냐고 물어보면
울먹이는 목소리로 친구들을 일러바친다.
들어 보고 별일 아니다 싶으면
"놀다가 그런 거잖아. 그럼 선생님도 모르지." 하고
개입하지 않는다.

하지만 가끔 아이들의 시비가 어떻게 해결되었나 궁금해서
슬쩍 운동장에 나가 보면
아이들은 언제 그런 일이 있었냐는 듯 아무렇지 않게 논다.
그러다가 이내 또 싸우고 또 일러바치러 온다.
아이들은 끝없이 다투고 화해하는 일을 반복한다.
아이들 사회는 의외로 매우 냉정하다.
조금만 빈틈을 보이면 바로 상대에게 공격을 받는다.
그 공격을 방어하지 못하는 아이들은… 운다.
그 틈에서 살아남으려면 치열하게 싸워야 한다.
자기가 지금껏 살아오면서 체득한 논리와 언어를 총동원해야 한다.
이런 과정을 겪으면서 아이들은 공부 시간에는 배울 수 없는
관계 맺기와 처세의 요령, 사회성을 갖춰 나간다.

또 싸우면서 아이들은 자기가 무엇을 좋아하고 싫어하는지,
어떤 상황을 곤혹스러워 하는지, 어떤 아이와 잘 통하는지 알게 된다.
동시에 친구들도 그 아이에 대해 서서히 알게 되고
그 아이만의 색깔을 인정하게 된다.
그 결과, 자기와 비슷한 무늬를 지닌 아이와 단짝을 맺게 되고

함께 의지하며 또 연대한다.
그 힘으로, 담임인 나와도 맞선다.
그런데 아이들의 논리라는 게 아직은 1학년 수준이라 재미있다.

- 오늘은 비가 와서 바깥 놀이 못 하잖아요. 그러니까 그림일기도 안 쓸래요.
 (우리 반은 그림일기를 다 쓰면 나가 노는데, 비가 와서 어차피 밖에서 못 노니까 일기도 안 쓰겠다는 말)
- 선생님이 아침에 ○○에게 화냈잖아요. 대신 우린 국물
 (점심 식사로 나온 국을 아이들은 '국물'이라 부름) 안 먹을 거예요.
- ○○가 열나서 학교 안 왔잖아요.
 (걔도 집에서 노니까) 우리도 수학은 안 할래요.

혼자 조르면 선생님이 안 들어줄 거라는 걸 아는 아이들은
여럿이 의견을 모으면 들어줄 거라고 생각한다.
그래서 때로 말도 안 되는 주장을,
그것도 다른 친구들을 설득해서 떼로 몰려와 나에게 펼친다.
그렇게 생각을 모아 나에게 뭔가 요구하면,
난 그 내용의 옳고 그름을 따지지 않고 들어주는 척한다.
그 과정에서 창의적 생각이 만들어지고,
그런 생각들이 모여 더 단단한 생각으로 다듬어지는 것을 본다.

**확신이 없더라도
기다려야 한다**

아이의 자존감을
키워 주는 법

한 아이가 학교에 또봇을 몇 개 가지고 왔다.
적당히 변신을 시켜 놓더니 아이들에게 외친다.
"야, 이거 다시 차로 변신시킬 수 있는 사람?"
아이 몇이 몰려와 잠시 낑낑대더니 뚝딱 맞춘다.
그러자 아이는 친구들 손에 선뜻 자기 장난감을 하나씩 들려 준 뒤
또봇 놀이를 하자고 한다.
아이들이 그 놀이에 푹 빠진다.
다음 날, 그 아이는 더 많은 장난감을 가지고 온다.
아이들은 그 아이를 중심으로 놀이를 하거나 새로운 놀이를 만들어 낸다.
그 다음 날엔 다른 아이들도 장난감을 가지고 온다.

또봇을 가져온 아이는 학교 오는 게 즐겁다고 한다.
난 그 아이가 다른 어떤 일에서도 재미없다고 말하는 걸 본 적이 없다.

운동장의 벚나무에 오를 때에도, 그네를 탈 때에도,
아이는 늘 의욕이 넘치고 자신감이 있다.

자존감이 높은 아이는 자기가 소중한 사람이라는 걸 알기 때문에
자신을 소중히 여기고 인정해 주는 친구와 놀려는 경향이 있다.
자신을 무시하거나 이용하려는 친구와는 어울리려 하지 않는다.
아이들은 어려도 자신과 무늬가 맞는 친구, 안 맞는 친구를 금방 알아본다.
당연히 자신과 비슷한 아이와 어울리고 싶어 한다.
타인의 자존감을 인정하려면
그 자신이 먼저 자존감이 높아야 하므로
결국 자존감이 높은 아이들끼리 자연스럽게 어울리게 된다.
이런 아이들은 집단에서도 두각을 나타내고 학급을 주도하기 쉽다.
이런 아이들은 놀이에도 더 적극적인데,
머잖아 놀기만 잘해선 자존감이 다 채워지지 않는다는 것도 알게 된다.
학교에 다니고 있는 이상 공부도 잘해야 한다는 생각을 갖게 되는 것이다.
발달 단계상 사춘기 무렵이면 이런 태도가 완성되는데,
그 시기는 공부를 시작하기에 전혀 늦은 나이가 아니다.

당연한 얘기지만, 자존감이 높은 아이들은 공부도 잘하기 마련이다.
공부를 잘하면 얻는 것이 많다는 것을 경험해 본 아이는,
공부를 못하게 됨으로써 잃는 것을 견디기 힘들어하기 때문에
자존심을 걸고 공부한다.
하지만 성적이 떨어져도 크게 좌절하지는 않는다.
자존심은 다쳐도 자존감은 유지되기 때문이다.
때문에 방법을 바꿔 다음 시험을 묵묵히 준비한다.

자존감이 강해 무엇이든 시도해 보려 덤비는 아이와
어른이 시키는 것들만 수동적으로 하면서 하루하루를 보내는 아이가
한 학교 한 교실에 서로 뒤섞여 경쟁을 하고 있다.
초기엔 엄마 말 잘 듣는 아이가 공부를 더 잘하는 것처럼 보인다.
일찍 시작했기 때문이다.
그러나 이는 어디까지나 초등학교에서의 일일 뿐,
정작 진짜 공부를 시작할 나이가 되면
이런 아이들은 상위권에서 찾아보기 어렵다.
오랜 시간을 스스로 참고 버텨 내야 하는 공부는
시키는 대로만 해서는 유효 기간이 짧을 수밖에 없기 때문이다.

많은 부모가 자신의 아이를 리더로 키우고 싶어 한다.
그래서 남들보다 일찍 글자와 셈을 가르치고
한두 학년 앞서 학습을 시킨다.
남들보다 한 발짝 먼저 나가 있어야 리더가 된다고 믿기 때문이다.

이를 위해 놀이조차도 공부와 관련된 것을 주로 시키고
아이의 시간을 쪼개 여기저기로 돌린다.
친구들과 놀면서 자신에 대해 알아 가야 할 시기에,
아이는 부모의 욕망에 부응하느라
정작 자기 욕망을 들여다볼 여유가 없다.

부모 자신은 어린 시절 해가 지도록 골목길에서 놀면서 자랐고
그 과정에서 양보와 타협, 승리와 좌절을 경험하고 배웠으면서도
자신의 아이를 유독 바깥으로 몰아치는 현실의 이면엔,
경쟁을 부추기는 사회 전체의 분위기가 있다.
다른 집 아이들이 다 하는데
내 아이만 덩그러니 놀이터에 방치할 수 없는 것이다.
그래서 그들은 알음알음으로 정보를 얻고
자기 아이를 그 자리에 밀어 넣는다.
그리고 가슴으로 간절히 외친다.
"제발 리더가 되어라. 빨리 배워라. 최고가 되어라."
그러나 어쩌랴.
아이들의 자존감은 그런 방식으로는 결코 자라지 않는 것을.

남보다 일찍 시작해서 어떻게든 밀고 나가면
그래도 남보다 앞서겠지 생각하는 부모는,
몇 년 늦더라도 스스로 결심해서 공부하는 아이를
결코 이길 수 없다는 걸 모른다.
스스로 공부를 시작한 아이들은 성취의 쾌감으로
삶의 질까지 높아진다는 걸 모른다.
부모의 욕망에 맞추기 위해 억지로 공부하는 아이는

처음엔 앞서는 듯하지만
어느 날 자기보다 못하던 친구가 치고 나가는 것을 보면 당황해한다.
자신은 부모가 시키는 대로 노는 것도, 친구도 포기하고 공부만 했는데
저 하고 싶은 것 다 하고 놀기만 하는 것 같던 아이가
자기를 추월하는 것에 좌절한다.
중고등학교에 가면 설렁설렁 노는 것 같으면서도
공부 잘하는 이상한 아이가 꼭 있다.

아이들 가르치는 일로 먹고사는 나 역시
내 자식만큼은 자존감 강하게 기르고 싶었다.
하지만 쉬운 일이 아니었다.
우선, 강제로 공부시키지 말 것.
두 번째는, 아이가 뭔가를 하고 싶다고 말할 때까지 기다릴 것.
이 두 가지만 해도 정말 쉬운 일이 아니었다.
도대체 언제까지 기다려야 한단 말인가.
아이가 끝내 하고 싶은 게 없을 수도 있는데?
무작정 기다릴 것이 아니라 적당히 끌어 주어야 하는 건 아닐까?
그럼 어느 정도까지, 어떻게 끌어 줘야 하지?

많은 전문가들이 책을 가까이하게 해 주라고 권했다.
그리고 항상 아이의 생각을 물어봐 주라고 했다.
자존감은 책을 읽고 사색하는 경험을 바탕으로
자기를 잘 들여다봄으로써 생기는 거라고 했다.
하루라도 빨리, 많은 걸 익히고 배워야 하는 세상에서 '사색'이라니!
학교에서 아이들을 가르치는 동시에
막상 내 자식을 키우는 입장이 되고 보니 뭐가 뭔지 더 헷갈렸다.

모든 게 모호하기만 했다. 모호함은 불안을 부른다.
매 순간마다 불안을 느끼며 선택해야만 했다.

아이들과 도서관에 책을 빌리러 가는 날은 도서관 앞에서 외식을 했다.
아이들과는 무슨 책을 고를까보다는
오늘은 무엇을 먹을까를 의논했다.
시간이 지나면서 외식의 즐거움이 우선이던 초기와 달리
아이들은 점점 책의 재미에 빠져 갔다.

나는 이 경험을 들어 학부모들에게 끝없이 권했다.
"아이들에겐 사색하는 시간이 필요해요. 사색하기엔 책이 가장 좋지요."
그들은 담임인 내 앞에선 고개를 끄덕였지만,
돌아서서는 불안해했다.
오히려 나를 타이르는 분들도 있었다.
"선생님, 고등학교 가 봐요. 사색이라니요. 세상이 그렇게 두질 않아요."
그들은 다른 아이들이 너무 앞서가고 있다며 조바심쳤다.
모호해서였다. 난 때론 답답해했고, 때론 그들을 이해했다.
끝내 학부모들을 설득시키지 못했다. 죄스럽고 안타까웠다.
그런데 언제부턴가 학부모들이 내 말에 귀를 기울이기 시작했다.
그 변화는 엉뚱한 데서 왔다.
'선생님 자식이 고등학교에서 전교 일등이더라.'는 소문 때문이다.

내 아이가 초등학교 때 어땠는지 또렷이 기억나지는 않는다.
책을 많이 읽은 덕이었는지 아는 것이 많다는 말은 몇 번 들었으나,
시험 성적은 영 신통치 않았던 것으로 기억한다.
그러나 고등학교에 올라가면서 서서히 변화가 일어났다.

성적이 눈에 띄게 올라간 것이다.
독서의 힘은 그렇게 더디게 나타나는가 보다.
어떤 사람들은 이제야 나더러 "당신이 옳았다."고 말하고
또 어떤 사람들은
"그래도 선생이니 뭔가 특별한 교육을 한 거 아니냐?"고 묻는다.

내 아이가 일등이 아니었다면, 과연 학부모들이 내 말을 믿어 줬을까.
또 자존감 강한 아이로 키우면 누구나 일등을 하고 서울대를 가고
의사나 판검사가 되어야 하는 걸까.
아이가 자라서 성공하지 못하더라도 내 아이의 삶의 질을 위해
좀 더 느슨하게 기르면 안 되는 걸까.
확신이 없더라도 인내하며 기다려 줄 수는 없을까.
아이가 일등이라는 사실 때문에 선생의 권면이 받아들여지는 현실엔
여기저기로 끌려다니며 바쁘게 사는 아이들의 삶도 함께 들어 있다.

1학년 아이들도 욕을 한다

분노할 때 쓰는 표현을 살펴보면 아이의 환경이 보인다

여름 단비가 내리던 날.
비가 오니 나가 놀지도 못하고,
그렇다고 교실에서 놀자니 몸이 근질거리는지 한 아이가 외쳤다.
"선생님, '검정 고무신' 볼래요. 테레비 틀어 줘요."
그러자 또 한 아이가 그 아이를 한심하다는 듯 쳐다보며 퉁을 준다.
"으이구, 자알한다. 야, 너 왜 선생님한테 막 시켜.
선생님 제가 '검정 고무신' 보고 싶은데 쫌 틀어 주시면 안 될까요,
이렇게 공손하게 해야지. 맞죠, 선생님?"
그 말에 다른 아이들의 시선이 모두 내게 몰린다.

그 아이 말이 맞다.
불과 며칠 전에
상대에게 요청할 때 어떻게 말하면 좋은지를 배웠으니.

하지만 자칫 여론 재판에 의해 한 아이의 소박한 욕망이 짓밟힐 수 있어
섣불리 동조를 못 하고 입을 우물거리며 있는데
아까 그 아이가 날카롭게 한마디 더 보탠다.
"공부 시간에 배웠잖아요. 어른들한테는 예절에 맞는 말을 해야 한다고."
난 일부러 허리가 아픈 척 꾸부정하게 구부리고는
느릿느릿 TV를 켜며 아이의 날카로움을 눙쳐 본다.

내가 TV를 켜자 아이들이 환호한다.
친구들이 손뼉을 치며 좋아하자 아까 TV를 틀어 달라던
아이는 자기가 이겼다고 생각했는지, 당당히 또 외친다.
"불 꺼 주세요! 교실 껌껌하게."
아까 나무라던 그 아이가 또다시 나무란다.
"야, 너 왜 자꾸 선생님한테 까불어. 싸가지 없이.
그러다 선생님이 테레비 끄면 어떡할라구."
그 아이도 지지 않는다.
"야, 니네 나 땜에 '검정 고무신' 보는 거잖아.
그럼 너 보지 마. 선생님 쟤는 보지 말라 그래요."
두 아이의 대립에 어느 편을 들어도
자신들에게 유리한 상황은 안 생길 것 같은지
나머지 아이들은 섣불리 끼어들지 못하고 두 아이와 나를 번갈아 본다.
난 교실의 전등 스위치를 내리며 목소리를 깔아서 말한다.
"음… 자꾸 싸우면 텔레비전을 꺼야겠네."

바깥이 어두운데 교실 불까지 끄니 평소보다 한결 어두워졌다.
만화가 시작되자 한 아이가 물었다.
"누워서 봐도 되죠?"

난 인심 좋은 동네 아저씨처럼 선뜻 허락한다.
"그럼. 쉬는 시간이니까 맘대로 해도 되지."
그러자 아까 나무라던 그 아이가 또 타이르듯 지청구를 준다.
"야, 누워서 테레비 보면 너네 허리 다 꼬부라진다."
아까 그 아이도 빽 소리를 지른다.
"야, 지금 쉬는 시간이잖아. 선생님이 맘대로 해도 된다 그랬어.
넌 상관 쓰지 마."
그러면서 교실 바닥에 가방을 베고 척 눕는다.

잠시 후, 나무라던 아이를 제외한 아이들 모두가
주섬주섬 자기 가방을 들고 교실 뒤로 나가더니 비스듬히 눕는다.
어떤 아이는 의자를 두 개 붙여 그 위에 드러눕는다.
순식간에 교실이 평화로워진다.
나무라던 아이는 흔들림 없이 꼿꼿하게 의자에 앉아 TV를 본다.
나는 그 아이 옆에 슬쩍 가서 앉았다.

만화에서 웃기는 내용이 나오면
나도 재미있는 척 일부러 큰 소리로 웃었다.

옆에 앉은 아이는 기분이 별로 좋지 않은지
나의 큰 웃음소리에도 웃지 않는다.
일부러 웃음을 참고 있는 것 같기도 하다.
그래도 가끔 친구들이 궁금한지 나 몰래 흘깃거린다.
난 모르는 척, 너도 눕고 싶으면 누워서 봐도 된다고
작은 목소리로 말해 주었다.
그 말에 아이는 당장에라도 누울 것처럼
빈자리를 탐색하는 것 같더니
누워 있는 아이들과 눈이 마주치자 정색을 하고는 말한다.
"싫어요. 누워서 보면 허리 꼬부라질까 봐요."

예의 바른 말을 집에서 미리 배우지 못해
친구들로부터 퉁을 받는 아이와
예의를 갖추긴 했으나
그걸 친구에게 퉁을 주기 위한 수단으로 사용하는 아이의
정서 발달 수준은 사실 같은 위치에 있다.
아이들이 배워야 할 건 말이 아니라 그 말을
따뜻하고 부드러운 목소리에 담아 상대에게 전달하고자 하는 마음인데,
두 아이 모두 그 단계까지 끌고 가는 일이 쉽지 않다.
어쨌든 이 두 아이 덕에 적어도 나머지 아이들은 말보다
말하는 사람의 마음이 더 중요하다는 걸 깨닫게 될지 모르겠다.

다른 사람에게 뭔가를 부탁할 때엔 명령하듯 하지 않고
정중하게 예의를 갖춰 하는 거라고
거의 매일같이 강조를 하지만 정착이 잘 안 된다.
아이들은 내가 가르쳐 줄 땐 공손한 표현을 잘 따라 하면서도

막상 실생활에서는 평소 사용하는 말투가 그대로 나온다.
아이들 입장에서 이미 몸에 익숙하게 밴 직설적 표현은
곧바로 튀어나오지만,
새롭게 배운 공손한 표현은
그 문장을 떠올리는 과정을 거쳐야 하기 때문에 잘 안 쓰게 된다.
굳이 예의를 갖추지 않아도
자신의 요구가 쉽게 충족되는 가정환경도 영향을 미쳤을 것이다.

어릴 때부터 가정에서 어른을 상대로 깍듯한 표현을 해 보면
습관이 될 텐데, 놀랍게도 생각보다 많은 가정에서
아이들에게 굳이 부드러운 말투를 가르치지 않는다.
아이가 보채니까 일단 먼저 아이가 원하는 걸 들어주면서
아이를 진정시킨다.
"이번엔 해 줬지만 다음번엔 예쁘게 말해야 해 줄 거야."라는 말과 함께.
하지만 이미 원하는 걸 얻고 난 아이에게
그런 가르침은 '사후약방문'이기 십상이다.

밥상머리 교육이라고 사소한 예절까지
가정에서 엄격하게 지도하던 시절이 있었다.
자식이 예의를 갖추지 못하면 부모가 동네에서 흉이 되던 시절이었다.
그 당시 어른들은 자기 자식이 남에게 책잡힐까 봐
예절 교육에 신경을 많이 썼다.
하지만 지금처럼 시간이 돈인 사회에서는
부모가 자식을 위해 그런 시간까지 내기가 어렵다.
그렇다 보니 모처럼 시간이 나도 아이가 원하는 걸 들어주기 바쁘다.
품성보다 능력이 더 가치 있는 것으로 인정받는 사회에서는

겸손과 예의보다는 남들보다 빨리, 더 강하게 자신을 표현하는 것을
중요하게 여기게 된다.
이런 이유로, 갈수록 드세거나 버릇없거나 무례한 아이가 늘고 있다.
설령 그게 말의 표현뿐이라 하더라도
말투에는 마음이 깃들기 마련이라 행동으로까지 이어진다는 게 문제다.

내가 고학년을 담임하던 때, 말끝마다 "왜요?"를
붙이는 아이들이 있었다.
궁금해서 묻는 게 아니라, '자기가 뭔데 나한테 이래라저래라 하냐.'는
반항심이 깃든 말이었다.
그 말투를 바로잡아 주려고 하면 아이는
노골적으로 짜증 섞인 표정을 짓곤 했다.
열두세 살밖에 안 된 아이가 어쩌다가
이 지경이 됐는지 짐작하기가 어려웠다.
난 가능하면 부드러운 말투로 문제점을 설명해 주려 애썼다.
그중엔 내 말을 알아듣는 척이라도 하거나,
더 나아가 고쳐 보려는 아이도 있었지만,
어떤 아이는 돌아서면서 거칠게 내뱉기도 했다.
"씨발, 존나 짜증 나게 지랄이야."

학교에서 담임을 대하는 태도는 그나마 나은 편이다.
이런 아이들이 집에서 부모, 특히 엄마를 대하는 걸 보면 참담한 수준이다.
아이는 자기가 원하는 걸 얻어 내기 위해
엄마에게 짜증을 내고 반항을 하며 심지어 위협까지 한다.
이쯤 되면 아이는 사사건건 엄마를 무시하고 자기 마음대로 행동한다.
엄마의 만류를 무시하고 피시방에서 살다시피 하거나

틈만 나면 거짓말을 한다.
탄로가 나도 미안해하지 않고 오히려 엄마를 윽박지른다.
이 지경이 된 아이를 지혜롭게 통제할 수 있는 엄마는 거의 없다.
이미 기싸움에서 아이가 엄마를 눌러 버린 것이다.
엄마는 결국 자기보다 더 강하게 아이를 압박할 수 있는
아빠에게 도움을 요청한다.
그러면 아빠는 대화는 시도해 보지도 않은 채
권위와 폭력으로 제압하는 경우가 많다.
하지만 이 또한 오래가지 못한다.
엄마 말을 안 듣는 아이는 곧 아빠 말도 달게 듣지 않기 때문이다.

난 이런 것들의 시작이
1학년 때 어떤 말투를 쓰느냐와 연결된다고 믿는다.
그래서 어떻게든 1학년 아이들의 말투를 바로잡으려 애쓴다.
어떤 아이는 1학년인데도 말끝마다 상스러운 단어를 붙인다.
고학년들처럼 '씨발 / 극혐 / 존나' 같은 거친 말은
아직 쓰지 않지만,
'아, 짱나 / 아, 진짜 / 아, 씨 / 헐 / 지랄' 같은 추임새 수준의 비속어는
자주 쓴다.
이런 말들은 가까운 어른에게 배웠을 테니,
더 심한 표현이 말끝에 붙는 건 시간문제일 것이다.

나는 아이들의 놀이에 웬만해서 개입을 하지 않는 편이지만,
무심코라도 욕을 하는 아이가 나오면 무조건 놀이를 중지시킨다.
그리고 아이들에게 시간 안에 다 하기 어려운 과제를 잔뜩 주고 버틴다.
한동안은 놀이도 금지한다.

그러면 아이들은 슬금슬금 다가와 사과도 하고
앞으로는 고운 말을 쓰겠다는 다짐을 하고 또 한다.
얼굴이 벌겋게 달아올라 따지는 아이도 있다.
"받아쓰기 틀리는 건 봐주면서 몰르고 욕한 건 왜 안 봐주는데요, 증말."
난 못 들은 척한다.

아이가 자주 사용하는 단어와 표현을 살펴보는 일은 중요하다.
특히 아이가 자신의 분노를 표현할 때
어떤 부사나 형용사를 쓰는지를 보면 그 아이의 성장 환경이 보인다.
아이들은 어떤 계기로 욕을 하게 되는가.
자신이 속해 있는 환경이 힘겨울 때 아이는 상처받고 열등감에 사로잡힌다.
자존감이 강한 아이라면 어려운 상황 속에서도 자신을 지켜 나가지만,
자존감이 약한 아이는 자신을 방어하기 위해
본능적으로 센 척을 하게 마련이다.
그런데 그런 아이들 대부분이 또래나 엄마 앞에서는 거칠게 굴다가도
낯선 사람 앞에서는 얌전해지는 경우가 꽤 많다.
센 척을 하는 것도 본인으로선 꽤나 피곤한 일이기 때문에
쉴 시간이 필요한 것이다.
그런 아이들은 보통 자신과 비슷한 친구들과 무리 지어 다닌다.
이럴 때 누군가가 그 고리를 끊어 주면 돌아올 수 있다.
원래 그런 아이가 아니었기 때문이다.
그 아이들이 평화롭게 삶을 살아가도록
누군가 도와줬더라면 얼마나 좋았을까.
예쁜 입으로 거칠고 힘한 말을 하는 걸 처음에 막아 주었더라면.

영화가 점점 클라이맥스 부분으로 치닫자 아이들은

자연스레 하나둘씩 자기 자리로 돌아가기 시작했다.
그러더니 잠시 후,
이번엔 하나둘씩 책상 위에 올라앉아서 보기 시작했다.
끝까지 교실 바닥에 눕지 않던 아이도
이번엔 친구들을 따라 책상 위로 올라가 앉았다.
그사이 영화는 절정에 다다랐고 아이들은 배를 잡고 깔깔깔 웃었다.
내내 웃지 않던 아이도 같이 어울려 웃었다.
그 아이의 웃음에 나는 그제야 안도했다.

**아이의 욕망 vs 엄마의 욕망
vs 교사의 욕망**

부모의 욕망이 차단된 교실에서 비로소 아이는 자기 욕망을 드러낸다

1학년은 학년 초에 본격적인 교과서 수업을 하기 전
별도의 적응 기간을 보낸다.
이 기간에는 주로 지역 교육청에서 제작해서 보급하는
〈우리들은 1학년〉이라는 교재를 사용하는데,
경우에 따라 담임이 따로 준비하기도 한다.
말 그대로 적응을 하는 기간이기 때문에
교내 시설물 사용 방법을 배우거나 친구 사귀는 시간을 갖는다.
이 시기의 아이들은 친구에 대한 관심이 크다.
처음 학교에 다니게 되어 긴장되고 두려웠는데 막상 와 보니
자기와 같은 상황에 처한 친구들이 많다는 것을 확인하고 안도한다.
그런 동질감 때문인지 1학년 아이들은 비교적 쉽게 어울리고 친구가 된다.

어른이 친구를 사귈 때 통성명부터 하는 것과는 달리,

아이들은 서로의 이름엔 특별한 관심을 갖지 않는다.
친구를 호칭할 땐 그냥 '애', '쟤'라고 표현한다.
그러다가 자기와 마음이 잘 맞는다 싶으면 그제야 이름을 물어본다.
어떤 아이는 며칠이 지나도록 친구의 이름을 모른다.
상대적으로 친구에게 관심이 없거나 잘 어울리지 못해서다.
난 이런 아이를 눈여겨보다가
아이들과 놀이를 할 때 그 아이에게 슬쩍 주요 역할을 맡겨 본다.
대부분 잘 통하지만, 언제나 좋은 결과를 낳는 것은 아니다.
아이의 성향에 따라 친구를 사귀는 방식이나 그 속도에 차이가 있다.

아이들은 새 친구를 만나는 걸 좋아하지만,
한편으로는 자신이 선택받지 못할까 봐 두려워하기도 한다.
그래서 되도록 친구들에게 좋은 인상을 주려고 애를 쓴다.
연필이나 사탕을 선물하기도 하고,
오줌이 안 마려워도 친구와 화장실을 같이 가 주기도 한다.
그러면서 자신에게 호감을 느끼고 받아 줄 만한 상대를 탐색한다.
이 과정에서 누구는 거절당해 상처받고 누구는 선택받아 행복감을 누린다.
바로 이때 아이는 자신이 어떤 사람인지 조금씩 알게 되고,
상대가 나와 비슷한지 다른지를 파악하는 능력을 갖게 된다.
아이가 주로 어떤 아이와 친하게 지내는지를 보면
그 아이가 인간관계를 맺을 때 어떤 욕망을 갖고 있는지 읽을 수 있다.
어떤 아이는 자기가 군림하기에 만만한 상대를 찾기도 하고,
어떤 아이는 반대로 자신을 이끌어 줄 상대를 찾는다.
어떤 아이는 부모나 형제와 비슷한 느낌의 친구를 찾기도 하고,
어떤 아이는 익숙하게 보아 온 사람들과
전혀 다른 느낌의 친구를 찾기도 한다.

부모들은 자식이 어떤 관계를 맺기 바랄까.
대부분의 부모가 자기 아이가 이왕이면 군림하는 쪽,
이끄는 쪽에 서기를 바란다.
그러면서 자기 아이는 왜 주도적으로 친구를 만들지 못하고
항상 친구에게 끌려다니는지 모르겠다고 속상해한다.
집에서 형제를 막 대하는 걸 보면 친구들에게도 밀리지 않을 것 같은데,
학교에서는 이상하게 소심하고 소극적이라는 것이다.
자기가 낳고 길러 왔는데도 엄마는
아이의 성향과 욕망을 다 파악하지 못한다.
학교 오기까지 그저 보살피고 돌보아야 할 어린 아기로만 대하다 보니
자기 아이가 어느새 훌쩍 커
다양한 욕망을 지닌 존재가 되었다는 생각을 하지 못하는 것이다.

1학년은 이렇게 애매하고 혼란스러운 시기다.
집에서는 아직 하나부터 열까지 챙겨 주어야 할 어린아이,
학교라는 사회에서는 유아기를 벗어난 독립적인 인격체.
이 상반된 관점 속에서 1학년 생활이 시작된다.

교실은 가정이 아니다.
교실에는 자신의 욕망을 투영해 아이를 대하는 엄마가 없다.
부모의 욕망이 차단된 교실에서 아이는 비로소
자기 본연의 욕망대로 말하고 행동하며 친구를 사귄다.
부모의 욕망이 구석구석 미치는 가정과
자신의 욕망대로 움직일 수 있는 교실,
이 두 곳에서 아이가 보이는 태도는 사뭇 다르다.

아이는 가정과 가정 밖을 오가면서,
엄마의 욕망과 맞물린 자신의 욕망과
진짜 자기 욕망 사이의 간극을 점차 깨닫게 된다.
이러한 과정을 거쳐 비로소 주체적인 한 인간으로 거듭난다.
그것을 우리는 '성장'이라고 부른다.

가정의 틀에서 벗어난 아이들이 자신의 욕망을
타인에게 투사하는 실험실이 1학년 교실이다.
여기에서는 아이의 본색이 가감 없이 드러난다.
그래서 부모와 교사는 이 시기의 아이들을 잘 관찰해야 한다.
아이의 진짜 욕망이 무엇인지,
아이의 원래 욕망이
그동안 엄마로 인해 억압받고 있었던 건 아닌지.
아이의 욕망과 성향을 제대로 파악하여
아이가 그것을 잘 발휘하고 유지하며 자랄 수 있게 해야
아이 삶이 행복할 수 있기 때문이다.

이 시기 아이들은 집에 가서 엄마에게 끝없이 학교 이야기를 한다.

- 어떤 친구가 울었어요.
- 어떤 친구가 선생님께 야단을 맞았어요.
- 점심때 내 짝꿍은 오이를 남겼어요.

아이는 왜 그렇게 일러바치듯 엄마에게 미주알고주알 떠드는 걸까.
자기가 보고 들은 것이 엄마 마음에 드는지 확인하고 싶기 때문이다.
엄마의 영향권에서 벗어나

오로지 내가 선택하고 판단해야 하는 학교생활이지만,
엄마가 보기엔 어떤지 궁금하기 때문이다.
그래서 아이들은 말끝마다 묻는다.
"엄마가 나였다면 어땠을 거 같아요?"

- ○○가 오늘 떠들어서 선생님께 혼났어요. 혼나서 걔 엄청 무서웠겠죠?
  (친구에게 감정 부여)
- ○○가 오늘 조금밖에 안 떠들었는데 선생님한테 혼났어요.
  우리 선생님 엄청 화났나 봐요.(교사에게 감정 부여)
- ○○가 오늘 선생님한테 혼났어요. 나도 혼날까 봐 무서웠어요.
  (자신에게 감정 부여)

엄마에게 이야기하는 과정에서 아이들은 각자 나름의 판단을 덧붙인다.
하나의 사실(떠든 아이가 선생님에게 야단을 맞은 사실)을 두고
아이들은 이렇게 서로 다르게 이야기를 펼쳐 나간다.
아이가 엄마와 편하게 주고받는 대화를 보면
그 아이가 학교, 친구들, 담임교사를 어떻게 받아들이는지 알 수 있다.
아이는 무의식중에 자신의 판단을 엄마도 인정하는지 알고 싶어 한다.
이 시기에 아이가 충분히 말할 기회를 안 주거나
아이의 판단에 대해 부정적인 태도를 보이면
아이는 점점 학교 이야기를 안 하게 되거나
엄마가 좋아할 만한 이야기만 골라 하게 된다.
자신의 판단을 유보하고 엄마의 비위를 맞추는 아이가 되는 것이다.
엄마가 싫어할 만한 이야기는 각색하거나 아예 하지 않는다.
아이를 지나치게 엄격하게 키우거나
아이에게 높은 수준을 요구하는 가정에서 주로 벌어지는 일이다.

이런 엄마들과 상담을 해 보면 엄마가 파악하고 있는 아이의 학교생활과
담임인 내가 파악한 아이의 학교생활이 전혀 다르다는 느낌을 받는다.
아이가 학교에서 일어나는 일들을 가려서 엄마에게 전달했기 때문이다.

아이는 자라면서 서서히 엄마의 욕망에서 떨어져 나와
자기 욕망대로 살고 싶어 하지만,
한편으로는 엄마의 욕망을 계속 욕망하면서
엄마에게 잘 보이고 싶어 하기도 한다.
이 시기부터는 엄마의 욕망이 아이의 욕망을 초과하면 곤란하다.
아이가 자신의 욕망을 억누르게 되기 때문이다.
1학년 아이들의 말투를 보면 잘 드러난다.

- (먹기 싫은 반찬을 가리키며) 엄마가 배 아프니까
  오이 먹지 말래요.(오이 먹기 싫어요.)
- (수학 시간에) 엄마가 수학 하기 싫으면 그네 타래요.
  (수학 공부 대신 그네 타고 싶어요.)
- (바깥 놀이 시간에) 엄마가 옷에 흙 묻으면 선생님이 털어 주래요.
  (제 흙 좀 털어 주세요.)

이런 아이들을 보면 다른 아이들은 바로 퉁을 준다.
"야, 너는 너네 엄마가 죽으라 그러믄 죽을 거냐? 으이구."
자신의 욕망을 억누르며 자란 아이는 어른이 되어서도
건강하게 자기 삶을 주도하지 못한다.
자기 욕망에 대해 생각해 본 적이 없기 때문에
자기가 뭘 좋아하고 싫어하는지도 잘 모른다.
그래서 늘 상대의 욕망에 자신을 맞춘다.

어릴 땐 부모의 욕망에, 자라면서는 친구의 욕망에,
결혼해서는 배우자의 욕망에, 늙어서는 자식의 욕망에.
평생 자신을 위해 살아 보지 못하고 남을 위해 자신의 삶을 희생한다.
자기 욕망의 주인으로 살아 본 적이 없기 때문에
타인에게 당당하지 못하고,
문제가 발생하면 다 자기가 잘못해서라고 생각한다.
가부장적인 가정일수록, 권위 의식에 사로잡힌 집단일수록
이런 사람들이 많아진다.
남편에게 부당한 대우를 받아도 참고,
자식에게 냉대를 받아도 자기 탓을 한다.
'이게 아닌데.' 하면서도 그런 삶을 유지하다가 마음의 병을 얻기도 한다.

욕망이 강한 아이는 엄마의 권유를 무시하고
자기가 하고 싶은 대로 하려고 하기 때문에 키우기가 쉽지 않다.
엄마가 아이의 욕망을 억압하는 이유는 간단하다.
그래야 키우기 수월하기 때문이다.
엄마의 삶도 바쁜데 아이의 욕망을 일일이 헤아릴 여유가 없다.
하지만 아이가 자라 엄마와 덩치가 비슷해지면
그동안 억눌렸던 욕망을 엄마를 향해 쏟아낸다.
이때, 엄마들은 갑자기 아이가 변했다며 놀라고 절망한다.
자신의 욕망에 충실하면서
엄마 입장에서도 키우기 쉬운 그런 아이는 없는 거냐고
엄마들이 물어 올 때마다, 씁쓸한 기분이 든다.

그러면, 엄마는 1학년 아이의 이야기에 어떻게 반응해야 할까.
우선 아이가 말하는 얘기에 공감하고 호응하되

객관적 사실이 무엇인지 잘 판단해야 한다.
그리고 아이가 그 사실을 왜 그렇게 받아들이는지를 생각해 봐야 한다.
아이가 너무 비관적이라면 그 이유를 밝혀서
다른 쪽으로도 생각할 수 있게 유도한다.
이 과정에서 담임에게 사실을 확인하고 아이의 반응도 알려야 한다.

이 시기의 엄마들은 아이의 학교생활이 어떤지
몹시 궁금해하고 염려하지만,
담임이 어려워 자주 학교를 찾지 못하는 경우가 많다.
교사 또한 엄마들에게 하고 싶은 말이 많은데
학부모가 어려워 그러지 못한다.
부모와 교사가 아이에 대해 긴밀하게 소통하지 못한다면
제대로 교육이 이루어지기 어렵다.
요즘은 학교마다 상담 주간을 두고 공식적인 자리를 마련하지만
아이에 대한 상담은 많을수록 좋다.

학교는 언제든 학생이 중심이 되어야 한다.
그리고 교사는 학교와 집 사이에서
아이의 욕망이 건강하게 자라도록 이끌어 주어야 한다.
아이들은 엄마의 욕망에 의존하는 것 못지않게
학교에서는 교사의 욕망에 좌우되기 쉽다.
교사가 엄격하면 아이들은 교사의 눈치를 보게 되고,
반대로 방임하면 제멋대로 행동한다.
교사가 어떤 아이를 조금이라도 편애하면
교실은 순식간에 그 아이를 중심으로 관계가 재편된다.
따라서 교사가 쉽사리 애정을 드러내거나

섣불리 아이들 관계에 개입하는 건 위험한 일이다.
하지만 교사도 사람인지라 객관적 위치를 시종일관 유지하며
지켜보기만 하는 일이 쉽지 않다.
아이들 사이에서 갈등이 일어날 때,
너무 겉돌거나 너무 튀는 아이를 볼 때,
자신이 옳다고 생각하는 기준에 자꾸 아이들을 맞추려 들게 마련이다.

중요한 건 교사든 부모든
타고난 아이의 성향을
함부로 재단하고 바꾸려 들어서는 안 된다는 것이다.
그저 인내를 갖고 아이의 성장을 조용히 돕는 수밖에 없다.
초등학교 1학년 1학기는
아이, 부모, 교사 모두에게 치열하고 힘든 시간이다.

**빨리 배우나 늦게 배우나
누구나 글을 뗀다**

아이의 읽기 능력은
한글 교육이 아닌
독서가 결정한다

우리 반 아이들이 한글을 거의 뗐다.
한글을 모르고 입학한 아이들도 이제 못 읽는 글자가 별로 없다.
ㄺ, ㅄ 같은 겹받침이 있는 글자는 정확하게 발음하지 못하지만,
비슷하게는 읽어 낸다.
읽을 수 있게 되면 쓰는 것은 자연스럽게 따라온다.
사실 때가 되면 글자를 읽고 쓸 줄 알게 되므로
무리해서 일찍 가르칠 필요가 전혀 없다.
일부러 가르치지 않아도 아이들이
글자에 대해 관심을 갖기 시작하는 시기가 있다.
매일같이 듣는 자기 이름을 어떻게 쓰는지 궁금해하고,
장난감이나 학용품에 적힌 글자를 읽고 싶어 하고,
간판이나 텔레비전에 나오는 글자가 무엇인지 물어 온다.
이렇게 글자에 호기심을 갖는 때가 한글을 가르치기에 적당한 시기다.

하지만 그렇게 기다리다가는
아이가 끝내 글자에 관심을 갖지 않게 될까 봐
한글 교육을 서두르는 부모들도 있다.
많은 부모가 묻는다. 언제부터 아이에게 글자를 가르치면 좋으냐고.
주변에 널려 있는 것이 글자이기 때문에
곧 글자에 관심을 갖는 시기가 올 거라고,
아이가 궁금해할 때 가르쳐야
스트레스 없이 재미있게 배울 수 있다고 대답하지만,
내 말을 믿고 따르는 부모는 많지 않은 것 같다.

아이의 학습을 서두르는 부모들이 호소하는 불안은 한 가지다.
다른 아이들에 비해 뒤처질까 봐.
아이마다 신체 조건이 다르고, 식성이 다르고,
흥미를 느끼는 분야가 다른 만큼
글자를 배우고 싶어 하는 시기도 당연히 제각각 다르다.
하지만 다른 건 몰라도 글자만큼은
빨리 배워야 한다는 강박을 가진 부모가 많다.
그 이면엔 조기 교육 열풍과 이걸 등에 업고 돈을 버는 교육 시장이 있다.

심지어 어떤 이들은 걸음마를 떼기 전부터
한글을 가르쳐야 한다고 주장하기도 한다.
사교육 시장은 남들보다 늦게 시작하면
영원히 뒤처진다는 공포를 조장한다.
부모들을 끊임없이 불안하게 만들고
아이가 갖춰야 할 온갖 능력들을 상품과 연결 짓는다.
창의력은 언제부터, 논리력은 언제부터, 외국어는 언제부터… 하는 식으로 연령별로 반드시 시작해야 하는 프로그램을 만들어 엄마들을 부추긴다.
엄마들은 교육 전문가들의 말이라면 홀딱 넘어간다.
일찍 학습을 시작하기보다
그 시간에 엄마와 정서적으로 교류하는 게 더 좋다는 걸 알면서도
대부분의 부모들이 한글 교육의 유혹을 뿌리치지 못하는 건
효과가 금방 보이기 때문이다.
아이가 글자를 읽기 시작하면 부모들은 환호한다.
한글이 그만큼 쉬운 글자라고 생각하기보다
자기 아이가 영특하다고 생각하는 것이다.
하지만 한글 교육을 지나치게 일찍 시작하면
아이가 글자 자체에 거부감을 가질 수 있다.
나아가 뭔가를 배우는 일이 즐겁고 신나기보다
재미없고 두렵다는 편견이 생길 수 있다.

어느덧 10월.
이 시기쯤 되면 글자를 일찍 배운 아이와
늦게 배운 아이의 실력 차이는 거의 나지 않는다.
아이들의 읽기와 쓰기 능력은 글자를 얼마나 일찍 뗐느냐가 아니라,
책과 얼마나 가까이 지내는가에 따라 결정된다.
이야기를 많이 듣고 책을 가까이하는 환경에서 자라는 아이는
글자를 늦게 배우더라도 일단 글을 읽을 줄 알게 되면
무서운 속도로 책의 세계에 빠져든다.
책이 끌어당기는 힘이 엄청나게 강력하기 때문에
글자는 알아도 책을 가까이하지 않는 아이들에 비해
읽고 쓰는 능력이 월등할 수밖에 없다.
결국 아이의 읽고 쓰는 능력은 한글 교육이 아니라 독서가 결정한다.

파리가 돌아가셨다

아이들의 논쟁은
어떻게 이루어지는가

1학년 아이들은 자연 다큐멘터리를 아주 좋아한다.
그래서 나는 틈이 날 때마다 동영상을 검색해서 보여 준다.

파리가 파리지옥 위에 앉는다.
잠시 후 파리지옥의 벌어진 잎이 닫혀 파리가 잡힌다.
파리가 갇히는 장면에서 아이들이 탄성을 지른다.
"헐. 파리 디져따."
한 아이의 말에 다른 아이가 재빨리 내게 이른다.
"야, 너 왜 디져따구 그래. 선생님, 쟤 나쁜 말 써요."
아이는 그럴 리 없다는 표정이다.
"야, 그게 무슨 나쁜 말이냐. 우리 할머니도 디져따라구 잘 그러는데."
상대 아이도 지지 않는다.
"디져따라 그러면 안 되고 돌아가셨다 그래야지.

니네 할머니도 몰르구 그러는 거야."
보다 못한 다른 아이가 끼어든다.
"야, 무슨 파리가 할아부지냐. 돌아가셨다 그러게? 죽었다라면 몰라두."

대벌레가 나뭇가지에 몸을 숨기고 있다.
잠시 후 카멜레온이 등장해서 긴 혀로 대벌레를 날름 잡아먹는다.
그 장면에서 아이들은 또 탄성을 지른다.
"헐. 카멜레온 혀 개 길다. 쩔어."
아까 그 아이가 또 나무란다.
"야, 너 왜 개 길다 그래. 그건 니네는 쓰면 안 돼."
"뭐가? 우리 누나도 개 길다 그러는데 왜 안 돼?"
"그건 니네 누나가 규칙을 어기니깐 그렇지.
니네 누나는 4학년이면서 그런 말을 쓰면 어떡해."

바다에서 큰 물고기가 작은 물고기들을 쫓고 있다.
위협을 느끼자 작은 물고기들은 급기야 지느러미를 활짝 펼쳐
날듯이 물 밖으로 튀어나온다.
그 장면을 본 한 아이가 외친다.
"헐. 날치다. 완전 개 빨라. 쩐다."
그 말에 다른 아이도 외친다.
"큰 물고기는 청새치야. 저것도 개 빨라."
그러자 다른 아이가 툭을 준다.
"저게 뭐 청새치냐. 돌고래지."
또 다른 아이도 끼어든다.
"아냐, 범고래야. 돌고래보다 범고래가 더 쎄."
아까 청새치를 말한 아이가 확신에 찬 표정으로 말한다.

"내가 라바에서 봤는데 날치가 엄청 멀리 날아."
아이들이 일제히 그 아이를 본다.
"라바? 헐. 아직도 라바라니. 쩐다. 넌 애기냐. 라바를 보게."
순간 당황한 아이가 바로 변명을 한다.
"아, 아니, 내가 애기 때 봤다니깐. 지금 본 게 아니고."
동영상 보느라 아이들의 대화를 못 들은 다른 아이도
라바라는 말에 반응을 한다.
"헐. 개 쩐다. 1학년이 라바를 보다니."
한 아이가 그 아이 편을 든다.
"라바는 애기 때만 보는 게 아니고 아무 때나 봐도 돼. 그죠, 선생님?"
대답이 궁해진 나는 아무것도 모르는 척하기로 한다.
"라바가 뭔데?"
그러자 한 아이가 어이없다는 듯 내뱉는다.
"헐. 선생님은 라바도 안 봤어요?
야, 선생님은 라바도 모른대. 헐. 쩐다."
"아니 뭐, 난 텔레비전이 없으니깐. 라바가 나오는 줄도 몰랐…"
내 말이 끝나기도 전에 아이들은 나를 제쳐놓고 다시 자기들끼리 떠든다.
순식간에 한 아이는 아직도 라바를 보는 아기로,
그 아이 편을 들어 주려던 나는 라바도 모르는 바보로 결론 나고 만다.
그사이에 아이들의 대화 주제는 이미 자연 다큐에서
라바를 보기에 적당한 연령은 몇 살인가로 넘어가 있다.

아이들의 대화는 이렇게 정신이 없지만,
그 안에는 나름의 논리들이 촘촘하게 박혀 있다.
아이들은 잠시도 조용히 있지 않는다.
자기가 알고 있는 내용을 친구들에게 알리고 싶어서다.

그 과정에서 타인에게 자신이 아는 정보를
논리적으로 전달하는 능력을 기른다.
자신의 논리는 금세 반대 논리를 만나 힘겨루기를 하게 되고,
그러다가 자기 논리가 무너지면 또 다른 논리를 만들어 논쟁을 이어 간다.
논쟁은 종종 싸움으로 이어지기도 한다.
논쟁은 객관적인 사실을 근거로 이루어져야 하지만,
아직 어린 아이들이기에 논쟁을 감정싸움처럼 한다.
하나의 사실을 두고 친구와 겨루던 아이가
자기가 불리할 것 같으면 나에게 와서 이른다.
"선생님, 쟤 거짓말해요. 쟤가 나보고 틀렸다고 무시해요.
지 혼자 자꾸 우기고 소리 질러요."

아이들이 좀 더 자라 고학년이 되면 논점이 다원화되기도 하지만,
1학년 아이들 사이에서는 대부분
두 개의 주장을 중심으로 논쟁이 이루어진다.
논쟁에서는 양쪽 주장을 각각 대표하는 아이가 나오게 마련이다.
주로 친구들 사이에서 인정받는 똑똑한 아이다.
아이들은 그 아이를 중심으로 편이 갈려
각자의 논리를 보태며 대표 아이를 편든다.
하지만 의견을 차근차근 주고받는 것이 아니라 동시다발로 퍼붓다 보니
교실은 순식간에 아수라장이 된다.
그럴 때, 아이들은 나더러 당장 인터넷을 검색해서
진위를 가려 달라고 요청한다.
그럴 때마다 난 "선생님이 지금 엄청 바쁜데 니네가 집에 가서 찾아보고
내일 서로에게 알려 줘." 하면서 아이들에게 공을 떠넘긴다.
내가 아이들의 논쟁에 개입해 쉽게 결판을 내 버리면

아이들은 자신의 주장을 상대에게 설득하는 배움의 기회를 잃게 될 것이다.
교실이 아수라장이 되더라도
아이들이 자신과 다른 생각과 부딪치고 겨루는 일을 반복하면서
자신의 생각에 살을 붙여 갈 수 있도록 해 주어야 한다.

고학년들에 비하면 1학년 아이들의 논쟁은 오래가지 않는다.
논쟁과 감정싸움이 구분되지 않다 보니,
번번이 큰 싸움으로 번져 버리는 탓이다.
논쟁에서 이기려면 상대를 압도하는 논리가 나와 줘야 한다.
하지만 이게 아직 쉽지 않은 1학년 아이들은 주로 인신공격을 한다.
상대가 무슨 의견을 내면 이쪽 편 아이가
"글씨도 잘 모르는 네까짓 게 그걸 어떻게 아냐?"며 빈정거린다.
그러면 무시를 당한 상대 아이는
"그러는 너는 시계도 못 읽으면서!"라며 받아친다.
결국 둘 다 마음이 상하고 눈물 바람으로 달려와 서로를 일러바친다.
1학년 아이들의 논쟁은 대부분 이런 식으로 끝난다.
하지만, 끝까지 우세를 유지하면서 논쟁을 이어 가는 아이들도 있다.
평소에 가정에서 대화를 자주 하는 아이들이다.
이들 중 어떤 아이는 벌써 상대 화법의 핵심을 읽어 내기도 한다.
상대가 어떻게 나올지 미리 예상해서
말을 고르는 수준에 도달한 아이도 있다.
형제들과 논쟁해 본 경험이 많은 아이다.
이 부분에서만큼은 형제가 없는 아이들이 반대인 경우에 비해 불리하다.
형제가 없는 아이들은 엄마를 상대로 논쟁을 할 수밖에 없는데,
못 이기는 척 져 주는 엄마와
인정사정없이 공격해 오는 형제와의 논쟁은 차원이 다르다.

그래서 나는 가능하면
교실에서 일어나는 논쟁이 길게 이어지도록 유도한다.

논쟁을 잘하는 아이를 가만히 관찰해 보면,
주로 논쟁거리를 먼저 제공한다.
이런 아이들은 책을 많이 읽은 덕에 아는 것이 많아
논쟁 자체를 즐기는 여유가 있다.
자기가 논쟁거리를 제공하다 보니 논리 싸움에서도 자신이 있다.
유리한 고지를 차지하다 보니
굳이 목소리를 높일 필요도 없고, 흥분도 덜 한다.
문어와 오징어 다리 수가 어떻게 다른지,
거북선이 뭘로 만들어졌는지 등등 수시로 자신이 아는 정보를
논쟁거리로 내놓게 되고, 자연스럽게 교실의 이야기꾼이 된다.

책을 많이 읽는 아이는 정보와 지식이 풍부할 뿐 아니라
수준 높은 어휘도 능숙하게 구사한다.
매끄러운 말솜씨는 다른 아이들의 신뢰를 얻는다.
아이들의 반응을 보면, 이런 아이의 주장이 항상 옳아서라기보다는
아이가 사용하는 어휘의 질과 논쟁의 태도에서 압도당하는 것 같다.
책을 많이 읽는 아이는 그래서 어떤 상황에서도 존재가 빛난다.
또래들에게 '믿을 만한 친구'로 인식되고,
자연스레 교실 분위기를 이끄는 아이가 된다.

논쟁이 말싸움으로 번질 즈음, 나는 슬쩍 끼어들어
분위기를 바꾸기도 한다.
끼어들 때는 특정한 아이 편을 들지 않고

엉뚱하거나 말도 안 되는 의견을 낸다.
"저 막 날아가는 물고기, 저게 날치라고? 선생님 보기엔 미꾸라진데? 저런 건 추어탕을 끓여 먹어야 되는데."
그러면 아이들은 일제히 뜨악한 표정을 하며 나를 쳐다본다.
"선생님은 무슨 그런 말을 하고 그래요, 으이구."
아이들은 내 말이 틀렸다는 것을 알려 주기 위해
미꾸라지가 왜 바다에 살지 않는지 새로운 논쟁을 시작한다.

1학년 아이들이 이런 논쟁을 끝없이 할 수 있는 까닭은
누구도 완벽한 답을 갖고 있지 않기 때문이다.
세상의 모든 것을 하나하나 따져 보고 의심하는 과정에서
아이들은 확실한 것은 아무것도 없다는 사실을 어렴풋이 깨달아 간다.
더불어 한 가지 사실을 두고도
다양한 의견과 해석이 있을 수 있음을 배운다.

물론 이런 논쟁에 전혀 참여하지 않는 아이들도 있다.
다른 친구들이 모여 서로 자기가 옳다고 주장할 때,
한쪽 구석에서 딴짓을 하거나 논쟁하는 아이들을 구경만 한다.
아이가 나서기 싫어하는 데에는 다 이유가 있기 마련이다.
논쟁에 휘말리는 것 자체를 달가워하지 않아서일 수도 있고,
자기 논리가 상대의 공격을 받아 무참히 깨지는 것을
감당할 자신이 없어서일 수도 있다.
이렇게 조심성 많고 조용한 아이들을 소극적이라며 걱정할 필요는 없다.
말로 하는 주장이 아니라 글로 쓰는 주장에서는
자기 역량을 제법 잘 드러내기도 하기 때문이다.
아이가 지닌 가능성은 언제고 그 빛을 발하기 마련이다.

왜 12시 3분이 아니라 3시예요?

아이들이 시계 보기를 배우는 과정

아이들에게 장난감 시계를 하나씩 나눠 준다.
뒷면의 작은 꼭지를 돌리면 따르륵 소리가 나면서
바늘이 돌아가는 시계다.
나는 시계를 나눠 주면서
어떻게 생겼는지 잘 살펴본 뒤, 잠시 후에 발표해 보자고 말한다.
아이들은 이렇게 말할 것이다.

- 긴 바늘과 짧은 바늘이 있어요.
- 숫자가 1부터 12까지 있는데 12는 맨 위에 있고 6은 맨 아래에 있어요.
- 숫자와 숫자 사이는 4개의 작은 선으로 구분되어 있어요.
- 바늘들이 숫자를 가리키며 움직여요.

그러면 나는 아이들의 발표를 칭찬하며 친절하게 설명해 줄 것이다.
"짧은 바늘은 시를 가리키고 긴 바늘은 분을 가리킨단다.

긴 바늘이 한 바퀴 도는 동안을 한 시간이라고 한단다."
교사 훈련을 받을 때 시계 보는 법은 이렇게 가르치면 된다고 배웠다.
하지만… 실제 교실 풍경은 어떠한가.

아이들에게 장난감 시계를 하나씩 나눠 준다.
뒷면의 꼭지를 돌리면 따르륵 소리가 나면서 바늘이 돌아가는 시계다.
나는 시계를 나눠 주면서 어떻게 생겼는지 잘 살펴본 뒤,
잠시 후에 발표해 보자고 말한다.
아이들은 시계를 받자마자
뒷면의 작은 꼭지를 빠르게 돌려서 따륵따륵 소리를 낸다.
이내 교실은 따륵따륵 소리로 가득 찬다.
아이들은 더 큰 소리를 내려고 경쟁적으로 꼭지를 이리저리 돌린다.
나는 시끄럽게 소리 내지 말고 먼저 시계를 자세히 보라고 말한다.
하지만 아무도 내 말을 듣지 않는다.
따륵따륵, 따륵따륵.

난 좀 더 크게 "그만!"이라고 외친다.
아이들은 내 말에 잠시 멈칫하지만 또다시 꼭지를 돌린다.
따륵따륵, 따륵따륵.
난 유독 큰 소리를 내는 몇 아이에게 주의를 준다.
하지만 따륵따륵 하는 소리에 내 말은 이내 묻혀 버리고 만다.

여기서 내가 책상을 꽝 내리치거나 소리를 크게 지르면
교실의 소란을 잠재우고 수업을 시작할 수 있을 것이다.
하지만 난 그렇게 하지 못한다.
아이들이 집에 가서 "선생님이 우리한테 소리 지르고
책상도 꽝 쳤어."라고 말할 것이 두려워서다.
폭력 교사로 낙인이 찍히면 선생질로 먹고살기 힘들어진다.

나는 아이들에게서 시계를 빼앗아 모은 다음,
소리를 내지 않겠다는 약속을 일일이 받은 다음에야 다시 나눠 준다.
그런데 한 아이가 다시 시계를 받자마자
꼭지를 돌려 따륵따륵 소리를 낸다.
그 아이의 시계를 뺏을까 말까 고민하는 사이,
또 다른 아이가 나눠 준 시계를 반으로 쩍 쪼갠 버린다.
시계 부속품들이 교실 바닥에 좌르륵 흩어진다.
내가 쳐다보자 그 아이는 히죽 웃으며 말한다.
"전 잘못 없어요. 따륵따륵 소리 안 냈잖아요.
선생님이 쪼개지 말란 말은 안 했잖아요."
그걸 보고는 아이들이 깔깔대며 웃는다.
난 그 아이를 노려보며 빨리 주우라고 목소리에 힘을 준다.
아이는 내 표정에 겁을 먹었는지 흩어진 부품들을 주우러 책상 밑으로 들어간다.
하지만 잠시 후 그 아이가 내게 소리 지른다.
"선생님 바늘 하나가 안 보여요! 선생님이 빨리 찾아 줘요. 빨랑요!"
그 말에 나머지 아이들이 자기가 찾아 주겠다며
너도나도 책상 밑으로 기어 들어간다.
난 시계 부품은 이따 쉬는 시간에 찾아보자고 말하며
다른 시계를 그 아이에게 준다.
그 아이는 시계를 새로 받았지만 수업에 전혀 집중하지 못하고
바늘을 찾느라 계속해서 주위를 두리번거린다.
결국 난 다른 아이들을 상대로 수업을 한다.
시계 공부 시간은 이렇게 흘러간다.

수업이 끝나고 쉬는 시간에 나는 그 아이 엄마에게
오후에 아이를 남겨서 수학 공부를 보충해도 되겠느냐고
메시지를 보낸다.
잠시 후, '죄송한데 아이가 오후 일정이 있으니
그냥 보내 주세요.'라는 답장이 온다.
난 쉬는 시간에 아이를 불러 시계 읽는 방법을 가르친다.
쉬는 시간에 놀지 못하고 내게 불려 온 아이 얼굴엔 심통이 가득하다.
내가 묻는 말에 대답도 잘 하지 않고 연신 노는 아이들을 쳐다본다.
쉬는 시간이 3분 정도 남았을 때, 난 아이를 놓아 준다.
도시에서 30여 명 아이들을 가르치던 때의 흔한 풍경이었다.

하지만 시골의 1학년 교실은 이와 사뭇 다르다.
우리 반 아이들은 자기들이 수학을 잘한다고 생각한다.
심지어 가장 좋아하는 과목이 수학이라고 말한다.

그래서 가끔은 형님들처럼 우리도 '수학 골든벨'을 하자고 조르기도 한다.
도시의 1학년 아이들도 수학을 잘한다고 생각하긴 하지만
이 아이들만큼 좋아하진 않는다.
문제집과 학원 숙제에 일찌감치 지쳐 버렸기 때문이다.
게다가 다음 학년의 내용까지 선행 학습을 하다 보니
학교에서의 수업 시간이 재미있을 턱이 없다.

1학년 수학엔 10이 넘지 않는 수의 덧셈과 뺄셈,
크기 비교를 위주로 하는 연산, 세모, 네모, 동그라미 등의
도형 입문이 나온다.
보통 유치원에서 수 세기나 도형 기초 학습이 이뤄진 데다
아이들이 평소 생활에서 흔히 접하기 때문에
이런 것들은 어렵지 않게 해낸다.
1학년 아이들이 어려워하는 건 한글 읽고 쓰기,
1부터 100까지 안 보고 세기, 받아올림 계산하기, 시계 읽기 정도다.

요즘 우리 반 아이들은 그중 가장 어려운 시계 읽기를 배우고 있다.
1학년 수학 교과서에는 정각 읽기와 30분 읽기 두 가지가 나온다.
긴 바늘이 12에 가 있으면 정각, 6에 가 있으면 30분이다.
그런데 아이들에게 이걸 이해시키는 게 쉽지 않다.
긴 바늘과 짧은 바늘이 모두 12에 가 있으면 아이들은 12시라고 읽는다.
하지만 긴 바늘이 여전히 12에 있고 작은 바늘이 3에 가 있으면
아이들은 12시 3분이라고 읽는다. 긴 바늘을 먼저 인식하는 것이다.
"긴 바늘이 시를 나타내는 중요한 역할을 맡아야지,
왜 짧은 바늘이 맡아요?"
아이들은 내게 따진다. 아이들로서는 당연한 반응이다.

그런데 그게 아니라고 가르쳐야 하니 문제다.
나는 12부터 시작해서 긴 바늘이 한 바퀴를 다 도는 동안
작은 바늘이 조금씩 움직여 다음 숫자로 이동하면
한 시간이 되는 거라고 알려 준다.
아이들은 내 말이 끝나자마자 벌떡벌떡 일어선다.
"헐. 긴 바늘이 한 바퀴 도는 동안 왜 짧은 바늘은 한 칸만 가는데요?
많이 가면 되잖아요."
"긴 바늘이 숫자 1부터 가야지 왜 12부터 가요?"
옆에 앉은 짝이 그것도 모르냐는 듯이 지적을 한다.
"야, 12가 맨 꼭대기에 있잖아. 거기부터 가야지 넌 그것도 몰라냐."
그 말이 끝나자 갑자기 다른 아이가 묻는다.
"선생님, 이런 시계는 누가 만들었어요? 불편하게.
핸드폰만 보면 바로 알잖아요."

결국 난 긴 바늘을 12에 고정해 놓고
짧은 바늘만을 움직이며 시계를 읽게 한다.
이 방법을 쓰자 아이들은 금세 시간을 읽는다.
난 또 긴 바늘을 6에 고정해 놓고
짧은 바늘만을 움직여 시계를 읽게 한다.
대부분의 아이들이 나를 따라 일제히 시계를 읽는데,
한 아이가 다른 아이들보다 한 박자 앞서 더 큰 목소리로 읽는다.
그러자 다른 아이들이 그 아이에게 짜증을 낸다.
"야, 너 왜 잘난 척해. 선생님, 애 하지 말라 그래요."
친구들의 공격을 받은 아이는 억울해한다.
"쟤네들은 지네가 모르는 거면서 저더러 하지 말라 그래요."
아이들 다툼에 공부가 또 중단된다.

그 아이는 시계 읽는 방법을 먼저 공부한 아이다.
그 과정이 꽤나 힘들었을 것이다.
아이는 자신이 아는 걸 자랑하고 싶었을 뿐인데,
친구들의 공격을 받는 신세가 되었다.
저학년의 선행 학습은 대부분 이런 상황을 낳는다.
선행 학습을 하기보다 차라리
그날 공부한 걸 복습하는 후행 학습을 한다면,
친구들에게 배척당하지 않고 수업도 즐기면서
알게 된 지식을 더 단단하게 다져갈 수 있을 텐데.

나는 바구니에 시계와 피구공을 담아 들고 아이들과 운동장으로 나간다.
그리고 퀴즈를 낸다.
"긴 바늘은 6에 있고 작은 바늘은 2와 3 사이에 있으면
왜 2시 6분이라고 읽지 않고 2시 30분이라고 할까?
이 퀴즈를 맞히면 다 같이 피구를 할 거야."
내 말이 끝나기 무섭게 한 아이가 말한다.
"그러게 말이에요. 2시 6분이라 그래야 되는데
왜 자꾸 선생님은 2시 30분이라 그래요. 짜증 나게."
아이의 기세에 눌린 나는 작은 목소리로 웅얼거린다.
"그러게. 선생님도 2시 6분이라 말해 줄 수 있으면 좋겠는데
수학 책에는 2시 30분이라 그러네."
그 아이가 쐐기를 박듯 말한다.
"그러니깐 수학 교과서를 만든 사람이 잘못 만들어서
그렇단 말이에요. 으이구."
아이들은 그 아이의 말이 맞다는 듯 고개를 끄덕이며
피구공 있는 곳으로 몰려간다.

나도 고집스럽게 버틴다.
"안 돼! 퀴즈를 맞혀야지."
내 말에 아이들이 짜증을 낸다.
한 아이는 당장 피구를 못 하는 게 억울한지 울상이다.
아이들이 생떼를 쓰든 말든 난 버틴다.
내가 세게 나가자 아이들은 저마다의 방식으로 반응한다.
어떤 아이는 시계에 답이 있을까 싶어 뚫어져라 시계만 들여다보고,
어떤 아이는 벌써 피구공 옆에 가 있다.
아예 처음부터 무작정 조르는 아이도 있다.
잠시 후, 시계를 들여다보던 아이가 긴가민가한 표정으로
친구들에게 가서 말한다.

"6의 반이 3이잖아. 3에다가 0을 붙이면 30분이잖아."
엉뚱한 논리이긴 해도 아이가 혼자 생각해 낸 것이다.
다른 아이들이 그 아이를 내게 이끌고 몰려온다.
하지만 난 이의를 제기한다.
"긴 바늘이 6에 있을 때 30분이면,
4에 있으면 4의 반은 2니까, 2에 0을 붙여서 20분이라고?
순간 아이들이 당황한다.
아이들은 아직 20분은 배우지 않아서 그게 맞는지조차 모른다.
아이들이 술렁이고 한 아이가 아까 그 잘난 척하던 아이를 부르더니
긴 바늘이 4에 있으면 20분이냐고 묻는다.
그 아이가 고개를 끄덕이자 아이들이 환호한다.
"선생님, 우리가 퀴즈 맞혔죠?" 하더니 피구공을 향해 뛰어간다.

하지만 아까 친구들 기세에 눌린 경험이 있는 아이는 그대로 서 있다.

나는 다른 아이들에게 이 아이도 끼워 주라고 하려다가 멈칫한다.
어차피 이 아이가 없으면 피구 짝이 안 맞으니 곧 부를 것이다.
아니나 다를까 다른 아이들이 그 아이를 부른다.
아이는 잠시 머뭇거리다가 달려가 친구들과 어울린다.
누구는 시계 읽는 방법을, 또 누구는 겸손을 배운 수학 시간이었다.

1학년 독립심 기르기 프로젝트

사람의 변화는 단순하게 이뤄지지 않는다

평소보다 일찍 등교한 아이가
교실에 들어오자마자
누가 있는지 두리번두리번 살핀다.
아무도 없는 걸 확인하자 바로
점퍼를 벗어젖히더니
가방에서 뭔가를 주섬주섬 꺼낸다.
검은색 도복과 빨간색 띠.

아이는 도복 윗도리를 익숙하게 입더니 이번엔 바지를 벗으려다 말고
나와 눈이 마주치자 그제야 "합기도 옷 입어도 돼요?" 하고 묻는다.
"니 옷이니 너한테 물어봐야지."
내가 대답하자 교실 한구석으로 달려가 신을 훌렁 벗더니
재빨리 바지를 내린다.
너무 급해서였을까, 그만 바지에 쓸려 팬티까지 따라 내려가고 만다.

순간 아이가 내 쪽을 보며 소리를 빽 지른다.
"아이 씨, 선생님, 보지 마요!"
얼결에 나는 치한으로 몰린다.
"아니, 뭐, 선생님이 일부러 볼라 그런 게 아니고…
니가 빤쓰를 훌렁 내리니…."
내가 우물우물 더듬거리는 사이 아이는 도복으로 다 갈아입는다.
"절대로, 누구한테도 말하지 마요. 알았죠?"

이번엔 빨간 띠를 묶을 차례.
그런데 매듭까지는 아직 혼자 잘 안 되나 보다.
길게 위로 끌어 올려도 안 되고 반을 접어서 매도 안 되고.
아이의 표정이 점점 초조해진다.
저 녀석이 나에게 묶어 달라고 부탁하면
묶어 줘야 하나 말아야 하나 고민하고 있는데
다행히 내 쪽은 쳐다보지도 않고 혼자서 낑낑대고 있다.

한참 동안 시행착오를 거듭하던 아이가
드디어 빨간 띠를 묶는다.
그런데 뭐가 마음에 안 드는지
다시 풀어 헤친다.
까닭을 물으니 한쪽 끈이 너무 길게
매듭이 매어져서 그렇단다.
끈 길이를 비슷하게 맞추기 위해
또 한참을 그 자리에 버티고 서서
묶었다 풀었다를 반복한다.
친구들이 묶어 주겠다고 해도 필요 없다며 혼자 낑낑대더니 마침내 마음에 들게 묶어 낸다.
기분이 좋은지 앙증맞은 손을 탁탁 털며 "저 봐요, 다 했죠?"
이러고 씨익 웃더니 밖으로 놀러 나간다.

나는 새 학년이 되면 아이들과 두 가지 약속을 한다.
자기 책가방은 스스로 챙길 것, 옷을 혼자 입을 것.
아이의 독립심을 키우기 위해서다.
이름하여 '1학년 독립심 기르기 프로젝트'.

학부모에게도 이 점을 특별히 부탁한다.
아이들이 스스로 챙기다 보면 준비물을 하나둘 빠뜨리기도 하겠지만,
수업에는 큰 지장이 없으니 도와주지 말고 모르는 척하시라고.
가방을 잘 챙겨 오지 못하면 적당히 꾸중하고
다음번엔 꼼꼼히 챙기도록 이끌어 갈 거라고.
그러면 아이는 선생님에게 잘 보이기 위해서라도
스스로 챙기는 습관을 갖게 될 거라고.
아이들이 실수하는 과정에서 부족한 면을 찾고
스스로 고쳐 나갈 수 있도록 동참해 달라고.
학부모들의 반응은 대부분 호의적이다.
준비물을 잘 챙겨 보내라는 게 아니라 오히려 챙기지 말라고 주문하니,
부모는 편해서 좋고 아이의 독립심도 키울 수 있으니 마다할 까닭이 없다.
학기 초에 보낸 안내장 하나로 나는 괜찮은 담임이라는 평을 얻는다.
하지만 안내장에 적은 당부는 오래가지 못한다.

시간이 갈수록 내가 학부모에게 당부한 내용은 흐지부지된다.
지금껏 살뜰하게 챙겨 주다가 학교에 보내면서 지켜보니

내 아이가 의외로 빈틈이 많다는 걸 알게 되기 때문이다.
엄마 손길이 없으면 아무것도 못 하는 정도가 아니라
아예 망가지는 것처럼 보인다.
어떤 엄마는 자기 아이가 덜렁대거나 흐트러져 있는 것을 참지 못한다.
엄마 자신의 성미에 안 맞는 것이다.
처음 얼마간은 담임교사의 당부대로 아이 혼자 등교 준비를 하도록
둬 보지만 잔소리하다가 지쳐 결국 본인이 나선다.
그러면서 "이번 딱 한 번만 해 주는 것"이라고 못을 박는다.

하지만 아이들이 얼마나 영악한가.
아이들은 야단 몇 번 맞으면 엄마가 다 챙겨 주리라는 것을 금세 간파한다.
이러다 보면 아이는 자기 물건을 챙기지 못하는 건 물론이고,
무언가 선택하거나 결정할 때조차 엄마를 찾게 된다.
문제는, 이런 일이 반복되면 아이가 어떤 일도 스스로 안 하려 들게 되고
결국엔 자기 삶을 주도적으로 꾸려 나가지 못하게 된다는 것이다.
아이가 잘 못 하더라도, 시간이 다소 걸리더라도
엄마가 참고 버텨 주면 훨씬 빨리 독립적인 아이가 되련만,
엄마들에게는 이게 쉽지 않다.

아이가 어떤 일을 스스로 해내게 되었을 때 느끼는 성취감과 자부심은
누군가의 도움을 받아 해냈을 때의 그것과는 비교할 수 없을 만큼 크다.
혼자 힘으로 가방을 챙기고 숙제를 하는 일이
전에는 불가능하다고 생각했는데,
막상 해 보니 그리 힘들지도 않을뿐더러
뿌듯하기도 하고 칭찬도 받으니 하길 잘했다고 느낀다.
혼자 할 수 있는 일이 많아지고, 다른 사람을 돕는 수준까지 되면

자신이 어른이 되었다고 느끼며 크나큰 긍지를 갖게 된다.
자존감이 큰 아이일수록 무슨 일이든 혼자, 직접 해 보려고 든다.
당연히 아이는 사사건건 엄마와 부딪친다.
이럴 때 엄마는 아이 때문에 힘들어 죽겠다고 하소연한다.
요즘 아이가 말도 잘 듣지 않고, 사소한 걸로 고집을 피운다며 말이다.
하지만 그건 엄마 생각일 뿐,
아이 입장에서는 자기도 잘할 수 있는데, 도움 없이 혼자 해 보고 싶은데,
엄마가 곁에서 사사건건 간섭하고 조바심치니 여간 성가신 게 아니다.

어떤 엄마들은 아이가 혼자 옷을 고르고 입는 것조차 막는다.
본인의 취향이나 기준에 어긋나기 때문이다.
아이가 선택한 차림새가 우스꽝스러워 보이거나 마음에 안 들 수도 있지만,
그런 과정이 있어야 옷 입는 감각도 생기는 걸 텐데,
엄마 입장에서는 그때까지 참고 기다리기가 힘들다.
자기 아이를 독립적인 주체로 받아들이기보다는
자신의 분신, 혹은 소유물이라고 생각하다 보니
옷차림마저 통제하게 되는 것이다.

기어 다니던 아이가 두 발로 서서 걷기까지
수없이 넘어지고 일어나는 시행착오가 필요하듯
아이가 독립적으로 서기까지 또한 수없는 격려와 연습이 필요하다.
처음엔 아이가 혼자 하는 일들이 영 못마땅하고 성에 차지 않겠지만,
그 시간을 기다려 주어야만 건강하고 독립적인 사람으로 성장할 수 있다.

여러 학자들이 아이가 만 여섯 살이 되면
개성과 사회성이 완성된다고 말한다.

개성은 허용적인 분위기에서 만들어진다.
아이가 자신이 좋아하는 것을 맘껏 해 볼 수 있어야 한다.
하지만 많은 엄마들이 "아이가 아직 어려서."라며 망설인다.
그러면서 좀 더 크면,
학년이 올라가면, 혼자 할 수 있지 않겠느냐고 말한다.
그들은 아이가 어느 정도 자라면
저절로 독립성을 갖추게 될 거라는 환상을 지니고 있지만,
사람의 변화는 어느 날 갑자기, 그렇게 단순하게 이뤄지지 않는다.
자기 아이가 남의 아이들보다 야무진 아이로 자라기를 바라면서도
지금 당장 담임의 당부대로 시행하기에는 이르다는 생각이
결국 아이의 성장을 늦춘다.

이런저런 사정을 이유로
책가방 챙기기와 옷 입기를 혼자 하는 아이들 수는 점점 줄어든다.
그래도 꿋꿋이 내 당부를 지키는 엄마 손에서 자라는 아이들은
한눈에 알아볼 수 있다.
1학년 아이들의 옷차림은 엄마 손이 안 가면 금세 티가 나게 마련이다.
아이들은 색의 조화보다는 자기가 좋아하는 것을
한꺼번에 몸에 걸치려 하기 때문이다.
또 자기가 좋아하는 옷만 줄곧 고집하기도 한다.
운동을 좋아하는 아이는
비가 오나 눈이 오나 줄곧 축구화를 신고 오기도 한다.
이 과정에서 아이의 축구에 대한 열정은 더 강화되고,
축구는 아이 삶의 일부가 된다.
엄마가 아이의 더럽고 냄새 나는 축구화를 감수하고 참아 줬기 때문이다.

그런가 하면 평상복에 태권도 띠를 매고
목걸이, 가방까지 주렁주렁 두른 채
학교에 오는 아이도 있다.
아이의 엄마로서는 많은 인내가
필요한 일이었을 것이다.
그러나 아이의 입장은 다르다.
엄마가 잔소리를 하든 말든
아이는 좋아하는 태권도 띠를 묶고 다니고 싶어 한다.
그렇게 아이는 해 보고 싶은 걸 다 해 본 다음,
계속할지 그만둘지를 결정한다.
어떤 땐 한 가지에 오래 집착하기도 하고,
어떤 땐 금세 싫증을 내기도 한다.
초등학교 1학년 시기는 새로운 시도와 실패를 끝없이 반복하는 과정이다.
그러면서 아이는 자신의 색깔을 찾아 간다.

아이의 독립심 기르기 프로젝트를 진행하면서
엄마들은 지금까지 자기가 파악한 아이의 성향이
오판이었다는 사실을 깨닫고 놀란다.

엄마 취향의 세련된 옷을 입혀도 별말이 없기에
원래 그런 걸 좋아하는 아이인가 보다 했는데,
아이더러 알아서 골라 입으라고 했더니
도무지 이해 안 가는 난해한 패션을 선보이는 것이다.
아이로서는 비로소 엄마의 선택에서 벗어나 자기 색깔을 찾은 것뿐인데,
어떤 엄마들은 이 점을 불편하게 여긴다.
아이가 자신이 좋아하는 것을 스스로 찾게 되면
일찌감치 자기 삶에 집중하게 될 가능성이 높아진다.
하지만 현실은 사뭇 다르다.
엄마가 옷차림부터 공부 방법까지 골라 주다 보니
아이는 자신이 무엇에 흥미를 느끼는지 파악할 기회를 갖지 못한다.
엄마가 좋아하는 것, 엄마가 선택한 것을
자기 것으로 착각한 채 자라게 되는 것이다.

학년 초에 호기롭게 시작한 독립심 프로젝트는
시간이 갈수록 흐지부지되고 만다.
하지만 나는 포기하지 않고 엄마들을 끈질기게 설득한다.
엄마들이 늦게라도 아이에 대해 제대로 알게 되길 바랄 뿐이다.

4장

누가 아이들을 미완성의 존재라 하는가

양념통닭 나오는 날

죽도록 먹고 싶었던
호박시루떡

아이들이 점심을 먹으면서 수군대더니 나에게 몰려와 물었다.
"선생님, 4월 9일 될라면 몇 밤 자야 돼요?"
"4월 9일은 왜? 무슨 날이야?" 물으니 아이들이 일제히 날 보며
한심하다는 듯이 말했다.
"그날 양념통닭이 나온다구요!"

우리 학교는 월요일이면 급식실 입구에 일주일 치 식단표를 붙여 놓는다.
1학년 아이들은 특히 식단표에 관심이 많다.
메뉴판 앞을 지날 때면 걸음이 느려지고 목이 길어진다.
아직 글자를 빨리 읽지 못하는 탓에
메뉴를 읽으려면 시간이 걸리기 때문이다.
그런데 글을 빨리 뗀 한 아이가
목요일에 양념통닭이 나온다고 말해 준 모양이다.

그 뒤부터 아이들은 목요일만 손꼽아 기다리고 있다.
이 동네에서는 치킨이나 피자 같은 음식을 먹으려면
읍내까지 나가야 한다.
읍내까지 외식을 나가는 건 특별한 날에나 있는 일이다.
그러니 학교 급식 시간에 통닭이 나온다는 것에
아이들이 흥분하는 것도 당연하다.

아이들이 "치킨을 배가 터져 죽도록 먹고 싶다."고
말하는 걸 듣고 깜짝 놀랐다.
어린 시절의 내가 떠올랐기 때문이다.

어릴 적, 늦가을이면 산골 우리 동네에선 집집마다
호박죽을 끓이는 게 유행이었다.
늙은 호박 껍질을 벗겨 큼직하게 조각내어 푹 삶다가
찹쌀을 넣고 간을 하면 걸쭉하고 샛노란 호박죽이 되었다.
나는 어머니가 부엌에서 호박죽을 쑤는 날이면 잔뜩 흥분해서
마당을 경중경중 뛰어다니곤 했다.
뻔질나게 부엌을 드나들면서 솥뚜껑을 열어 보기도 하고
부지깽이로 아궁이 불을 살리기도 했다.
호박이 익으면서 집 안 가득 달콤한 냄새가 진동하면
숨이 막히도록 좋았다.

그런데 그 호박죽보다 나를 흥분시키는 것이 있었는데,
그건 바로 호박시루떡이었다.
호박시루떡은 정말 특별한 날이 아니고서는 맛보기 힘든 음식이었다.
쌀가루를 켜켜이 쌓아 그 사이사이마다

말린 호박과 대추를 넣고 찐 시루떡.
몇 년에 한 번 먹어 볼까 말까 한 그 떡이 익어 가는 동안
설레는 마음으로 아궁이 불을 지키던 어린 내가 떠오른다.
그 시루떡을 먹을 수만 있다면
아궁이 불에 영혼도 던져 넣을 수 있을 것 같았다.
김이 모락모락 오르는 갓 찐 떡을 후후 불어
크게 한 입 베어 물 때 그 행복감이란.
입 안에서 터지는 대추와 호박의 그 단맛!
아, 어찌 말로 표현할 수 있을까.
어린 나는 '부자가 되어 시루떡을 맘껏 먹다가 배 터져 죽었음 좋겠다.'고
일기에 쓰곤 했다.

얼마나 먹고 싶으면 먹다가 배가 터져 죽었으면 좋겠다고 썼을까.
메뉴는 다르지만,
배 터져 죽고 싶을 만큼 먹고 싶다는 어린 시절의 나와
지금 내가 가르치는 1학년 아이들은 같은 공감대 안에 있다.

양념통닭이 나오기 전날, 수업을 마치려는데 한 아이가 책상을 엎었다.
의자를 책상에 바짝 끌어다 놓고 앉아 무릎을 세우는 바람에
책상이 무게중심을 잃고 앞으로 넘어간 것이다.
책상이 제법 무거워서 만약 그 앞에 다른 아이가 있었다면
다칠 수도 있는 상황이었다.
1학년 아이들은 한 아이가 뭔가 재미난 일을 저지르면
금세 전체가 따라 하기 때문에
그런 상황으로 번지기 전에 위험하다는 걸 알려 주려고
소리를 고래고래 지르고 있는데, 한 아이가 내게 다가오더니 그런다.
"선생님, 내일 뭐 먹는 날인 거 알죠? 아프지 말고 학교 꼭 오세요."
그 정신없는 상황에서도 선생님이 치킨을 못 먹을까 봐
걱정을 해 주는 것이다.
"아, 그렇지? 고마워. 내일 치킨 먹으러 학교 꼭 올게."
그랬더니 그 아이,
전체를 향해 중요한 공지 사항이라도 된다는 듯 말한다.
"야, 니네도 내일 아프지 말고 와."
그러자 방금 전까지의 소란이 순식간에 무마되고
아이들은 굳은 결의로 고개를 끄덕인다.

마치 축제 전야제처럼 아이들은 내 잔소리에 너그러워지고
저들끼리 쉽게 공감대를 이룬다.

호박시루떡을 죽도록 먹고 싶었던 어린 소년은
아이들의 설렘 따위는 무시한 채 끝도 없이 잔소리를 늘어놓는
재미없는 교사가 되었다.
복도에서 뛰지 마라, 신발장 문 닫을 때 쾅 닫지 마라,
학교 올 때 준비물 잘 챙겨라….
내가 그러거나 말거나 아이들은 치킨 한 조각에 일주일이 행복하다.

꿈나라에 귀신들이 모여 있어요

"가만히 있으라."가 아닌 "뭐든 바꿔 봐."라고 가르쳐야 한다

1학년 아이들을 상대로 수업을 하는 일은 매일매일 전쟁이다.
아이들이 학교에 오는 이유는 쉬는 시간과 점심시간 때문이다.
그런데 쉬는 시간은 짧고, 하기 싫은 공부만 많이 하고,
허구한 날 잔소리만 들으니
아이들 입장에서 담임인 내가 마냥 좋을 리 없다.
이런 아이들을 상대로 뭘 가르쳐 보겠다고
나는 온갖 방법을 고안해 보지만
오래 먹힌다 싶은 걸 아직까지 찾지 못했다.

교사가 회초리 하나만 들고 있으면
아이들이 공부하는 시늉이라도 하던 시절이 있었다.
나는 선생님 손에 들린 회초리만 봐도 바짝 긴장해
칠판에 시선을 고정한 채 수업 시간 내내 꼼짝 않고 앉아 있었다.

이따금 친구들이 눈앞에서 회초리를 맞을 때면 오금이 다 저렸다.
서슬 퍼런 회초리가 무서워
선생님께 물어보고 싶은 게 있어도 묻지 못했다.
내가 뭘 잘 모르면, 그저 내가 부족한 탓이려니 여겼다.

그래서일까, 나는 지금도 잘 참는다. 화도 잘 낼 줄 모른다.
어지간한 불행은 나를 탓하고 만다. 그렇게 배워 왔기 때문이다.
돈 있고 권력 있는 자들이 선량한 시민들을 착취하고 희생시키는 것에는
입을 꾹 다물고 있으면서,
식당 서비스가 마음에 들지 않는다고 종업원을 타박하고
식당 주인을 욕한다.
우리 사회 전반에 퍼져 있는 부정부패에 대해서는
"쯧즈." 혀 한 번 차고 말면서,
내 집 앞에 쌓인 쓰레기에 대해서는 핏대 높여 항의한다.
회초리로 아이들을 다스리던 그 시절은
나 같은 기성세대를 무수히 양산했다.
한데, 그로부터 40여 년 뒤, 체벌이 금지된 오늘날 교육은 어떤가.
교실에서 회초리는 사라졌지만,
아이들은 여전히 "가만히 있으라."는 교육을 받으며 자란다.
지금의 아이들을 어떻게 이끌어야 할까, 참 막막하다.
나조차도 그렇게 교육받고 자라지 못했는데,
내가 어떻게 아이들을
스스로 생각하고 자발적으로 참여하는 사람으로 만들 수 있을까.

"시루 안에 예쁜 콩들이 모여 있어요.
얼마만큼 키가 자랄지 궁금하네요.

콩나물 콩에 물을 주었죠. 싹이 났어요.
콩나물 콩이 잘 자랐죠. 예뻐졌어요."

1학년 교과서에 〈쑥쑥 자라라〉라는 노래가 나온다.
수업 시간 동안 이 노래를 배워 박수를 치며 부른 뒤,
첫 두 줄의 노랫말을 재미있게 바꿔 부르는 것이 수업 목표다.
교실에선 아침부터 사소한 다툼이 벌어져
서 책을 펴고 선생님을 보라고 외쳐도
대부분의 아이들이 아랑곳하지 않는다.
보다 못한 한 아이가 실랑이하던 두 아이에게 한마디 한다.
"야, 너네 빨랑 선생님 말 들어."
그러자 나머지 아이들도 동조의 눈빛을 보낸다.
결국 실랑이하던 두 아이도 마지못해 책을 편다.

아이들에게 노래를 몇 번 들려주니 금세 노래를 따라 부른다.
몇몇 아이가 "우리 노래 다 불렀으니 나가도 되죠?" 하며
교실 뒷문으로 달려간다.
내가 아이들 뒤통수에 대고 제동을 건다.
"안 돼, 즐거운 마음으로 노래 불러야 하는데 표정이 아니잖아."
아이들이 서로의 표정을 보며 수긍하더니
"그럼 즐거운 마음으로 다시 불러 볼게요." 한다.

반주가 흐르고 아이들이 이번엔 방글방글 웃으며 노래를 부른다.
작은 입들이 오물오물, 아침 새들의 지저귐처럼 싱그럽다.
노래가 끝나자 아이들이 "이번엔 나가도 되죠?" 하며
자신만만한 표정으로 내게 묻는다.

"안 돼. 박수 치며 불러야 하는데 아직 안 했잖아."
그러자 몇 아이가 버럭 짜증을 낸다.
"박수 치는 거 안 말했잖아요. 왜 선생님 맘대로 해요."
"교과서에 나와 있잖아. 거기 봐."
"야, 여기 있어. 그러니깐 빨리하자!"
한 아이가 교과서를 가리키며 말한다.
아이들은 투덜거리면서도 주문하는 대로 맞춰 준다.

"잘했네. 이제 노랫말만 바꿔 부르면 바로 나가 놀 수 있겠는걸?"
내가 아이들을 격려하자,
한 아이가 "오늘은 공부를 왜 이렇게 많이 하느냐."며 성질을 낸다.
다른 아이들이 내 눈치를 보며 잽싸게 그 아이를 구슬린다.
"야, 이것만 하면 나가 놀잖아. 빨리하자."
한 아이가 묻는다.
"선생님, 우리가 같이 노랫말을 바꿔서 보고 해도 되죠?"
"그러엄. 여럿이 같이하면 엄청 재미있는 노랫말이 나오겠네."
아이들이 머리를 맞대고 새로운 가사를 쓰기 위해 궁리하다가
누가 먼저랄 것도 없이 갑자기 킥킥대며 웃는다.
누군가가 재미있는 노랫말을 생각해 낸 모양이다.
내가 궁금해하자 한 아이가 노랫말을 가지고 나와 보여 준다.

"꿈나라에 귀신들이 모여 있어요.
얼만큼 무서울지 상상해 봐요."

바꾼 노랫말로 노래를 부르면서 아이들은
원래 가사로 부를 때보다 훨씬 재미있어한다.

'귀신'이라는 말이 나올 때마다 웃음이 터져 나온다.
바깥에 나가 놀면서도 아이들은 이 노랫말로 노래를 흥얼거린다.
아이들은 기존에 있던 것보다
자발적으로 참여하여 스스로 만들어 낸 것에 즐거움을 느낀다.
이미 주어진 것들은 아이들의 흥미를 이끌어 내지 못한다.
아이들에게 "가만히 있으라."가 아닌 "뭐든 바꿔 봐."라고 부추길 때,
새로운 질서, 새로운 상식, 새로운 사고가 생겨날 수 있다.
기존의 상식, 기존의 관습에 편안함을 느끼는 나 같은 기성세대는
안간힘을 써도 어려운 일이
아이들에게는 약간의 자극만 주어져도 쉽게 일어난다.

던져진 가방

교사의 따뜻한
말 한마디가
아이를 바꾼다

월요일 아침.
교실에 앉아 있는데
저 멀리서부터 콩콩콩,
복도를 달리는 소리가 들려온다.
"아이고, 저 녀석 또 뛰네."
잠시 뒤, 교실 앞문이
왈칵 열리더니 가방이 휙 날아온다.
아이는 보이지도 않는다.
그리고 또다시 숨 가쁘게 멀어지는 소리, 콩콩콩.

학교에 오자마자 놀고 싶은 마음에,
서너 발짝만 더 걸어오면 있는 제 책상에 가방을 올려 둘 짬도 없이
교실 바닥에 휙 내던지고 운동장으로 내달리는 것이다.

어떤 날은 실내화 갈아 신는 시간도 아까워
현관부터 아예 맨발로 달려온다.
"너 그렇게 뛰면 넘어져. 다치면 놀지도 못하잖아. 살살 좀 다녀!"
야단을 쳐도 그때뿐, 아침마다 이 모양이다.

가방이 던져져 있는 날이면 난 그걸 집어 아이 책상에 걸어 준다.
그걸 본 아이들은 마뜩잖다는 듯 투덜댄다.
"자기 가방은 자기가 걸으라 그래요.
선생님이 자꾸 걸어 주니까는 만날 저렇게 던지잖아요!"
난 몰랐다는 듯 응수한다.
"아, 오늘은 누가 밟을까 봐 걸어 준 거야.
내일 또 던지고 도망가면 안 걸어 줄 거야."
하지만 나는 그 뒤로도 계속 가방을 걸어 주었다.
그랬더니… 교실 바닥에 던져지는 가방이 하나둘 늘어나기 시작했다.
어떤 날은 교실까지 뛰어오는 것도 아까웠는지,
아예 밖에서 교실 창틀에 가방을 올려놓기도 한다.

우리 반 아이들은 학교 오는 걸 좋아한다.
동네에 없는 놀이터가 있고, 무엇보다 같이 놀 친구들이 있기 때문이다.
어떤 아이는 연신 하품을 하면서도 자랑스레 말한다.
"일어나기 싫었는데도 발딱 일어났다요.
밥도 못 먹었는데 내가 오늘 학교 왔다요."
주말이면 빨리 월요일이 오길 기다린다는 아이들.
온갖 규칙에, 하기 싫은 공부에, 잔소리를 달고 사는 선생님에…
학교 오기 싫을 법한데도 날듯이 학교 오는 아이들은 보면,
기특하고 고마우면서도 한편으로는

저 아이들이 언제까지 학교라는 곳을 좋아할 수 있을까 싶어 애잔해진다.
그래서 난 종종 아이들이 올 시간에 일부러 운동장에 나가 어슬렁거리다가
아이들 가방을 날름날름 받아 한 아름 들고 교실로 들어오곤 한다.
비가 오나 눈이 오나 아침이면 씩씩하게 학교에 오는
아이들에 대한 존경의 표시다.

내가 1학년 때, 아버지가 돌아가셨다.
홀로 자식 다섯을 키워야 했던 어머니는
가운데인 나까지 챙길 여유가 없었다.
아버지가 짓던 농사를 도맡게 된 어머니는
온종일 집 근처 논밭에서 게딱지처럼 엎드려 일을 하다
어둑해져서야 집으로 돌아왔다.
어머니는 내가 가방에 뭘 넣고 다니는 줄도 몰랐고,
나를 씻기고 옷을 챙겨 입힐 여유도 없었다.
모든 것을 스스로 해야 했으나
고작 1학년짜리가 뭐 하나 제대로 했을 리 없다.
내 부족한 부분들을 선생님이 하나하나 메워 주셨다.
세수도 안 하고 학교에 가면 선생님은 코를 쓱 닦아 주시곤 했다.
머릿니가 들끓는 걸 보다 못해 나를 무릎에 누이고
참빗질을 해 주시기도 했다.
그때마다 나는 너무 창피해서 어떻게든 머리를 빼려고 안간힘을 쓰곤 했다.
그럴수록 선생님은 내 머리를 꽉 쥐고 빗질을 하셨다.
지금도 생생하게 기억난다.
엄마 아닌 다른 어른이 내 머리의 이를 잡아 주던 그때,
선생님 무릎을 베고 누워 맡던 분 냄새,
빠져나가고 싶은 마음과는 달리 쏟아지던 졸음.

나는 숫기가 없어 친구들과 잘 어울려 놀지 못하고
툭하면 어느 구석엔가 쪼그려 앉아 질질 짜고 있기 일쑤여서
담임선생님으로선 신경도 쓰이고 손도 많이 가던 아이였을 것이다.
그런 내가 교실 구석에서 혼자 놀고 있으면
선생님은 슬그머니 나와 비슷한 성향의 아이와 엮어 주시곤 했다.
시골 학교였음에도 한 반 학생 수가 70명이 넘었는데,
그 많은 아이들을 하나하나 헤아려 돌보느라 얼마나 고단하셨을까.

나는 학교 들어가기 전에 연필이라는 물건을 만져 본 적이 없었다.
선생님은 그런 나를 위해 연필 쥔 내 손을 감싸 쥐고
글씨 연습을 시켜 주곤 하셨다.
선생님이 내 공책에 글씨를 쓰면 그게 그림처럼 아름다워 보여
난 손아귀가 저릴 때까지 그 글씨를 따라 쓰고 또 쓰곤 했다.
어린 마음에도 선생님 관심을 더 받고 싶어서
일부러 글씨를 못 쓰는 척하기도 했다.
연필이 없는 내게 선생님 서랍에서 누군가가 쓰던 연필을 꺼내 주셨던 일,
똥 마렵다는 말을 부끄러워 꺼내지 못하다가
끝내 바지에 지리고 말았을 때 화장실에 데려가 뒤처리를 해 주셨던 일,
무슨 일로인지 혼자 훌쩍거리고 있을 때 다가와
가만히 어깨를 토닥여 주셨던 일….
그 어린 시절의 일을 지금까지도 소상히 기억하는 건
내가 그 선생님을 엄마처럼 여겼기 때문이다.

선생님에 대한 기억 가운데서도 가장 강렬하고 고마운 기억이 하나 있다.
장마철이었다. 학교가 끝나 집에 가려는데 비가 쏟아졌다.
대부분의 아이들은 엄마가 챙겨 준 우산을 쓰고 가거나

학교로 데리러 온 엄마와 갔다.
우산도 없고 엄마도 안 오는 나와 몇 아이가
학교 출입구에 우두커니 서 있었다.
선생님은 어디선가 농사용 비닐을 얻어 와서
우리 각각의 몸 전체가 들어갈 만큼
큼지막한 사각형으로 잘라 머리부터 씌워 주셨다.
선생님은 내 머리에 비닐을 둘러 주고 비닐 끄트머리를
내 손에 꼭 쥐여 주면서 말씀하셨다.

"바람이 불어도 놓치지 말고 꼭 붙들고 집에까지 가거라.
넌 집이 멀어 비닐을 써도 옷이 다 젖을 테니 집에 가면 바로 갈아입어라.
엄마 기다리지 말고 니가 찾아 갈아입어라."
난 선생님이 쥐여 준 비닐 끝을 꽉 붙잡고
한 시간을 넘게 걸어 집에 가서는
젖은 옷을 벗고 서랍장에서 옷을 찾아 갈아입었다.

그 무렵, 나는 선생님이 좋아할 만한 일은 뭐든지 하려 애썼다.
책을 읽고 숙제를 하고 그림을 열심히 그렸다.
단지 선생님이 좋아서.
아침이면 혼자 우물가까지 걸어가 세수를 하고
목의 때를 문질러 씻은 뒤 학교에 갔다.
단지 선생님이 좋아서.
아버지를 잃고 어머니 사랑도 맘껏 받을 수 없었던 유년 시절,
난 그 선생님 덕분에 부족한 애정을 채울 수 있었다.
선생님은 기회가 날 때마다 내게 말씀하셨다.

"아부지 돌아가셨다고 고개 숙이고 댕기지 말아야 한다.
용기를 잃지 말아야 한다."

어린 나는 그때 '용기'라는 말의 뜻을 몰랐다.
난 아무것도 잃어버린 게 없는데
선생님은 날 볼 때마다 잃지 말라고 말했다.
그렇다고 내가 뭘 잃어버렸는지 여쭤 보기엔
수줍음이 너무 많았다.
결국 난 어머니께 그 얘기를 했다.

"난 주머니에 뭐든지 잘 넣고 댕기는데
선생님이 자꾸 뭘 잃어 먹지 말라 그래요."
"아이고, 니 겉은 거 사람 맹그시느라고 슨상님 애 마이 쓰신다야."
어머닌 그 얘기를 두고두고 하면서 웃는다.

교사의 따뜻한 말 한마디는 아이 인생의 전환점이 되기도 하고,
오래도록 깊은 여운을 남기기도 한다.
오래전 나의 1학년 담임선생님처럼 나도 아이들을 그렇게
살뜰히 돌보고 살필 수 있을까.
콩콩콩 달려와 휙 던진 가방들.
던져진 가방에 아이들의 넘치는 기운이 묻어 있는 듯하다.
그래, 미지근하게 사는 것보다 뜨겁게 사는 것이 훨씬 낫지.

**학교도 모둠과 같다면
얼마나 좋을까**

왕따나 폭력은
모르는 사이에서
생긴다

전교생 40여 명의 작은 학교.
이 학교가 관할하는 학구는 도시보다 훨씬 넓다.
도시로 치면 동(洞) 몇 개는 족히 됨 직한 넓이의 마을에
학교가 달랑 하나 있다.
마을은 넓어도 가구 수가 적어 집들이 듬성듬성 떨어져 있다 보니
학교가 파하면 아이들이 함께 어울리는 것이 쉽지 않다.
이 동네에서 친구와 놀려면 어른이 차로 태워다 줘야 한다.
걸어가기엔 친구네 집이 너무 멀기 때문이다.
그래서 시골 학교에서는 아이들이 학교에 있는 동안이라도
전교생이 다 함께 어울릴 수 있는 기회를 자주 마련한다.
그중 하나가 선후배를 골고루 섞어 만든 모둠 활동이다.
모둠 조 발표는 학기 초에 하는데
한동네에 살거나 형제자매, 친인척인 아이들은

가급적 서로 다른 모둠으로 배치한다.
이왕이면 익숙하지 않은 아이들끼리 좀 더 잘 알고 지내게 하려는 의도다.

모둠에서 서로 다른 학년이 자연스럽게 어울릴 수 있도록
학교에서는 활동 주제를 정하고 어느 정도 가이드라인을 준다.
학교 홍보 영상 만들기, 아지트 만들기, 물총 놀이,
학교 폭력 예방 현수막 만들기 등등.
어려운 역할은 주로 고학년이 맡고,
1학년 아이들은 간단한 역할을 맡는다.
1학년 아이들은 모둠 안에서
형님들이 자기들에게 뭔가를 시켜 준다는 것만으로도 흥분한다.
그래서 아무리 작은 역할이라도 온몸을 던져 열심히 한다.
다른 어떤 학년보다 모둠 활동을 좋아하는 아이들이 1학년이다.

이번 모둠 활동은 긴 줄넘기 대회 준비.
점심시간을 이용해서 모둠끼리 줄넘기 연습이 한창이다.
1학년 아이들은 아직 돌아가는 줄 쳐다보기도 바빠서 실수를 자주 하지만,
형님들은 나무라지 않고 찬찬히 줄을 뛰어넘는 방법을 알려 주기도 하고,
따로 빼내서 연습을 시켜 주기도 한다.
형님들은 그렇게 동생들에게 어른 역할을 한다.
1학년 아이들 역시 형님들에게는 고분고분하다.
선생님이 하는 말은 귓등으로 들으면서, 형님들이 하는 말은 꼭꼭 새긴다.

고학년 형님들이 양 끝에서 긴 줄을 돌릴 때마다
그 안의 동생들이 폴짝폴짝 뛴다.
줄이 착착 돌아갈 때마다

참새처럼 가벼운 아이들 다리가 가볍게 허공을 난다.
분홍 운동화가 사뿐사뿐 뛸 때마다 예쁜 꽃치마도 팔랑팔랑.
자꾸 줄에 걸리는 1학년들을 배려해서 형님들은
가장 작은 1학년 아이를 맨 앞과 맨 뒤쪽에 서게 해 준다.
1학년 아이들이 줄에 걸리지 않으려고
작은 주먹을 꼭 쥐고 입을 앙다문다.
폴짝폴짝.
줄에 걸려 넘어져도 울지 않고 재빨리 형님들이 불러 주는 박자를
따라 외치며 다시 뛴다.
폴짝폴짝.

상대에 대해 잘 모를 때, 사람들은 매정해진다.
사람들이 서로 배척하는 건 달라서라기보다 몰라서인지도 모른다.
모르면 다른 것이 문제가 된다.

종교가 다른 것이 거슬리고, 사는 수준이 다른 것이 거슬리고,
피부색이 다른 것이 거슬리고,
심지어 고향이나 출신 학교가 다른 것도 거슬린다.
하지만 잘 아는 사람들 사이에서는 다른 것이 크게 문제되지 않는다.
달라도 함께 어울리는 데 아무 문제없다는 것을 알기 때문이다.
서로 잘 알게 되면, 사는 수준이 달라도, 종교가 달라도, 피부색이 달라도
격의 없이 친해질 수 있을 텐데.
우리는 모르기 때문에 두려워하고 의심하고 공격한다.
학교 역시 마찬가지다.
아이들이 서로 잘 알게 되면 왕따나 폭력은 일어나지 않는다.
갈등이나 다툼은 아는 사이에서 생기지만,
왕따나 폭력은 모르는 사이에서 생긴다.

모둠 활동을 보고 있으면,
학년도, 성별도, 사는 곳도 다른 아이들이 금세 가까워져서는
서로 존중하고 아껴 주는 것을 쉽게 발견하게 된다.
서로 알 수 있는 시간과 기회를 충분히 갖기 때문이다.
뿐만 아니라 모둠에는 다양한 연령이 모여 있기에
또래들만 모여 있는 무리와는 또 다른 배움과 경험이 일어난다.
아이들이 형님도 되었다가 동생도 되었다가 하면서
다양한 입장에 놓이기 때문이다.
형님들이 하는 행동을 보면서
닮고 싶은 모습과 피하고픈 모습을 분별하게도 된다.
가르치는 자, 배우는 자가 따로 없이도 시시때때로 배움이 일어나고,
감독하고 통제하는 사람이 따로 없어도
서로 어울리면서 규칙과 질서가 자연스레 만들어진다.

학교가, 지역 사회가, 국가가 모둠과 같다면 얼마나 좋을까.
하나의 인간과 인간으로 만나
함께 성장해 나가는 곳이 될 수 있다면,
경쟁 상대가 아닌 알고 싶은 상대로
친구를 만날 수 있는 곳이 된다면.
나와 다른 이들을 탐색하고 알아 가는 시간을 가질 수 있다면.

그런 점에서, 이 학교에 다니는 아이들은 행운이라는 생각이 든다.
학교 규모가 작다는 것만으로도
비교적 쉽게 그런 교육에 다가설 수 있기 때문이다.
우리나라도 학교를 좀 더 잘게 쪼개 더 작은 규모로 바꾸면 어떨까.
학교를 작게 만드는 것이 어렵다면
교실을 더 작게, 교사 한 명당 학생 수를 더 적게.
시골의 작은 학교들을 폐교시키고
아이들을 큰 학교로 보내야 한다고 주장하는 관료들아,
당신들이 이런 학교에서 유년을 보냈다면, 그렇게 주장하진 않으리.

"아이구, 딱지가 하도 폼 나게 생겨서 만져 보고 싶었나 보지."
그 아이, 잠깐 씩씩대더니 이내 자리에 가 앉는다.

자리에 앉은 아이들의 표정이 영 좋지 않다.
난 다시 시간 확인을 못 한 걸 사과하면서
"선생님이 시간 확인을 못 할 때 어떻게 하면 좋을까?" 하고 물었다.
그러자 아까 딱지를 만지던 아이가 기다렸다는 듯 말한다.
"반장을 뽑아요. 반장이 시간을 알려 주면 돼요."
그래서 투표를 하기로 했다. 임기는 1주일이고 돌아가면서 반장이 된다.
6명이 출마했다. 심도 있는 공약들이 발표됐다.

- 애들이 떠들면 조용히 하라고 하겠어요.
- 애들이 잘 모르면 놀리지 않고 가르쳐 주겠어요.
- 우유를 갖다 주겠어요.
- 점심시간에 애들이 싸우면 싸우지 말라 그러겠어요.
- 딱지치기하다가 싸우면 싸우지 말라 그러겠어요.

친구들에게 쉬는 시간의 끝을 알려 주기 위해 반장을 뽑기로 한
본래 목적과는 다른 공약이다.
아이들의 공약을 보면,
아이들이 반장이라는 역할을 어떻게 인식하고 있는지 알 수 있다.
아이들은 반장을 교사의 대리자로 인식한다.
교사가 반장에게 너무 많은 권한을 준다면
반장인 아이는 그걸 이용해 아이들 위에 군림할 것이다.
반대로 너무 역할을 주지 않으면 아이들은 반장을 무시할 것이다.
선생이 분위기 파악을 못 해 섣불리 개입하면,

그동안 아이들 스스로 만든 힘의 균형이 흐트러질 것이다.
이 과정에서 갑자기 유리한 위치에 오르는 아이가 있고
기껏 쌓아 놓은 위치에서 밀려나는 아이도 있을 것이다.

아이들은 반장이 되면 다른 아이들보다
더 사랑받고 대우받을 수 있을 거라고 기대한다.
선생님과 각별한 관계를 맺게 되는 거라고 생각하기 때문이다.
그래서 일부러 묻지 않아도 될 것들을 아이들이 보는 데서 묻곤 한다.
"선생님, 지금 손 씻으러 가는 거 맞죠?"
"선생님, 제가 애들한테 뛰지 말라고 말할까요?"
그러면 반장이 되고 싶었지만 떨어진 아이는
사사건건 딴지를 놓기 마련이다.

사실 1학년은 반장 선거를 하지 않는다.
1학년 아이들이 반장 역할에 대해 알 리 없고,
딱히 반장이 필요하지도 않기 때문이다.
게다가 요즘은 반 대표라는 뜻의 '반장'이라는 말은 잘 쓰지 않는다.
반 아이들의 의견을 대표하고 회의를 진행한다는 뜻에서 '회장'이라고 한다.
회장이고 반장이고 간에
아이들이 이렇게 감투를 쓰고 싶어 하는 까닭이 뭘까.
교사의 대리자가 되고 싶어서,
교사와 특별한 관계를 맺고 싶어서이기도 하지만,
아이가 학교에서조차 권력을 잡길 바라는 부모의 욕망이 반영된 탓이다.
학기 초마다 반장은 언제 뽑느냐고 묻는 아이들이 꼭 있다.
거기에는 작은 교실에서나마 가장 특별한 위치를 차지했으면 하는
부모의 욕심이 드리워져 있다.

내 아이를 반장으로 만들어 놓음으로써
반장이 아닌 나머지 '평범한' 아이들과 구별하고 싶은 것이다.
그래서 부모들은 아이 대신 연설문을 써서 연설 준비를 시키고
선거 벽보를 만들어 주는 데 열과 성을 다한다.
심지어 어떤 부모는 자기 아이를 반장으로 뽑아 달라며
학기 초부터 반 아이들을 집으로 초대해 간식을 해 먹이기도 한다.

"반장을 해 봐야 리더십도 배울 수 있잖아요."
이렇게 말하는 부모의 눈빛 속엔
아이가 어디서든 제일 좋은 자리를 차지하고
명예를 거머쥐기 바라는 욕망이 스며 있다.
아이가 이제 막 1학년이 된 시기에 많은 부모가
'어떻게 하면 반장을 시킬 수 있을지'에 대한 상담을 청해 온다.

백지 같은 마음으로 학교에 첫발을 디딘 아이들이
떠들었다고 반장에게 이름을 적혀 담임에게 꾸지람을 들은 경험이 있다면,
반장에게 잘 보이려고 비굴하게 눈치 본 적이 있다면,
혹은 반장이 되어 능력과 상관없이 더 좋은 대우를 받은 적이 있다면,
권력이 얼마나 좋은 것인지 알게 되지 않겠는가.
결국 이 아이들은 권력에 목매고 권력에 굴복하는 어른으로 자랄 것이다.
아이를 이렇게 만든 책임은 오로지 교사들에게 있다.
아이들을 좀 더 쉽게 통제하려고, 좀 더 편하게 선생질을 하려고,
반장을 담임의 대리자로 이용한 선생들의 책임이다.
독재자가 국민을 쉽게 통제하려 중간 관리들을 이용했던 것처럼.

투표 과정조차 거치지 않고
담임선생님의 일방적인 지명에 의해 갑자기 반장이 되었던 나는
떠드는 아이 이름을 칠판에 적으라는 명령을 자주 받곤 했다.
조용히 자습을 하라는 말을 남기고 선생님이 나간 교실에서,
제각각 떠들기 시작하는 친구들의 이름을 적는 일은 매번 고통스러웠다.
어쩌자고 나를 반장을 시켜서 이런 괴로운 일을 시키나
선생님을 원망하면서도,
누구랄 것도 없이 모두 떠드는 교실에서

누구 이름을 써야 할지 몰라 곤혹스러웠다.
교실로 돌아온 선생님이 이렇게 시끄러운데도
떠든 아이 이름을 쓰지 않았다는 이유로
오히려 나를 때렸을 때 억울하기보다 무서웠다.
그 매가 무서워 다음번부터 꼬박꼬박 칠판에 이름을 적었다.
그중에서도 나보다 힘이 약해 만만한 아이 이름을 제일 먼저 썼다.
어떤 아이는 칠판에 자기 이름을 쓰면
죽여 버리겠다고 협박을 하기도 했다.
그런 아이의 이름은 쓰지 못했다.
선생님에 대한 공포와 힘센 아이들에 대한 두려움 사이에서
언제나 희생양이 되는 건 조금 떠들고 힘이 약한 아이들이었다.
가끔은 나와 친한 아이들 이름을 써야 할 때도 있었다.
친구들은 선생님한테 매를 맞으면서 눈으로 나를 무섭게 비난했다.
선생님은 "반장에게 대드는 놈은 가만 안 두겠다."고 엄포를 놓으셨지만
그건 학교 안에서만 효력이 있었다.
학교만 벗어나면 친구들은 격렬히 항의했다.
"내가 떠들었다는 증거를 대 봐라!"

몇 번이나 반장을 그만두겠다고 말하려 했지만, 끝내 하지 못했다.
내색은 안 하지만 엄마는 내가 반장된 걸 좋아하는 것 같았다.
동네 어른들도 내가 반장이라는 걸 아는 척해 주셨다.
학교만 안 가면 내가 반장이라는 사실이 뿌듯하고 즐거웠다.
그러나 학교에 가면 지옥이 따로 없었다.
수시로 배가 아팠다.
수업 시간에 갑자기 먹은 걸 모두 토해 낸 적도 있었다.
조회 때 맨 앞에 나가 차렷, 경례 같은 구령을 외치는 것도 고역이었다.

반장을 하면서 선생님을 저주했던 일이
당시에 쓴 일기장에 선명히 남아 있는 걸 보면,
그때의 경험이 어지간히 고통스러웠나 보다.

난 왜 담임선생님에게 남의 이름을 적는 일은 부당한 일이며,
그 일을 하느니 반장을 하지 않겠다는 말을 못 했을까.
딱 한 번 반장을 못 하겠다고 선생님에게 말한 적이 있었다.
그 말을 하는데 나도 모르게 울음이 터져 나왔다.
담임선생님은 잠시 내가 우는 걸 지켜보더니 선을 긋듯 말씀하셨다.
"더 해 봐."

그 뒤로 난 힘들어하면서도 안 하겠다는 말을 못 했다.
선생님 앞에 가는 일이 그렇게 어려울 수가 없었다.
하지만 그보다는, 어린 나에게도 권력에 대한 욕망이 있어서
싫은 척, 힘든 척하면서도 끝끝내 반장을 계속한 건 아니었을까.
학년이 바뀔 때까지 나는
친구들 이름을 적거나 변소 청소 검사를 계속했고
가끔은 대신 매를 맞고 울었다.
초등학교 동창들은 지금도 가끔 그때 내가 울던 이야기를 하며 웃는다.
그렇게 열정적으로 공부를 가르치고
점심시간이면 항상 우리와 어울려 축구를 하셨던 선생님인데,
반장이었던 내겐 왜 그렇게 힘든 대상이었을까.

그 시절의 학교는 왜 그랬을까.
반장을 앞세워 통제하고 감시해야 할 만큼 아이들이 미개해서 그랬을까.
우리가 미개해서, 장학사가 올 때면 몇 날 며칠을 복도 바닥에 엎드려

초를 발라 윤을 내면서도 부끄러운 걸 몰랐을까.
우리가 미개해서,
오로지 학교에서 시킨다는 이유 하나로 잡아 죽인 쥐꼬리를 잘라
종이에 싸서 학교에 내면서도 끔찍하다는 걸 몰랐을까.
그렇게 교육받아서 경제를 이만큼 키우고 이 정도로 먹고살게 된 걸까.
나의 어린 시절은 나라를 부강하게 키우기 위해
마땅히 거쳐야 할 시간이었을까.
그래서 우리는 행복했고, 행복해졌을까.

다행인지 모르겠으나, 요즘 아이들은 군림하려는 아이를
절대 반장으로 뽑지 않는다.
아이들은 공정하고 친절한 아이를 뽑는다.
아이들은 그 아이의 평소 모습을 여러모로 평가해서 반장으로 뽑는다.
화려한 홍보물을 만들거나 친구들을 동원해서
요란하게 선거 운동을 한다고 뽑히지 않는다.
아이가 반장이든 회장이든 무언가로 뽑혔다는 건
그래서 큰 의미가 있다.
다른 아이들로부터 인정을 받았다는 뜻이기 때문이다.

학부모들은 반장 엄마를 부러워한다.
그리고 시샘한다.
자기도 열심히 키운다고 키웠는데 왜 자기 아이는 친구들에게
인정받지 못하는지 모르겠다고 하소연한다.
그 대답은 아마 엄마 자신에게 있을 것이다.
어린아이의 현재 모습은 아이가 타고난 본성에
양육 환경이 더해진 결과 그대로이기 때문이다.

아이의 사고방식과 행동엔 그 아이가 자라 온 환경이
모자이크처럼 녹아 있다.
부모가 키우고자 하는 아이는 다른 아이보다 뭐든 잘하는 아이다.
뭐든 잘하는 아이가 되려면 끝없이 경쟁해야 한다.
그게 반복되면서 아이는 자기도 모르게 매사 이익을 셈하게 된다.
아이 삶에 항상 피로가 따라다닐 수밖에 없다.
그러나 어쩌랴. 유권자인 친구들은 이기적인 친구를 가장 싫어하니.

경합 끝에 반장이 뽑혔다.
나는 아이의 이름표 뒷면에
'반장'이라고 써서 목에 걸어 주었다.
아이가 좋아하는 파란색으로.
아이는 세상을 얻은 듯
행복해 보였다.
아이는 자신을 뽑아 준 친구들에게
더 관대하고 친절해졌다.

시키지도 않았는데 쉬는 시간에 미리 책을 펴 놓고
친구들의 의자를 가지런히 정리해 준다.
그리고 쉬는 시간마다 내게 와서 묻는다.
"쉬는 시간이 끝나려면 큰 바늘이 어느 숫자에 가면 돼요?"
그 아이는 아직 시계를 못 읽는다.
하지만 곧 우리 반에서 가장 빨리 시계를 읽어 내는 아이가 되겠지.
반장이라는 역할은 아이에게 없던 공부 욕심을 불러일으키기도 하고,
숨어 있던 권력욕을 드러내게도 하며,
희미하던 윤리 의식을 일깨우기도 한다.

어른에게나 아이에게나 자리는 사람을 변화시킨다.

무엇이 저 아이로 하여금 전엔 하지 않던 일을
앞장서서 열심히 하게 만드는가.
친구들에게 인정받은 게 고맙고 감격스러워서다.
아이가 지금 느끼는 뿌듯함은 몸속 깊이 새겨질 것이다.
그리고 그 마음을 유지하기 위해 계속해서 유권자 마음을 살필 것이다.
나야말로 아이들 마음을 세심하게 살피는 선생이 되어야 할 텐데.

선생님도 힘들었잖아요

방학 날이어서
그랬을까

여름이 깊어 가면서 더위도 기승을 더해 간다.
아이들과 교사들은 늘어지기 시작한다.
교사들의 목소리가 가늘어지거나 갈라지다 못해 쇳소리로 변하거나
오래 서 있었던 탓에 허리가 결리고 종아리가 퉁퉁 부을 즈음이면
교사들 입에서 이 말이 나온다.
"방학할 때가 됐구먼."

막 교사가 되었던 이십대에만 해도 이런 풍경을 이해하지 못했다.
공사판에서 몸을 쓰는 일을 하는 것도 아니고
식당에서 온종일 그릇을 나르는 것도 아닌데,
학기 말이 되면 여기저기 앓는 선배 교사들을 이해하지 못했다.
그러나 머잖아 나 또한 '선배 교사' 대열에 편입되었다.
한때 맑고 부드럽다는 얘기를 곧잘 듣던 내 목소리는

이제 더 이상 맑지도 부드럽지도 않다.
목소리가 쉬면 말을 안 해야 하는데 그럴 수가 없다.
아이들을 상대로 끝없이 악을 써야 하기 때문이다.
목에 무리가 올 무렵이 되면, 어김없이 여름방학이 가까워져 있다.

선생으로 탈 없이 살아가려면
무엇보다 성대가 튼튼해야 한다는 걸 몰랐다.
의사는 내 목 상태가 간당간당하다고 한다.
목을 아끼지 않으면 성대 결절이 올 거라고 겁도 준다.
하지만 신기하게도 방학 동안 쉬고 나면 목 상태가 회복되곤 한다.
방학 때 목 쓰는 일을 삼가고
학기 중엔 다시 목을 괴롭히는 일을 반복하면서
나는 선생으로 늙어 가고 있다.

목소리가 작은 아이들도 여럿이 얘기할 땐 목소리가 절로 커진다.
친구들 목소리에 자기 목소리가 묻힐까 봐
먹이를 다투는 새끼 제비들처럼 더 높게 소리를 지른다.
아직 남의 말을 참을성 있게 듣는 훈련이 덜 된
1학년 아이들의 목소리는 특히 더 크다.
어느 한 아이가 내게 와 어떤 이야기를 시작하면
다른 아이가 와서 자기 이야기를 끼워 넣고,
또 다른 아이가 와서 그 위에 자기 목소리를 얹는다.
아이들은 서로 자기 얼굴을 내 가까이에 바짝 들이대고
목젖이 보이도록 소리를 높인다.
난 한 발 물러서며 아이들을 달랜다.
"다 들어줄 테니 한 사람씩 조그맣게 말해, 제발."

아주 잠시 목소리가 잦아들지만, 곧 처음과 같은 상태가 된다.
이런 아이들을 상대하다 보면 나도 자연스레 목에 핏대를 세우게 된다.
목소리가 갈라져 이상한 소리가 나오기도 한다.
"선생님, 개그콘서트 같아요. 한 번 더 해 봐요!"
한 아이는 이 이야기를 부모님께 했다.
부모님의 반응은 이러했다고 한다.
"야, 니네 슨상님 늙었다야."

선생이라는 직업이 다른 직업에 비해 유독 힘든 건 아닌데
교사들은 왜 다들 학기 말이면 나가떨어지는가.
누구는 말한다.
"애들에게 기를 몽땅 빨려서 그러는 거야.
선생 똥은 영양가가 없어서 개도 안 먹는다잖아."
또 누구는 말한다.
"말을 좀 아껴. 애들 상대로 뭐 그리 미련하게 해."
당연히 그럴 수 있다면 그렇게 했을 것이다.
그런데 막상 아이들 앞에 있으면 그게 잘 안 된다.
가르친 걸 이해 못 하는 아이에겐 다시 한 번 설명을 해야 하고,
때리는 아이에겐 왜 때리면 안 되는지를
알아들을 때까지 말해 줘야 하고,
번번이 갈등을 일으키는 아이에게는
친구와 어떻게 잘 지낼 수 있는지 알려 줘야 한다.
엄마 말은 잘 안 들더라도 선생인 내가 하는 말은 그나마 좀 들으니까,
끊임없이 말해야 한다. 그것도 아이들 목소리보다 크게!
그러니 목이 성할 날이 없을 수밖에.

방학식 날. 아이들에게 물었다.
"너네가 한 학기를 잘 마쳐 줘서 원하는 걸 들어주려 하는데,
뭐가 좋을까?"

- 운동장에 나가 놀아요.
- '검정 고무신' 틀어 줘요.
- 받아쓰기 할 때 쉬운 문제만 내요.

친구들의 말을 듣고 있던 한 아이가 소리 질렀다.
"공부 안 하고 가만있게 해 줘요."
투표를 할 것도 없이 그 아이의 의견대로 한참을 가만있어 보았다.
생각만큼 오래가지 않았다. 아이들이 심심해졌기 때문이다.
아이들에게 나는 또 물었다.
"한 학기를 보내면서 뭐가 가장 힘들었어?"

- 받아쓰기 틀리면 엄마한테 혼나거덩요.
  그래서 받아쓰기 시간에 틀릴까 봐 제일 힘들었어요.
- 오이를 못 먹는데 선생님이 먹어 보라고 자꾸 그랬잖아요.
  그래서 급식 시간이 엄청 힘들었어요.
- 신발이 나무에 걸려서 집에 신을 한 짝만 신고 갔는데
  그때가 제일 힘들었어요.
- 아빠가 술 먹고 엄마 머리를 때리고
  할머니까지 엄마더러 집에 가라 그래서 엄마가 막 울어서 힘들었어요.

각자 발표가 끝나자 한 아이가 불쑥 물었다.
"선생님은 모가 힘들었어요?"

난 솔직하게 다 말했다.

- 너네가 다칠까 봐 계단에서 뛰어내리지 말라고 했는데도,
  자꾸 뛰어내려서 힘들었어.
- 고기보다 채소를 많이 먹으라고 했는데,
  너네가 채소를 몰래 버려서 힘들었어.
- 너네가 내 말을 안 들어서 힘들었어.
  그땐 선생님 하기 싫다는 생각도 들었어.

교실이 조용해지는가 싶더니, 몇 아이가 동시에 말했다.
"에이, 참으세요, 선생님. 담엔 안 그럴게요."
늘 양치기 소년의 말처럼 들리던
이 녀석들의 '다음에 안 그러겠다'는 말이 이날따라 진짜처럼 느껴진 건,
그래서 빨리 여름 지나 아이들을 다시 만나고 싶다는 생각이 든 건,
그래, 방학 날이었기 때문일까.

"자, 그러면 지금부터 맘대로 하기 시이작!"
나의 외침이 채 끝나기도 전에 한 아이가 책상 위로 올라간다.
난 눈을 동그랗게 뜨고 엄지손가락을 척 들어 보여 줬다.
이를 지켜보던 나머지 아이들이 후다닥 책상 위로 따라 올라간다.
아이들이 책상에 올라가 뭐가 재미있는지
서로 마주 보면서 왁자하게 웃기 시작한다.
난 아이들이 좋아하는 만화 영화 주제곡을 틀어 주었다.
아이들이 노래에 맞춰 춤을 추기 시작했다.
노랫소리보다 웃음소리가 더 크다.
한참 춤을 추던 아이들이 나를 보더니 소리쳤다.

"선생님도 책상 위로 올라와요! 선생님도 힘들었잖아요."

나도 교사용 책상 위로 올라갔다.
내가 올라가자 책상이 삐거덕 소리를 낸다.
아이들이 그걸 보고 또 숨이 넘어가라 웃어 댄다.
나도 아이들을 따라 궁둥이를 실룩거리며 함께 춤을 추었다.

나를 책상 위로 불러 올린 아이들 마음에 유난히 뭉클했던 건,
철없는 아이인 줄만 알았는데
선생 노고도 알아주고 그새 철들었구나 하는 생각이 든 건…
방학 날이어서 그랬을까.

새똥 차의 교훈

아이들에게도
불만을 토로할 시간이
필요하다

여름이 끝나갈 무렵, 오랜 가뭄 끝 단비가 오시는 날.
운동장을 소나기에 빼앗긴 이런 날이면
아이들은 꼼짝없이 교실에 갇혀 있어야 한다.
잠시도 가만있기 힘든 나이.
밖에 나가 들끓는 에너지를 마음껏 발산해야 하는데,
교실에서 움직이려다 보니 안전사고가 많다.
계단에서 넘어지거나 창문에서 떨어지거나 책상 모서리에 받거나
복도에서 뛰다가 친구와 부딪히거나.
이런 사고들 때문에 교사들은 비 오는 날 긴장한다.

알까기 대회나 딱지 대회 같은 걸 열어
아예 실내 놀이를 유도하기도 한다.
하지만 잠시만 한눈을 팔면

아이들은 어느새 사물함 위에서 뛰어내리거나 책상을 엎는다.
어떤 아이는 오줌 마렵다고 화장실로 내빼고
또 어떤 아이는 배가 아파 공부를 못 하겠다고 생떼를 부리기까지 한다.
이쯤 되면 나도 강제로 아이들을 자리에 앉힌다.

이게 무리수였을까, 점심시간에 사달이 났다.
아이들이 먼저 점심을 먹고 나간 뒤 밥을 먹고 있는데
3학년 아이 하나가 내게 와서 알려 준다.
"1학년 애들이 주차장에서 놀아요."
아까 교실에서 너무 억눌렀나 싶어 미안한 마음에 급히 나가 보았다.
막상 나가 보니 난리였다.
아이들이 실내화를 신은 채 물웅덩이를 첨벙거리며 다니고 있다.
머리부터 발끝까지 홀딱 젖어 있다.
아직 춥진 않지만 소낙비에 감기라도 걸릴까 싶어
"빨리 교실로 들어가!"라고 소리를 빽 질렀다.

교실로 들어와 아이들 양말을 벗겨 창틀에 널고 나서
모두 교실 뒤로 나가 손을 높이 들라고 한 뒤, 눈을 부라린다.
"비 온다고 나가서 막 뛰어다니고 옷까지 적시고.
감기 걸리면 어쩔 거야! 실내화에 흙 다 묻혀서 교실도 엉망이 됐잖아."
이참에 그동안 내 말을 우습게 여기던 아이들을 혼쭐을 내야 싶어
목소리를 높이는데 한 아이가 들고 있던 손을 슬그머니 내리면서 말한다.
"선생님, 우리 안 뛰어다녔어요. 우리 새똥 닦았어요."
그러자 다른 아이들도 일제히 손을 내리면서 그 아이 편을 든다.
아이들의 말끝에 뭔가 서러운 기색이 있다.
어떤 아이는 주먹 쥔 손으로 눈물을 닦기도 하고

어떤 아이는 아예 대놓고 날 째려본다.
"응? 새똥?"

빗줄기가 가늘어진 틈을 타
흙이 없는 주차장에서 실내화를 신은 채 놀던 아이들이
주차장에 세워져 있는 내 차가
새똥을 뒤집어쓰고 있는 걸 발견한 모양이다.
한 아이가 나뭇가지 하나를 집어 뒤적거려 보니
빗물에 불은 똥이 금세 떨어졌고,
이를 본 아이들이 죄 달려들어 새똥을 털어 냈다는 것이다.
그렇게 선생님 차에 묻은 새똥을 닦다 보니 옷 젖는 줄도 몰랐나 보다.
그것도 모르면서 선생님이 소리를 지르고 야단을 치니
아이들로서는 억울할 수밖에.

나는 몹시 미안해지고 말았다.
"아니, 그래도 니네가 옷이 젖으면 감기에 걸리니깐…
그러면 병원에 가서 주사도 맞아야 하니깐…"
내가 어떤 말을 주워섬겨도 아이들의 서운한 표정은 누그러지지 않는다.
아이들은 할 말이 많은지 계속 쏟아붓는다.
"선생님 차 닦어 주려 한 건데 왜 우리한테 막 소리를 질르구 그래요!"
이참에 섭섭했던 일을 다 풀어 놓을 심산인지
나는 기억도 못 하는 시간까지 거슬러 올라간다.

"지난번에 우리한테 학예회 연습 잘하면
터닝메카드 노래 틀어 준다 그러고 안 틀어 줬죠?"
"먹기 싫은 반찬 잘 먹으면 다음 날엔

먹기 싫은 거 남겨도 된다 해 놓구
다음 날 또 다 먹으라 그랬잖아요."
"받아쓰기는 5번까지만 한다 그래 놓고선
그다음 날엔 10번까지 했잖아요."
나를 향해 서운한 일들을 마구 쏟아 놓으면서 흥이 살아난 아이들은
엉뚱하게도, 누가 봐도 자기가 잘못해서 야단맞은 일까지
분별없이 쏟아 내기 시작한다.

"지난번 코끼리 동상에 올라갔다가 늦게 들어왔는데
선생님이 막 뭐라 그랬잖아요."
그러자 한 아이가 이 말을 한 아이를 향해 나무란다.
"야, 그건 니가 거기서 떨어져서 다쳤으니깐 그렇지."
그러자 그 아이도 따진다.
"그래도 선생님이 나한테 막 뭐라 그랬단 말이야."
그 말에 여럿이 한목소리로 나무란다.
"으이구, 니가 잘못한 걸 따지면 어떡해."
또 다른 싸움으로 이어질 것 같아 서둘러 끼어든다.
"아무튼 선생님이 미안해. 선생님이 다음에 또 잘못하면 너네가 알려 줘.
그럼 잘할게. 응?"
다행히 그쯤에서 나에 대한 아이들의 성토가 끝난다.

여러 아이들을 교실에 모아 놓고 가르치며 북새통 속에서 지내다 보면
교사가 누구에게 어떤 행동이나 말로 상처를 줬는지
일일이 기억하기가 어렵다.
설사 기억을 한다 해도
다 아이들 잘 가르쳐 보려다 벌어진 일이라고 생각하기 쉽다.

하지만 이건 어디까지나 선생 생각일 뿐이고,
아이 입장에서는 그렇지 않다.

1학년 아이들에게 옳고 그른 건 의미가 없다.
그저 자기 성에 안 차면 억울하고 섭섭한 것이다.
이런 것들은 고스란히 아이에게 상처로 쌓인다.
아이들이 가장 크게 상처받는 건
친구들과의 관계를 담임에 의해 판가름 받을 때다.
교사야 싸움을 말리고 화해시키기 위해 개입하는 것이지만,
아이 입장에서는 선생님이 자기를 충분히 공감해 주지 않았다고 느낀다.
아이들 간의 싸움은
여러 차례 쌓인 갈등이 폭발해 벌어지는 경우가 많기 때문이다.

한 아이가 다른 아이를 때려 울렸는데,
그게 예전에 그 아이 때문에 화났던 일이 쌓여 벌어진 일이라면
판결을 내리기가 쉽지 않다.
서로 자기는 잘못한 게 없다고 주장하거나
기억이 안 난다고 하기 때문이다.
이런 경우, 교사는 과거보다는
앞으로의 관계가 더 중요하다는 걸 알려 주며
앞으로는 잘 지내라고 다독이기 마련인데,
문제는 이런 조정을 어느 쪽 아이든 달가워하지 않는다는 것이다.
아무리 공정하게 바라보고 각 아이의 입장을 헤아리려 해도
교사가 신이 아닌 이상 아이들의 갈등을 옷 수선하듯
말끔하게 해결하는 건 불가능한 일이다.

아이들은 자신이 잘못했든 아니든 교사가 자기편을 들어 주지 않는 이상
교사의 판정에 불만을 갖게 된다.
그 과정에서 상처가 쌓이는 건 물론이다.
그렇다고 선생님에게 일일이 자신이 받은 상처를 표현하지도 못한다.
그냥 참으며 견딘다.
그런 점에서 '새똥 차' 같은 사건은 유용하다.
선생님의 실수를 핑계로 그동안 참았던 불만을
마음껏 토해 내고 풀 수 있으니.

마음만 먹으면 이런 사건은 쉽게 만들어 낼 수 있다.
아이가 공들여 쌓아 놓은 블록 탑을
실수인 척하며 쓰러뜨리고 욕을 먹어도 되고,
아이가 쓴 받아쓰기 정답을 일부러 틀렸다고 표시한 뒤
항의를 받을 수도 있다.
그러면 아이는 선생의 실수를 지적하고 따지면서
예전에 자기가 서운했던 것들까지 함께 말할 기회를 얻는다.

어떤 아이는 내게 지나치게 따지는 경우도 있다.
맺힌 것이 많은 것이다.
나는 조용히 들어 주면서 그동안 아이가 나 때문에 받았을 스트레스를 읽는다.
그렇게 마음을 풀어 주고 나면 아이는
오히려 전보다 나를 친근하게 여기기도 한다.
이런 푸닥거리가 비단 1학년 교실에만 필요할까.
불평불만이 하늘을 찌를 듯 쌓인 어른의 세계에도 필요할 것이다.

수업을 마치고, 아이들을 배웅하러 밖으로 나오니 어느덧 비는 그쳐 있다.

그사이 물이 빠진 주차장에는 마치 방금 뽑은 듯
말끔한 차 한 대가 서 있다.

바로 여름 내 새똥에 덮여 있던 내 차다.

**선생님 차 엄청 좋네요
음악도 잘 나오고**

아이들이 선생님 차를
타고 싶어 하는 이유

가끔 아이들을 내 차에 태워 줄 때가 있다.
등하굣길에 만나거나 집에 갈 때 비가 너무 많이 오는 경우다.
드물긴 하지만, 어떤 날은 별다른 이유 없이 태워 주기도 한다.
나는 일부러 아이들이 쉽게 맞힐 만한 퀴즈를 낸 다음,
내 차에 우리 반 아이를 모두 태우고
신나는 노래를 크게 틀고 동네를 한 바퀴 휙 돈다.
그래 봐야 십 분도 안 걸리는 드라이브인데도
아이들은 꺅꺅 노래를 따라 부르며 신나한다.
아이들 집에도 대부분 차가 있으니 차를 타는 일이
대단할 것도 없을 텐데,
아마 선생님 차에 탄다는 사실이 특별한 느낌을 주는 모양이다.

1학년 아이들은 자기가 담임선생님과 아주 가까운 사이라고 생각한다.

엄마 아빠와는 관계의 성격이 좀 다르지만
주변에 몇 안 되는 어른 중 가까운 어른인 것이다.
아이들은 선생님이 자신에게 애정을 지닌
가까운 어른이라는 걸 끝없이 확인하려고 든다.
그중 하나가 담임을 향한 충성 경쟁을 한다는 것이다.
아이들의 충성이란 게 다른 게 아니라,
자기가 비밀이라고 생각하는 것들을 털어놓는 것이다.
그래서 난 본의 아니게
아이들 집안에서 일어나는 일들을 속속들이 알게 된다.
누구네 개가 새끼를 몇 마리 낳았는지, 누구네 엄마 아빠가 싸웠는지….
비밀을 들은 대가로 내가 아이들에게 선사하는 것 중 하나가
내 차에 태워 주는 것이다.
차에 탄 아이들은 차 안에 있는 온갖 물건들을 끄집어내
"이게 뭐예요?"라고 꼬치꼬치 묻는다.
아부하는 아이들도 있다.
"선생님 차 엄청 좋네요. 음악도 잘 나오고요."
어떤 아이는 내리면서 내 차의 쓰레기를 주워서 버려 주기도 한다.

부모님의 정식 동의를 받은 것도 아니고,
학교 승인도 얻지 않은 일이기 때문에
아이들 태워 주다가 사고라도 나면 큰일인 걸 알기에
눈 부릅뜨고 핸들을 단단히 잡고 시골 농로를 천천히 한 바퀴 돈다.
안 그래도 아이들 몇 명 없는 작은 학교인데,
그새 또 두 아이가 전학을 가는 바람에
여섯 명밖에 안 남아 경차인 내 차에도 다 태울 수가 있다.

내가 어릴 때 우리 선생님은 자전거를 타고
학교에서 그리 멀지 않은 하숙집에서 출퇴근을 하셨다.
어쩌다 내가 일찍 학교 가는 날이면,
선생님이 자전거를 타고 학교 가시는 걸 볼 수 있었다.
어느 날, 선생님이 출근길에 나를 보고 자전거 뒤에 태워 주셨다.
선생님은 내가 쉽게 탈 수 있게 자전거를 기울여 주셨다.
난 좋으면서도 부끄러웠다.
선생님 뒤에 앉아 선생님 허리띠를 꼭 붙잡으면 힘 있게 페달을 밟으셨다.
바람처럼 달리는 자전거에 앉아 아래쪽을 내려다보면
땅이 빠르게 뒤로 지나가곤 했다.
비포장 길이라 땅이 고르지 않아 자전거가 출렁출렁했다.
그럴 때마다 선생님의 엉덩이도 위아래로 출렁출렁하고
허리춤을 잡은 나도 덩달아 출렁출렁했다.
선생님 등 뒤에 착 붙어 있으면 좋은 냄새가 났다.

학교가 가까워질수록 경사가 약간 높아져 선생님은 숨을 헐떡이셨다.
나를 태운 선생님은 교문까지 페달을 밟지 못하고,
그 전에 내려서 자전거를 끌고 걸어 올라가셔야 했다.
자전거 뒤에 타고 오는 동안
내내 허공에서 대롱거리던 다리가 땅에 닿는 순간,
나도 모르게 휘청이곤 했다.
자전거를 끌고 경사진 학교 진입로를 올라갈 때
선생님 셔츠는 바지에서 훌렁 빠져 후줄근해져 있었다.
자전거에서 떨어질까 봐 내가 선생님 허리띠를 너무 꽉 잡은 탓이었다.
그게 죄송하고 민망해서 내가 고개도 못 들고 어쩔 줄 모르고 있으면
선생님은 아무렇지도 않은 듯 내게 당신 핸드백을 척 건네시며

"교실에 갖다 놓아라." 하신 뒤 자전거를 세우러 가셨다.
나 때문에 힘이 드셨을 선생님을 위해 뭐라도 하고 싶어
선생님 가방을 조심스레 들고 가 교탁에 올려놓던 생각이 난다.

그 뒤로도 몇 번이나 선생님 자전거를 더 얻어 탔다.
그때마다 부담스러워서 사양을 하고 싶은 마음이었지만
부끄러워서 말을 못 했다.
사양하는 문장을 일부러 연습도 했다.
그러나 막상 선생님의 자전거를 만나면 연습한 것도 까먹고
말을 더듬기 일쑤였다.
결국 번번이 거절을 못 하고 어기적거리며 뒷자리에 올라타곤 했다.
선생님 자전거를 타고 가는 일이 너무 좋았지만,
나 때문에 선생님이 힘드신 것도 불편하고 친구들의 시선도 부담이었다.
그래서 내 나름대로 생각한 것이 친구와 함께 가는 것이었다.
자전거에 여럿을 태울 수는 없을 테니.
그 방법은 효과가 있었다.
친구와 함께 갈 상황이 못 되면 일부러 좁은 길로 돌아서 가곤 했다.

내 차에 우리 반 아이들을 태워 주면서 어릴 적 그때가 떠오르곤 한다.
자전거도 아니고, 고작 몇 분의 드라이브지만
아이들은 이 순간으로 1학년 시절을 기억할 수 있지 않을까.

며칠 전, 학교에 출근해서 운동장 옆 주차장에 차를 세우는데,
근처에서 딱지를 치던 아이들이 몰려오더니 차를 태워 달라고 했다.
마침 시간도 좀 남고 해서
아이들을 내 차에 태우고 마을을 한 바퀴 돌았다.

내 차가 자기 집 근처를 지날 때마다
아이들은 "우리 집이야!" 자랑도 하고,
창을 내리고 마침 밭에 나와 일을 하고 있는 부모님을 향해
아는 척을 하기도 한다.

마을을 다 돌고 학교로 돌아왔는데, 한 아이가 불쑥 묻는다.
"선생님 차 왜 모닝이에요?"
아이가 질문한 의도를 잘 몰라
"어, 그러게. 선생님은 왜 모닝을 샀나?" 우물쭈물하고 있는데
다른 아이가 도와준다.
"야, 그래도 이 차 엄청 좋은 차야."
그러자 다른 아이들도 제각각 자기네 차에 대해 떠들기 시작한다.
"우리 차는 카니발이야. 엄청 빨러.
의자를 뒤로 자빠뜨리면 잘 수도 있어. 나 그 의자에서 여름에 자 봤어."
"우리 차는 트럭인데 그건 오이 싣고 갈 때 타고,
딴 데 갈 때는 에쎔빠이부 타고 가. 트럭이 카니발보다 더 빨러."
"야, 우리 차도 엄청 빨러. 우리 차는 쌍용인데, 그런데…."
그러자 다른 아이가 훈수를 둔다.
"야, 니네 차는 액티언 스포츠잖어."
"우리도 트럭 있는데 엄마 차는 모닝이야.
그런데 선생님 차보다 더 쌔 거 모닝이야."
그러자 한 아이가 그 아이에게 퉁을 준다.
"야, 너 왜 잘난 척해. 너 그럴라문 선생님 차 타지 마."
"야, 모닝이 제일 싼 차야. 너 우리 트럭이 얼마짜린 줄 알어?
백만 원도 넘을걸? 선생님, 모닝이 트럭보다 싸죠?"
그제야 나는 왜 모닝을 샀냐는 질문의 의도를 파악한다.

왜 선생님 차가 싼 경차냐는 것이다.

뭐라고 답을 하긴 해야 할 것 같은데 영 생각이 나지 않는다.
내가 좀 불쌍해 보였는지 한 아이가 얼른 내 편을 들어 준다.
"괜찮아요, 선생님. 2학년 선생님 차보다 선생님 차가 쌔 거잖아요."
그러자 차를 좋아해서 만날 자동차 그림만 그리는 아이가 끼어든다.
"야, 쌔 차면 모하냐. 2학년 선생님 차는 싼타페야.
선생님 차보다 훨씬 더 비싸, 알어?"
설전이 벌어졌다.
"야, 비싼 차도 오래되면 망가져서 못 타.
선생님 차는 쌔 차니까 더 좋아. 그렇죠, 선생님?"
"아니, 선생님 차도 6년 됐으니깐… 새 차는 아니지 뭐."
내 말이 끝나자마자 아이들 입이 벌어진다.
"헐. 6년요? 그렇게 오래됐어요? 와, 쩐다."
하긴 아이들이 이제 겨우 만 6~7년 살았으니 그럴 만도 하다.
아이들은 6년이나 된, 값싼 경차를 타고 다니는 내가 안쓰러운지
앞다퉈 위로의 말을 건넨다.
"선생님은 뚱뚱하지 않아서 차가 찌부되지 않을 거니깐 걱정 마세요."
"제가 이담에 커서 돈 많이 벌면 선생님한테 큰 트럭 사 주께요. 알겠죠?"
어떤 아이는 나더러 당장 새 차를 사라고 성화를 부린다.

아이들에게 집이나 자동차는 막연한 경제력의 척도에 불과하다.
그걸 마련하기 위해 어느 정도의 돈이 필요한지 모른다.
그깟 집이나 자동차는 자기가 마음먹으면
언제라도 살 수 있을 것으로 생각한다.
하지만 고학년이 되면 양상이 조금 바뀐다.

고학년 아이들은 담임 차와 자기 부모 차를 은연중에 비교한다.
부모와 비슷한 나이로 보이는 담임의 차가
부모의 그것보다 싼 차일 때 안도하기도 한다.

아이들에게 가정 경제를 가르치다 보면
아이들의 솔직한 반응을 듣곤 한다.
어른들은 항상 돈이 없다고 말하면서
아빠는 걸핏하면 밖에서 술 드시고 카드를 긁고 온다는 것이다.
그것 때문에 화를 내는 엄마 역시 홈쇼핑이나 인터넷에서 뭔가를 사서
택배가 자주 온다는 것이다.
자기네 집에 천만 원도 넘는 차가 있는데
한 달에 겨우 몇 만 원만 내면 되는 스마트폰 하나 안 사준다고 성토한다.
돈에 관해 교육하는 일이 만만치 않다.

이참에 모닝을 사려면 어느 정도의 돈이 있어야 하는지
아이들에게 알려 주는 것도 나쁘지 않겠다 싶었다.
아이들이 좋아하는 고무 딱지 한 개가 얼마인지,
그게 몇 개가 모여야 밥 한 끼를 사 먹을 수 있는지,
밥 사 먹을 돈이 얼마 모여야 송아지 한 마리 값이 되는지.
그 송아지 세 마리를 이 년쯤 키워 팔아야
모닝 한 대를 겨우 살 수 있다는 말을 하면 아이들 눈이 동그래진다.
"헐. 그렇게 비싸요?"
그러면서 각자 자기네 집에 있는 차는 얼마짜리냐고 물어 온다.
난 일일이 인터넷에서 검색해 자동차 가격을 보여 준다.
물론 아이들에게 자동차 가격은 전혀 실감 나지 않는 수치일 것이다.
하지만 그걸 본 아이들이 이구동성으로 말한다.

"선생님이 돈 없어서 모닝 산 게 맞구나."

살아가면서 이 지구에 공헌하는 거 하나 없이
공기며, 물이며, 흙에서 나온 농작물에 기대어 사는 주제에
내 한 몸 편하자고 화석 연료를 축내는 게 부끄럽지만,
차 없는 생활을 감수할 자신이 없어
그나마 기름을 적게 소비하는 작은 차를 선택했다는 말은 눌러 삼킨다.

밖에 나가서 놀던 두 아이가 복도를 우다다다 달려오더니
소리를 지른다.
"선생님 모닝보다 더 오래된 차 있어요!
미술 선생님 차는 6년보다 더 됐대요!"
아이들이 만나는 선생님들마다
"선생님 차가 6년보다 더 됐어요?" 하고 묻고 다녔단다.
마침 한 선생이 니네 선생님 차가
내 차보다 훨씬 더 좋은 차라고 얘기해 준 모양이다.
아이들은 그 사실을 내게 알려 주려고 저렇게 달려온 것이다.
선생님에 대한 아이들 마음만큼은 가격을 매길 수가 없다.

진심 어린 칭찬의 힘

아이들은 값싼 칭찬 뒤에 도사린 어른들의 요구 사항을 눈치챈다

대부분의 아이들이 몇 분 안에
그림일기를 후다닥 그리고 노는데,
한 아이가 유독 시간이 걸린다.
다른 아이가 대충 하고
같이 놀자고 하는데도
잠깐만 기다리라고 하면서
열심히 그린다.

뭘 그리나 싶어 아이에게 가 보니
어벤져스를 아주 정성 들여 그리고 있다.
1학년의 그림이라고는 믿기 어려울 만큼
인물의 비례 구성이나 채색이 잘되어 있다.
"와, 진짜 잘 그렸다."
내 말에, 놀고 있던 아이들이 우르르 모여들었다.

그림을 본 아이들도 진짜 어벤저스랑 똑같다며
저마다 감탄했다.
그리고 이걸 어떻게 그렸느냐고 물었다.
그러자 아이는 으쓱한 표정으로
자기가 사용한 색연필을 꺼내 보여 주었다.

어벤저스 그림 한 장으로 그 아이는
'그림 잘 그리는 아이'로 인정받게 되었다.
어떤 아이가 이 아이에게 하얀 도화지를 주면서
자기도 그림을 하나 그려 달라고 부탁했다.
아이는 부탁이 싫지 않은 듯, 선뜻 그려 주었다.
어떤 날은 쉬는 시간 내내 그림을 그리기도 했다.
그 좋아하는 놀이 시간을 포기한 채였다.
그림을 부탁한 아이가 이 정도면 됐으니 그냥 빨리 달라고 해도
아이는 "잠깐만 기다려!"라고 외치며 구석구석 꼼꼼하게도 칠했다.
그림을 받은 아이는 그 그림을 접지 않고
조심스레 책 사이에 끼운 다음, 가방에 넣었다.

어떤 아이는 이 아이가 그림을 그리는 걸 처음부터 지켜보더니
자기 자리로 돌아가서 그 아이처럼 그리기 시작했다.
하다가 잘 안 되면 친구가 그리는 걸 유심히 살피다가
다시 자기 자리로 가서 그렸다.
똑같이 그리려고 애를 썼는데도 잘 안 되면
어떻게 그리는 거냐고 물었다.
아이는 자기가 그리는 방식을 가르쳐 주었다.
친구가 자기와 비슷한 수준으로 그리는 단계가 될 즈음,

아이는 새로운 그림을 그려 보였다.
그러면 나는 또 감탄을 했고 아이들이 몰려들었다.
아이들이 자기 그림에 관심을 가져 주면 줄수록
아이는 신이 나서 자기가 어떻게 그렸는지 친절하게 설명해 주었다.
나는 교무실에서 하얀 인쇄용지를 한 묶음 가져와 책상 위에 올려 두었다.
그림을 그리고 싶을 때마다 아이들은 그걸 한 장씩 가져갔다.

부모나 교사의 칭찬보다 친구들 칭찬에 아이들은 더 흥분한다.
친구들의 칭찬은 어른들의 칭찬과 그 질이 다르기 때문이다.
각종 책과 미디어에서 칭찬의 힘에 대해 접한 부모들은
아이들의 사소한 성취에도 칭찬을 쏟아붓는다.
하지만 아이들은 그런 칭찬들이 흔하다는 것,
그리고 부풀려져 있는 걸 안다.
뿐만 아니라 판에 박힌 칭찬 뒤에 도사리고 있는
어른들의 요구 사항도 잘 안다.

그런데 친구들의 칭찬은 그렇지 않다.
순수한 감탄에서 터져 나오는 것이기에 아이를 더 기쁘게 한다.

무엇보다 아이들은 칭찬에 인색하고 또 인색하다.
아이들은 어지간해서는 칭찬을 하지 않는다.
칭찬이라는 게 상대가 자신보다 우위에 있다는 걸
마음으로 인정해야 가능한 건데, 1학년 아이들에겐 이게 쉽지 않다.
비교 우위를 인정한다는 건
자기가 친구보다 열등하다는 걸 인정하는 일이기도 하다.
아이들은 이걸 매우 힘들어한다.
지금까지 내가 제일 똑똑하고 잘났다는 칭찬을 듣고 자랐는데,
갑자기 어디서 나타난 친구가 자기보다 더 뛰어나다는 걸
선뜻 받아들일 수 없는 것이다.
그럼에도 감탄과 칭찬이 터져 나온다면 그 어찌 귀하지 않을까.

칭찬은 아이 스스로 만족할 만한 결과라고 생각했을 때
맞춤하여 나와 줘야 빛이 난다.
아이 스스로 생각했을 때 칭찬받을 만한 일은
일상에서 그리 자주 일어나지 않는다.
그래서 어떤 아이는 어른들의 칭찬에 짜증을 낸다.
대단한 일도 아닌 것에 무조건 잘했다며 호들갑을 떠는
어른들의 과장이 싫은 것이다.
어른의 칭찬에 앞으로도 계속 잘하라는 요구가 들어 있다는 걸
아이들은 어떻게 알까.
칭찬에 진심이 담겨 있지 않기 때문이다.
자기 아이가 다른 아이들과 견주어 어느 정도 수준인지 알고
구체적으로 칭찬할 때와,
아이가 자신감을 잃을까 봐 무턱대고 칭찬할 때와
아이들에게 전달되는 강도가 다르다.

한 아이가 받아쓰기 열 문제 중 일곱 개를 맞혔다.
70점은 칭찬을 하기에 애매한 점수다.
많은 엄마들이 아쉬움을 애써 감추고 칭찬을 하고 나서
스스로 잘했다고 여긴다.
하지만 아이들은 그 칭찬을 달가워하지 않는다.
아이들 입장에서는 마치 자기는 70점을 맞는 수준이라는 걸
엄마가 인정해 버린 것처럼 생각된다.
아이와 엄마가 친구처럼 격의 없이 지내는 사이일수록 그렇다.
아이에게 절대 공부를 강요하지 않는다고 말하는
엄마의 칭찬일수록 아이의 열의를 꺾어 버리기도 한다.
이런 아이는 학교에 와서 이렇게 말한다.
"난 받아쓰기 100점 안 맞아도 된다요. 70점만 맞아도 칭찬받는걸요."
그러고는 더 나은 점수를 받으려는 욕구를 쉽게 접어 버린다.
엄마 입장에서는 70점이라는 속상한 점수를 겨우 받아들여
야단 대신 칭찬을 한 건데, 대체 뭐가 문제였을까.
엄마는 아이의 성향, 수준 등을 꼼꼼하게 헤아리지 못한 것이다.
휴우, 칭찬 하나 제대로 하는 일이 이렇게 어렵다.

어떤 아이는 70점을 자랑스러워 하고
또 어떤 아이는 그 점수를 부끄러워 한다.
예전엔 70점도 받지 못하던 아이라면 그 점수가 자랑스러울 것이다.
하지만 예전엔 90점 받던 아이라면 그 반대일 것이다.
이럴 때는 무작정 칭찬을 할 게 아니라
아이가 그 점수에 대해 어떤 마음인지를 먼저 파악해야 한다.
아이는 자기가 틀린 문제에 대해 엄마와 이야기하고
다시 도전힐 수 있도록 엄미가 북돋아 주기를 바랐을지도 모른다.

칭찬이 남발되는 환경에 놓인 아이들은
시간이 지날수록 자신에 대한 기대치를 낮춰 가게 된다.

아이 입장에서 가장 진지하게 받아들이는 건 친구들의 칭찬이다.
반대로 엄마의 칭찬은 가장 값싸게 받아들인다.
어떤 아이는 이렇게 말한다.
"이상하게 엄마 칭찬은 많이 들어도 기분이 많이는 안 좋고,
한 개도 안 들어도 기분이 많이 안 나빠요."
또 어떤 아이는 말한다.
"지난번 내가 색칠을 죽어라 했다요.
근데 그때는 칭찬을 안 했단 말이에요.
근데 어제는 색칠을 안 했거든요? 근데 칭찬을 했단 말이에요."
칭찬을 남발하다 보니 기준이 엉키는 것이다.
아이들은 이런 걸 기가 막히게 기억한다.
아이들은 어느 정도까지만 하면
엄마가 칭찬을 할 거라는 걸 알 만큼 영악하다.
엄마 입장에서는 춤을 추라고 고래를 칭찬했는데
그 고래가 춤을 추는 척만 하는 격이다.
결국 칭찬의 힘이 희석되는 것이다.

칭찬의 진지함이나 무게감을 따진다면,
또래들의 칭찬과 엄마의 칭찬 중간쯤에 담임의 칭찬이 있을 것이다.
담임은 엄마들처럼 칭찬을 남발하지는 않지만,
그렇다고 또래 친구들처럼 인색한 것도 아니기 때문이다.
엄마들은 담임인 나에게 부탁한다. 자기 아이 칭찬을 많이 좀 해 달라고.
그러면서 집에서 칭찬을 열심히 하는데,

왜 자기 아이는 춤추는 고래가 되지 않느냐고 반문한다.

내 어머닌 언제나 밭에 계셨다.
내 생일도 기억하지 못할 만큼 늘 바쁘셨다.
그런 탓에 어머니의 칭찬을 들어 본 기억이 별로 없다.
하지만 어린 마음에라도 왜 어머닌 칭찬을 안 하실까
섭섭하게 생각해 본 적이 없다.
특별히 칭찬받을 만한 일이 없어서이기도 했겠지만,
어머닌 나에 대해 이렇다 저렇다 말씀을 하는 분이 아니었다.
내가 글짓기 상을 받았다고 하면
"무슨 글을 짓는데 상을 준다니." 그러셨다.
그렇게 말해도 기분이 나쁘거나 서운하지 않았다.
어머니 말을 들어 보니 그게 맞는 것 같았기 때문이다.
어머니가 배움이 짧아서 그런지도 모르겠다는 생각은 들었다.

그렇게 칭찬에 인색한 어머니도 틈만 나면 칭찬하는 사람이 있었다.
어머니가 나가던 교회의 전도사님이었다.
독실한 신자였던 어머니에게 전도사님은 매우 인상적이었나 보다.
어머닌 틈만 나면 동네 아주머니들에게 전도사님 이야기를 했다.
그 전도사님이 도대체 뭘 어떻게 하시기에
그렇게 어머니의 칭찬을 받는지 알 수 없었다.
나는 교회 앞을 지나갈 때마다
그 전도사님이 있는지 교회 마당과 사택을 훔쳐보곤 했다.

그러던 어느 날, 난 어머니가 그토록 칭찬하던 전도사님을 보게 되었다.
전도사님이 지게를 지고 산에서 내려오시는데,

그 지게엔 소에게 줄 꼴이 가득 얹혀 있었다.
하얀색 셔츠를 입고 안경을 낀 모습이었다.
그분은 잠시 얼이 빠져 멍하니 서 있는 내 곁을 터벅터벅 지나가면서
나에게 인사를 했다.
세상에서 가장 부드럽고 단단한 목소리였다.
어린 내가 보기에도 전도사님은 동네 아저씨들과는 퍽 달랐다.
안경, 하얀 셔츠, 뭔가 우아하고 매끄러운 목소리.
그 뒤로, 나는 꼴을 베러 가면 그분처럼
지게 소쿠리를 가득 채워 오곤 했다.
그전엔 집 주변에서 대충 베어 지게를 절반도 안 채워 가곤 했지만
전도사님을 본 뒤로는 달라졌다.

산에까지 올라가서 이왕이면 더 좋은 풀을 베려고 애썼다.
그리고 목소리도 전도사님처럼 부드럽게 해 보려고 애썼다.
그 무렵, 교회 여름 성경 학교에서 진행한 성경 퀴즈에서 상을 받게 되었다.
어머닌 나를 무척 칭찬해 주셨다. 그게 처음으로 들은 칭찬이지 싶다.
그 뒤로 어머닌 몇 번 더 전도사님의 말을 빌려 나를 칭찬하곤 하셨다.
전도사님이 어머니에게 가끔 내 이야기를 하신 모양이었다.
난 전도사님께 더 잘 보이려고 인사도 잘하고 설교도 열심히 듣곤 했다.

그 기억 때문일까, 난 아이들에게 칭찬할 일이 생기면
그걸 아이들에게 바로 하기보다 부모님께 알린다.
- ○○가 오늘 점심을 잘 먹었어요.
- ○○는 평소 오이를 싫어했는데 오늘은 코를 안 막고 먹었답니다.
- 오늘 국어 시간에 제법 어려운 책을 읽어 줬는데
  ○○가 다른 아이들에 비해 이해가 빠르더군요.

학교에서 이런 칭찬을 보내오면 부모님들은 뿌듯해한다.
그리고 나의 입을 대신해서 아이를 칭찬해 준다.
그러면 아이는 다음 날 내게 와서 묻는다.
"어제 제가 오이 먹은 거 보고 선생님 깜짝 놀랐어요?"

그 아이는 지금까지 여러 친구들에게 다양한 그림을 그려 주었다.
어벤저스에서 시작한 그림이 온갖 만화 주인공들을 망라하고 있다.
칭찬이 드물고 귀한 또래 집단으로부터 인정을 받았으니
뭔들 못 해 줄까.
진심 어린 칭찬은 단 한 번만으로도 삶의 방향을 결정지을 수 있을 만큼
그 효력이 강력하다.
지금 저 아이의 그림 실력은 친구들이 키워 주고 있는 셈이다.
강력한 한 번의 칭찬이 백 번의 얕은 칭찬보다 나은 것이다.
아이에게 칭찬을 할 때에는 요령 있게 해야 하는 이유다.

난리법석 고구마 캐기 체험 학습

아이의 말이
평생 땅을 일군 농부의
주름처럼 깊다

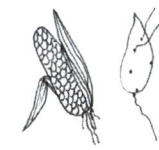

우리 학교는 주변의 여유 땅을
학생들의 생태 교육 실습지로 사용하고 있다.
봄에 이 땅을 갈아 고랑을 일구고 비닐을 씌우는 멀칭 작업을 해 준다.
그리고 옥수수, 고구마 같은 모종을 사다가
아이들이 심어 가꾸게 한다.
옥수수는 방학 무렵 따서 큰 통에 넣어 찐 뒤 교실에서 나눠 먹는다.
고구마는 10월 초에 캐서 나눠 가져가고
일부는 남겨서 고구마 요리 체험을 한다.
심고 가꾸고 거두고 먹는 과정 대부분을 아이들 손으로 한다.
1학년 아이들은 이런 행사를 매우 좋아한다.
집에 있으면 혼자 놀아 심심한데 학교에만 오면
때에 맞춰 별걸 다 하기 때문이다.

그렇긴 해도 1학년 아이들을 데리고
뭔가를 재배해 낸다는 건
보통 일이 아니다.
심기도 전에 아이들은 모종을 부러뜨리고,
밭을 뛰어다니며 비닐에 구멍을 내고,
물뿌리개를 흔들며 장난을 쳐
온통 흙투성이가 된다.
내가 혼자 하면 한 시간이면 끝날 일을
아이들과 하려니 며칠이 걸린다.
아이들에게 고구마 순 몇 개와 호미를 들려 주고는
심는 요령을 알려 준 다음, 차례로 자기 앞 구멍에 심게 했다.

한 아이가 비닐 씌운 이랑을 호미로 파다가 비닐을 찢는다.
그러자 다른 아이 하나가 말해 준다.
"야, 비닐을 크게 파면 거기루 풀이 엄청 나와. 빨리 흙으로 묻어."
친구가 무슨 말인지 못 알아듣는 것 같자
그 아이는 직접 고랑의 흙을 파서 찢어진 비닐 위에 얹어 준다.
또 한 아이는 고구마 순을 구멍에 밀어 넣다가 부러뜨리고 만다.
아이는 부러진 모종을 대충 꽂아 놓는다.
그러자 아까 그 아이가 또 가서 부러진 모종을 잘라내고
남은 부분은 깊숙이 꽂는다.
또 한 아이는 물뿌리개로 물을 주다가 조종을 잘못해서
물이 구멍으로 안 들어가고 비닐 위로 흐르는 바람에 신발이 젖었다.
아이는 젖은 흙이 잔뜩 묻은 신발로 고랑 사이를 걸어오며
내게 소리를 지른다.
"선생님, 신 벗고 할래요!"

난 절대 신을 벗으면 안 된다고 소리를 지른다.
하지만 그 아이는 신발을 벗어 버린다.
난 후다닥 달려가서 아이를 번쩍 들어 밭 가장자리로 옮겨 놓는다.
잠시 후 그 아이는 자리에 앉아 호미로 땅을 파면서 논다.
1학년 아이들의 농사 풍경이다.
내가 혼자 열을 내고 전전긍긍하는 것과 달리,
아이들은 아주 신이 났다.

오전 내내 고구마를 심느라 난리를 치고 나니 어느새 점심시간.
아이들에게 점심 먹고 운동장에 나가서 놀라고 하는데,
아까 친구들의 실수를 도맡아 처리하던 아이가 와서 말한다.
"선생님, 고구마 다시 심어야 돼요.
저렇게 심으면 다 말라 죽는다요. 진짜라니깐요."
"그래? 그럼 어떻게 심어야 되는데?"
아이들은 운동장으로 모두 놀러 나가고
난 그 아이와 둘이 밭에 가서 고구마를 다시 심는다.
"고구마는 비 올 때 심어야 된다요.
진짜예요. 안 그러면 다 말라 죽어 삐린다요. 진짜예요."
아이는 진짜라는 말에 힘을 준다.

학교가 농촌에 있고 학부모 대부분이
농사를 짓거나 텃밭을 가꾸기 때문에 아이들은
항상 농사일을 보며 자란다.
하지만 농촌에 사는 아이들이라고 해서 모두가 농사를 아는 건 아니다.
도시 아이가 부모님이 밖에서 무슨 일을 하는지 잘 모르듯,
농촌 아이도 농사를 모른다.

아이들이 어려서 일을 시키지 않기 때문이다.
하지만 어떤 부모는 아이와 함께 일을 한다.
그런 가정의 아이는 농사의 흐름을 안다.

올봄에 통 비가 오지 않아 농부들이 걱정할 때,
이 아이는 매일같이 나에게 와서 가뭄 걱정을 했다.
"비가 안 오면 나가서 노니까 좋긴 하지만,
그래도 비가 와야 농사가 될 텐데."라는
말을 하는 1학년 아이가 몇 명이나 될까.
다른 애들이 비 와서 장화 신고 왔다고 자랑을 할 때도
그 아이 말은 달랐다.
"비 더 와야 돼요. 저렇게 찔찔찔 오잖아요?
땅을 막 파 보면 겉에만 쪼끔 젖었다니깐요. 진짜예요."

아이의 말에서 마치 평생 땅을 일군 농부의 주름 같은 깊이가 느껴진다.

봄에 고구마를 심고 나면 중간중간에 풀을 뽑는다.
아이들에게 고랑을 나눠 주고 어떤 풀을 뽑아야 할지도 알려 준다.
뱀이 나올 수 있으니 아이들이 들어가기 전에 내가 막대기로 휘휘 저으며
고구마 밭을 한 바퀴 돈다.
어떤 아이는 풀을 뽑다가 뒤로 나동그라지면서
엉덩이로 고구마 순을 깔아뭉개고는 깔깔 웃고,
어떤 아이는 그 아이 엉덩이에 묻은 흙을 털어 주겠다고 가다가
비닐을 밟아서 찢어 버리고,
또 어떤 아이는 고구마 밭 옆에 자라는 호박꽃 주변에서
윙윙대는 벌을 보고 무섭다며 꽥꽥 소리를 지른다.
이 난리법석 통에서도 그 아이는
고구마 밭에 지천이던 바랭이와 명아주를 야무지게 뽑는다.
그러면서 친구들에게 훈수를 건다.
"야, 니네 풀 뽑은 담에 흙을 털어. 안 그럼 또 살아나니깐."

가을이 되자 아이들이
호미나 모종삽을 가지고 고구마를 캐고 있다… 기보다는
고구마를 찍고 있다.
아이들이 캔 고구마들은 성한 데가 없다.
줄기를 캐야 하는데
그냥 손으로 잡아 뽑다가 끊어져 나동그라지는가 하면,
친구가 고구마를 캐다가 자기에게 흙을 튀게 했다고 시비가 붙기도 한다.
그 아이가 보다 못해 소리를 지른다.
"야, 니네 고구마 찍지 마. 그럼 다 썩어서 못 먹잖아.

선생님 쟤네 하지 말라 그래요."
고구마를 캘 때 호미를 깊이 찔러 넣는 걸 보니
한두 번 캐 본 솜씨가 아니다.
그 아이 말에 다른 아이들이 멈칫, 이내 그 아이를 따라 한다.

아이들이 캐 모은 고구마가
커다란 종이 상자에 한가득 찼다.
고학년 아이들은 한 시간도 안 걸리는
이 과정이 1학년 아이들에게는
종일 걸린다.
내가 주도하면 삼십 분이면 거뜬히
끝낼 수 있을 것이다.
상한 고구마도 거의 없을 것이다.
하지만 좌충우돌하면서 몸소 겪어야
부모님의 농사일이 얼마나 힘들고 귀한지 알 수 있을 것이다.

나는 아이들 수에 맞게 검정 비닐봉지를 갖다 준다.
그리고 자기가 일한 만큼 고구마를 담아 집에 가지고 가라고 안내한다.
아이들이 우르르 달려들어 서로 큰 것, 멀쩡한 것들을 골라 담는다.
한 아이가 내게 불만을 토로한다.
"선생님, 자기가 찍은 건 자기가 가져가라 그래요."
아이들은 저마다 자기는 몇 개 안 찍었다고 우긴다.
그러자 몇몇 아이가 고구마를 모두 모아 놓고
차례대로 한 개씩 돌아가면서 골라 가자고 제안한다.
다시 고구마를 상자 안에 넣고 여섯 명 아이들이 하나씩 고른다.
고구마 양이 제법 되어 다들 검은 비닐봉지 가득 담았다.

내가 빈 종이 상자와 호미, 모종삽을 모아 들고 밭에서 나가려고 하는데, 누군가의 외침이 귀에 들린다.

"야, 니네 고구마 다시 내놔! 선생님은 한 개도 없잖아."

내 손에 빈 비닐봉지가 들려 있는 걸 본 아이들 눈빛이 흔들린다.

그 와중에 몇 아이가 살금살금 자기 봉지를 들고 모른 척 가려고 하자 한 아이가 그 아이들에게 소리를 지른다.

"야, 너네 고구마 빨랑 내놔. 선생님도 줘야지."

아이들이 순순히 고구마를 안 내놓자 그 아이가 다시 소리친다.

"고구마, 선생님이 다 심었어. 니넨 일도 안 했잖아."

그러자 아이들이 자기도 고구마 캤다고 항변한다.

고구마를 가져가려던 아이 중 하나가

그 아이에게 잘난 척하지 말라고도 윽박지른다.

그 말에 어이가 없는지 그 아이가 외친다.

"그럼 너네 앞으로 선생님 차 타지 마.

선생님, 욕심 많은 친구들은 차 타지 말라 그래요."

그 말에 아이들이 멈칫한다.

그사이에 나는 슬그머니 현장을 빠져나온다.

정리를 마치고 교실에 와 보니 아이들이 먼저 와 있다.

아이들이 고구마가 들어 있는 비닐봉지를 내민다.

아이들끼리 추렴을 했는지 크기가 골고루 들어 있다.

난 웃으며 말한다.

"아이구, 고마워라. 고구마 엄청 맛있겠네."

아이들이 돌아가고 난 뒤 한 아이가 살짝 교실로 들어와 내게 말한다.

"아까 선생님한테 내 고구마 한 개 더 줬어요. 안 찍힌 걸로요. 몰랐죠?"

난 놀라며 고구마 하나를 꺼내 아이의 비닐봉지에 넣어 준다.
"안 그래도 돼."
그러자 그 아이, 굳이 자기 고구마를 다시 내게 건넨다.
"에이, 내가 그냥 주께요.
근데요, 찍힌 고구마는 빨리 먹으세요. 금방 썩어요."
난 두 손을 모아 곱게 받는다. 아이는 쑥스러운지 후다닥 나간다.

**크레파스 하나에
깃든 마음**

아이도 가난을 안다

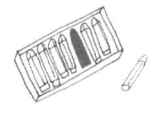

그림일기를 그리던 아이가
상기된 얼굴로 주변을 두리번거리더니
내게 와서 묻는다.
"선생님, 내 크레파스 봤어요?
살구색 크레파스."
지붕을 파랗게 칠하고 나서
사람을 칠하려고 보니
살구색이 안 보인다는 거다.
아이의 표정이 하도 절박해 보여
나도 다급하게 그 아이 책상 속과 자리 주변을 살핀다.
하지만 크레파스는 보이지 않는다.

아이는 울듯 말듯한 표정을 하고 친구들에게 말한다.

"야, 내 크레파스 갖구 간 사람 빨리 내놔.
나 그거 잃어 먹으면 안 된단 말이야."
그러자 한 아이가 별일 아닌 걸로 소란이냐는 듯 퉁을 준다.
"야, 니네 아빠한테 사 달라 그러면 되지."
그 아이도 지지 않는다.
"오늘 비가 와서 우리 아빠가 돈 벌러 안 갔으니 그러지.
넌 그것도 몰르냐."
그러자 아이들이 일제히 그 아이를 보며 말한다.
"헐. 니네 아빠 짤렸어?"
그러자 그 아이도 한숨을 쉬며 말한다.
"그래서 내 크레파스 잃어 먹으면 안 된다구. 선생님, 빨리 찾아 줘요."
아이들 모두 그 아이의 사정에 공감하는 표정을 짓더니
그림일기를 쓰다 말고 각자 흩어져 교실 여기저기를 찾아 나선다.

한 아이가 나에게 묻는다.
"어제 선생님이 교실 쓸었잖아요. 거기에 딸려 갔으면 어떡해요."
그러자 한 아이가 재빨리 쓰레기통으로 달려가 뚜껑을 열고 뒤적거린다.
바로 안 나오자 아예 교실 바닥에 그 큰 쓰레기통을 엎어 버린다.
그러자 다른 아이들까지 달려든다.
순식간에 교실은 아수라장이 되고,
난 제자의 크레파스를 쓸어 버린 매정한 담임이 된다.

쓰레기통에서도 크레파스가 나오지 않자 아이가 울기 시작한다.
저 아이의 훌륭한 점은 자기 물건에 애착이 있다는 것이다.
저 아이는 자기가 좋아하는 것과 싫어하는 것이 분명하다.
불편한 게 있으면 나에게 와서 또박또박 자신의 입장을 얘기한다.

자기를 사랑할 줄 아는 아이다. 그러니 자기 크레파스도 아낄 수밖에.

대부분 아이들은 크레파스 한 개쯤은 별로 아까워하지 않는다.
쉽게 얻을 수 있기 때문이다.
그런 아이들은 자기가 어떤 일에서 손해를 보거나
부당한 대우를 받아도 잘 참는다.
부모 입장에서 이런 아이는 기르기가 편하다.
형제들과도 갈등이 적고 잘 참기 때문이다.
그래서 성격이 좋다, 순하다는 말을 곧잘 듣는다.
하지만 이런 아이들은 우유부단해서
뭐 하나 끈기 있게 하지 못하는 경우가 많다.
결과적으로 부모 입장에서 좋은 아이는 말 잘 듣고 순한 아이가 아니라
다소 까다로워도 자기 삶을 주도적으로 헤쳐 나가는 아이다.

아이가 계속 울자 다른 아이들이 그 아이를 위로한다.
"야, 그냥 아무 색이나 칠해. 아님 내 꺼 빌려줄게."
친구들의 호의도 아이에겐 위로가 되지 못했는지
훌쩍거림을 멈추지 않는다.
난 모르는 척 아이들이 엎어 놓은 쓰레기를 쓸어 담은 뒤,
아이들에게 수학 책을 꺼내라고 말한다.
한 아이가 따지고 든다.
"선생님, 생각을 해 보세요. 크레파스를 못 찾았잖아요?
그런데 수학 공부를 하잖아요? 그럼 쟤 기분이 어떻겠어요?"
이 상황에 공부를 하게 생겼느냐는 것이다.
나는 못 알아들은 척 웅얼거린다.
"크레파스는 새로 사면 되잖어. 지금은 공부를 해야지."

그러자 다른 아이가 보탠다.
"으이구, 쟤 크레파스 못 사요. 쟤네 집에 돈 없어요. 왠지 알아요?
지난번에 오이값이 똥값이었단 말이에요. 그럼 돈을 못 벌었겠죠?
그래서 아빠가 돈 벌러 나갔단 말이에요? 그런데 아빠가 짤렸다잖아요?
돈이 어디 있겠어요, 돈이!"
비가 와서 아버지가 하루 일을 못 나간 걸 두고
아이들은 친구가 아주 몹쓸 형편이 된 것으로 이해한다.
"그럼 선생님이 교무실에서 크레파스 하나 새로 갖다 줄까?"
그 말에 아까 그 아이가 나선다.
"학교 꺼는 다시 돌려줘야 되잖아요.
선생님이 쟤한테 아주 가지라고 줄 거 아니잖아요."

1학년 아이들도 가정 경제를 안다.
같은 동네 사는 친구들 사이에서도
누구네가 돈이 많고 누구네가 가난한지 안다.
다만 1학년 아이들은 엄마 아빠가 열심히 일하고 있으니까
머잖아 부자가 될 거라고 믿는다.
하지만 이 환상은 몇 해만 지나면 깨진다.
아무리 열심히 일을 해도 부자가 되는 일이 쉽지 않다는 사실을 깨닫는다.

고등학생 때 나는 신문 배달을 한 적이 있다.
남의 식당에서 일하시는 어머니를 도와
내 학비라도 벌어 보자는 생각이었다.
새벽에 일어나 신문을 돌리고 와서
아침을 먹고 학교에 가면 졸음이 하염없이 쏟아졌다.
하지만 신문 돌리는 일보다 내가 힘겨워한 건

다름 아닌 신문 대금 수금이었다.
신문 보급소 사장은 언제나 수금을 강조했다.
수금한 돈을 사장에게 갖다 주어야 그중에서 내 월급을 덜어 주었다.
수금을 못 하면 월급을 제때 주지 않았다.
문제는, 신문 대금을 걷는 일이 수월치 않다는 거였다.

새벽에 신문 돌리면서 신문 대금을 부탁하면,
아침부터 애새끼가 재수 없게 돈 달라고 한다며
욕을 하는 구독자가 있었다.
신문 배달 하는 형들 사이에서도 악명 높은 구독자였다.
다들 그 집을 꺼려 아무것도 모르는 신참인 나한테 떨어진 거였는데,
나 역시 몇 달째 신문값을 못 받고 있었다.
아침에 못 받은 신문값을 받으려고
학교 다녀와서 저녁때 다시 가 보면
집이 비어 있어서 또 허탕을 치고 돌아서야 했다.
그러다 보니 주로 주말에 가게 되었는데 그때에도 핑계가 많았다.
지금 어딜 가야 한다는 둥, 은행이 문을 닫아 돈이 없다는 둥.
돈을 주지 않거나, 주더라도 늦게 주려는 구독자의 심보와
돈을 받아야만 월급을 받을 수 있는 내 처지가
팽팽하게 맞서 항상 피곤했다.

사람들은 다른 돈은 잘도 쓰면서
몇 푼 안 되는 신문값은 유독 아까워하는 것 같았다.
수금원이 만만하기 때문인지도 몰랐다.
난 결국 마지막까지 수금이 안 된 집 앞에서 영어 단어라도 외우며
주인이 올 때까지 기다려 보기로 했다.

한참을 기다려 주인이 아내와 자식들을 데리고 외출에서 돌아왔을 때,
난 꾸벅 인사를 하고 조심스레 신문 대금 얘기를 꺼냈다.
주인은 내 말이 끝나기도 전에 반말을 내뱉었다.
"다음에 와."
난 다시 꾸벅 인사를 하고 집으로 돌아왔다.
돌아오면서 '아, 이번엔 꼭 받았어야 했는데.' 하는 생각에 애가 탔다.
그러나 다시 가서 달라고 할 엄두는 못 냈다.
다음에 오라고 했으니 다음에 가면 주겠지 믿는 게
차라리 내 마음도 편한 일이었다.

막무가내로 버티고 서 있으면 백 퍼센트 줄 수밖에 없으니
그냥 문 앞에 드러누우라고 같이 신문 돌리는 형들이 말했지만,
내 성격에 그럴 용기를 낸다는 건 상상도 못 할 일이었다.
돈 줄 생각을 안 하는 사람에게 어떻게 돈을 달라고 할까.
머리가 아파 왔다.
결국 보급소 사장에게
"그렇게 빙신쪼다처럼 굴다가 앞으로 어찌 먹고살끼고?" 하는
조롱 섞인 걱정까지 들었고, 결국 그달 치 월급을 받지 못했다.

월급을 받지 못하니 잠이 오지 않았다.
왜 내가 돈을 못 받아야 하는지 생각해 보았다.
몇 달 치 신문을 보고도 돈을 안 주는 그 사람 때문이었다.
그가 아니라면 돈도 못 받고 잠도 못 자며 끙끙댈 필요가 없었다.
내가 왜 그 사람 때문에 이런 고통을 받아야 하는가.

나는 일어나서 옷을 입고 그 집으로 갔다.

제법 늦은 밤이었다.

도착하자마자 벨을 눌렀다. 한참 뒤에 문이 열렸다.

난 즉시 마당으로 들어섰다.

그리고 계단을 서너 개 올라 현관문 앞에 섰다.

잠시 후 뭔가 짜증스러운 소리와 함께 주인이 나와서는

나를 보자마자 눈을 부라리며 대뜸 욕부터 하기 시작했다.

"재수 없는 새끼!"

욕을 고스란히 다 듣고 나서, 난 최대한 차분하게 신문값 얘기를 꺼냈다.

"신문을 이미 다 보셨으니 다음 달에 끊더라도

이번 달 대금은 제발 부탁드립니다."

신문을 봤으니 돈을 내야 한다는 나의 말에 그의 양심이 자극받았을까.

그가 내게 바짝 다가왔다.

하지만 그는 금세 한 대 칠 것처럼 손을 번쩍 들면서

경멸하듯 소리를 질렀다.

"너 같은 새끼한텐 안 준다, 씹쌔꺄. 꺼져."

남자에게 맞을까 봐 고개를 돌려 피하는 내 눈에

거실에서 나를 쳐다보는 그의 가족이 보였다.

그 집 아이가 내 또래쯤 되는 것 같았다.

난 그 남자의 기세에 겁이 나기도 하고

또 가족들이 나를 지켜보고 있는 게 창피해서 멈칫 물러섰다.

나도 모르게 계단을 내려와 대문까지 걸어오는 동안

남자의 욕은 그치지 않고 이어졌다.

차라리 신문 대금을 못 받더라도 그 상황을 벗어나 숨고만 싶었다.

그런데 대문을 지나 밖으로 나오려고 하는데

발이 잘 움직이질 않았다.

갑자기 손이 막 덜덜 떨리면서 눈물이 핑 도나 싶더니
곧바로 철철 흘러내렸다.
숨이 가빠지더니 토하듯 울음이 터져 나왔다.
도대체 내가 왜 이 시각에, 여기서 울고 있어야 하는가.
이대로 돌아가면 나는 또다시 잠을 이룰 수 없을 것이다.
내 월급을 받아야만 하겠다.
얻어맞아 피투성이가 되더라도.
난데없이 오기가 발동했다.
난 여전히 두려웠지만 되돌아가 현관문을 세게 두드렸다.
끅끅 올라오는 울음을 간신히 누르면서, 가족들이 날 쳐다보거나 말거나.
잠시 후 나온 사람은 남자가 아니라 그의 아내였다.
안에서 바깥의 소동을 다 본 그분은 나를 보더니
다시 들어가 돈을 가져왔다.

그 일 이후 나는 그 집에 신문을 넣지 않았다.
구독자가 줄면 그만큼 내 월급이 깎여야 했지만, 전혀 아깝지 않았다.
그 집을 지날 때마다 나에게 욕을 하던 남자와 마주칠까 봐 겁이 나서
가능하면 아주 이른 새벽 시간에 그 집을 지나도록 배달 순서를 바꿨다.
그 집 아이가 학교에 갈 만한 시간에 그 집을 지나가는 것도 피했다.
그러다 보니 배달 시간이 삼십 분이나 더 걸렸다.
그만큼 잠을 못 잤고 전보다 힘들어졌지만,
그 집 아이에게 신문을 안고 뛰는 나를 보여 주는 것보다 나았다.

하지만 여러 달 지나고 나니 어느 순간,
그 남자를 마주쳐도 별로 무섭지 않겠다는 생각이 들었다.
심지어는 그 남자가 날 때리려고 달려들어도

내 힘으로 제압할 수 있으리란 용기가 생겼다.
그 집 아이를 만나면 참담할 것 같던 생각도 바뀌었다.
나는 나대로, 그 아이는 그 아이대로 살면 될 테니.
그 생각이 든 뒤로 난 다시 배달 순서를 예전으로 바꿨다.

그토록 겁에 질려 있었으면서도 나를 다시 그 집 현관문 앞으로 이끌었던
그 마음은 어디서 왔을까.
아마 내 절박한 삶이 끌어낸 오기였을 것이다.
그 오기 덕분에 난 그 집뿐 아니라
다른 집도 수금을 했고 편히 잠을 잘 수 있었다.
나는 여전히 물러 터진 성격으로 살고 있지만,
가끔씩 그때 내 안에서 용솟음쳤던 오기를 떠올린다.
울음이 나올 것 같은 때면 지그시 입술을 깨물고 내 마음을 차분히 응시한다.
그러면 내 속에서
'너한텐 여전히 너 자신을 지켜 낼 힘이 있어.'라고 속삭이는 듯하다.

그림일기를 끝낸 아이들이 모두 운동장으로 놀러 나갔는데도
저 아이는 혼자 울고 있다.
그 모습을 보고 있자니 어릴 적 내가 끅끅거리던 생각이 난다.
하지만 괜히 값싼 동정 베풀지 말고 지켜보기만 해야 한다.
그게 저 아이가 극복해야 할 저 아이의 현실이니까.
그런데 지금 난 저 아이가 가엾다.
내 어릴 적 생각이 나서 더 그런 것 같다.
저 아이의 가난이 어찌 저 아이의 책임인가.
그깟 크레파스 한 개가 뭐라고,
아이가 아침부터 저렇게 훌쩍여야 하나 싶다.

생각이 여기까지 미치자,
'그래, 이번만, 이번만 그냥 넘어가게 달래 주자.'는 생각이 들었다.
그래서 학교용 크레파스를 열어 살구색 크레파스를 꺼내고 있는데,
아이가 외친다.
"선생님, 찾았어요!"
의자에 벗어 놓은 아이 외투 주머니로 굴러 들어가 있었던 것이다.
아이는 손등으로 쓰윽 눈물을 닦더니 아무렇지도 않은 듯 밖으로 나간다.
하마터면, 내가 내 연민을 어쩌지 못하고 아이의 성장을 늦출 뻔했다.
아이보다 내가 더 다행이었다.

**저희 할아버지가
돌아가셨다**

아이들은 기록하면서 자기 삶을 해석하는 방법을 알아 간다

저희 할아버지가 돌아가셨다.
왜냐하면 할아버지 친구가 저희 할아버지한테
술을 마시라고 해서 드셨다.
그런데 할아버지가 사고가 났다고
어떤 할아버지가 와서 엄마한테 말했다.
엄마가 깜짝 놀랐다.
그래서 엄마 자전거를 타고 병원으로 갔다.
그런데 결국 할아버지가 돌아가셨다.

아이가 쓴 일기다.
이 아이는 할아버지 이야기를 자주 한다.
할아버지가 이 아이를 아주 예뻐하셨나 보다.
할아버지는 몇 년 전 술 드시고 오토바이를 타고 가다

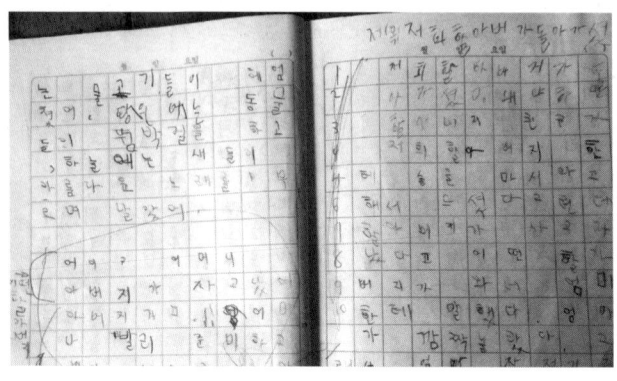

사고로 돌아가셨는데,
아이는 이 얘기를 마치 어제 일처럼 실감 나게 하곤 한다.
그렇게 자신을 좋아하는 손녀딸을 두고
할아버지는 어떻게 눈을 감으셨을까.
아이는 담임인 내가 읽을 걸 생각해서 '저희 할아버지'라고 높임말을 썼다.
그걸 보니 뭉클하다.
아이가 할아버지의 죽음을 받아들이면서
할아버지가 없는 현실을 인정하고 애도의 과정을 거쳐 보게 하려고
난 아이가 할아버지 이야기를 할 때마다 이것저것 자세하게 물어봐 준다.

며칠 전 아이가 이 글을 써냈을 때,
난 아이에게 할아버지의 죽음을 통보받는 그 순간을
대화하는 문장으로 써 보라고 했다.
아이는 잠깐 생각하더니 공책의 왼쪽에 추가 문장을 써넣었다.

어떤 할아버지 : 아이구, 어머니! 아버지가 사고 났어, 아버지가요!
엄마 : 어머나! 빨리 준비하고 빨리 병원으로 가야지!

아이 글에는 할아버지의 죽음에 대한
자기 느낌이나 해석이 들어가 있지 않다.
할아버지의 죽음을 그냥 설명하고 있을 뿐,
그 죽음이 자신에게 어떻게 다가왔는지에 대한 얘기는 없다.
좀 더 시간이 지나 아이가 할아버지의 죽음을
마음 깊이 애도할 수 있게 되면 글이 조금은 달라질 것이다.
아이들은 자신의 삶을 기록하면서 자기 삶을 해석하는 방법을 알아 간다.
어릴 때, 자기 자신과 솔직하게 대면해 본 아이들은
건강한 자아를 만들어 갈 수 있다.
지금은 선생님에게 보이기 위해 일기를 쓰지만,
계속 일기를 쓰다 보면 글쓰기가 자신을 치유하는 경험을 하게 될 것이다.
그러면서 일기장과 함께 아이도 성장한다.

어릴 때, 나는 일기를 정말 열심히 썼다.
매일 아침, 선생님 책상 위에는
우리들이 쓴 일기장이 뒤집힌 채 수북이 쌓여 있곤 했다.
일기를 쓰지 않은 날은 손바닥을 맞았다.
맞는 것이 너무 무서웠던 나는 기를 쓰고 일기를 썼다.
선생님이 왜 아이들의 일거수일투족을 궁금해하는지 알 수 없었지만,
나는 일기를 거짓으로 쓸 생각조차 감히 하지 못했다.
숨겨도 선생님은 다 아실 것만 같았다.

일기장 맨 위쪽에 날짜와 날씨를 쓰는 칸이 있었다면,
맨 아래쪽에는 오늘의 반성과 내일의 할 일을 쓰는 칸이 있었다.
반성할 일은 차고 넘쳤으나 내일 할 일은 늘 비슷했다.
꼴 베기, 소 풀 먹이기.

문제는 일기를 쓰면 쓸수록 표리부동한 나의 삶이
자꾸 걸리적거린다는 것이었다.
나는 어머니에겐 착한 아들 노릇을 했지만
동생들에겐 야비한 오빠였고,
힘센 친구에겐 물렁한 상대였지만
나보다 약한 친구들에겐 가증스러운 상대였다.
있는 그대로 일기를 쓴다면 어머니나 선생님이
나를 아주 못된 아이로 여길 것 같았다.
나는 나의 이중적인 모습을 들키고 싶지도 않았고,
그렇다고 내 모습을 거짓으로 쓸 수도 없었다.
그래서 생각해 낸 방책이 일기에 쓸 소재를 골라내는 것이었다.
사실 그대로 쓰면서도 내 진짜 모습을 들키지 않기 위해
나는 내 생각이나 행동이 크게 드러나지 않는 일들만을 적었다.
그러면서도 그게 선생님을 속이는 일인 것 같아서 죄책감에 시달리곤 했다.

나에게는 단조롭긴 해도 반복되는 일상이 있었다.
학교에서 집에 돌아가면 꼴을 베다 놓고
소를 끌고 동네 산에 올라 풀 먹이는 일.
하지만 아무리 조금씩 바꿔 쓴다고 해도
그런 일상을 매일같이 적는 건 한계가 있었다.
일기가 다섯 줄을 넘지 않으면 손바닥을 맞아야 하므로
무엇이든 써야 했다.
일기장을 앞에 두고 앉아 아무리 머리를 쥐어짜도 쓸 게 없어서
오줌을 마당가에서 몇 번, 요강에 몇 번 눴는지를 쓴 기억도 난다.
아무튼 나의 일기장에는 사실이되 더 많은 사실이 은폐된
사소한 일상들이 기록되었다.

그런데 훗날 어린 시절에 쓴 일기를 다시 읽어 보다가
난 새로운 걸 알게 되었다.
내 일기가 그렇게 단조롭지만은 않다는 것,
심지어 제법 재미있기까지 하다는 것을.
나는 나름대로 내 진짜 모습을 감춘다고 감추며 썼던 일기임에도,
일기장 속엔 당시 내 모습과 내가 겪은 일들이
생생하게 재현되어 있었다.
우리 집 개가 새끼를 낳았는데 개가 쥐약을 먹고 죽는 바람에
어머니가 분유를 사다 먹여 새끼들을 길렀던 내용이
매우 구체적으로 적혀 있었다.
강아지가 먹던 분유가 너무 먹고 싶어서
몰래 몇 숟가락 훔쳐 먹었다는 내용,
그 뒤로 강아지들이 앓을 때마다
내 잘못인 것만 같아 죄책감에 떨었다는 내용,
교회 가서 강아지를 살려 달라고 기도했다는 내용 등등.
사소한 일상들도 시간이 지나고 나면 특별한 추억이 되고 이야기가 된다.
단지 손바닥을 맞지 않기 위해 시작된 일기가
내 삶을 갈무리하는 중요한 기록으로 남은 셈이다.

우리 반 아이들이 선생님의 강요로 일기를 쓴다고 생각할까 봐
나는 일기를 숙제로 내는 대신 학교에서 쓰게 한다.
아이의 일기를 볼 땐 형식적으로라도 허락을 받는다.
지금은 일기 쓰는 일이 고달플 테지만,
조금 지나면 스스로를 위한 글쓰기가 가능해질 것이다.
자기 삶을 기록한 글들은 먼 훗날,
자신이 어떤 생각을 하고 어떻게 성장하고 또 변화되어 왔는지

한눈에 확인할 수 있는 귀한 자료가 될 것이다.
아이들이 나만큼 나이가 들어 지금 쓴 일기장들을
방구석에 앉아 야금야금 읽는 모습을 가만히 떠올려 보니 흐뭇하다.

**교직을 떠나는 대가로
얻은 스마트폰**

밀려나는 교사들

한 아이가 쉬는 시간에 그네를 타다가
문득 생각났다는 듯 내게 와서 말한다.
"선생님, 우리한테 폭력 안 하실 거죠? 만약에 우리한테 폭력 하면요,
우리 아빠가 교육청에 신고한대요. 조심하는 게 좋을걸요."
갑작스러운 아이의 말에 다소 당황했지만 나는 너스레를 떨었다.
"아이구, 무서워라. 그럼 선생님이 조심해야겠네.
니네 아빠가 신고 안 하시게."
내 표정을 본 그 아이가 나를 안심시킨다.
"오늘은 걱정 마세요. 우리 아빠 오늘 일 갔으니깐요."

쉬는 시간이 끝나고 교실로 들어오는데
고학년 아이 한 명이 신발장 문을 꽝 닫는다.
나는 그 아이를 불러 신발장 문을 살살 닫으라고 충고했다.

그걸 본 아까 그 아이, 내게 또 와서 말한다.
"선생님, 형아한테 폭력 하실 뻔했죠? 조심하세요.
교육청에 잡혀가면 어쩔라구 그래요. 집에도 못 갈라 그래요?"
"아, 맞다. 선생님이 큰일 날 뻔했네. 알려 줘서 고마워."

아이들이 복도를 뛰어가는 모습을 보고 내가 불러 잔소리를 한다.
그걸 본 아이가 내게 와서 또 말한다.
"선생님, 애들한테 폭력 할라 그랬어요? 그러다 진짜 잡혀갈라 그래요?
진짜 집에도 못 갈라 그래요?"
난 아까처럼 대답한다.
"맞다. 선생님 집에 못 갈 뻔했네.
선생님 집에 못 가면 강아지 밥 못 주는데. 안 그럴게."

아마도 그 아이는 집에서 가족과 함께
얼마 전 어느 학교에서 벌어진
체벌 사건에 관한 뉴스를 보았을 것이다.
그 아이는 뉴스에서 나오는 말과 부모님이 나누는 이야기를 듣고
담임선생인 나를 떠올렸을 것이다.
아직 '폭력'이라는 단어의 뜻을 정확히 이해하지 못하는 아이에게는
내가 교사로서 학생에게 하는 모든 훈육이 폭력으로 보이는 모양이다.
아이 딴에는 내가 걱정되어
나를 졸졸 따라다니면서 주의를 주는 것이다.

학교 문제가 불거질 때마다
아이들을 가르쳐 먹고사는 교사의 삶이 점점 팍팍해진다는 생각이 든다.
60명이 넘는 아이들을 콩나물시루 같은 교실에서 가르칠 때보다

그 절반도 안 되는 아이들을 가르치는 요즘이,
교사들에겐 왜 더 힘든가.

어떤 아이가 수업 시간에 장난을 치다가 남아서 반성문을 썼다.
아이는 자기만 장난친 게 아닌데 선생님이 다른 아이는 봐주고
자기만 반성문 쓰게 했다고 부모님께 말했다.

다음 날, 아이의 부모가 학교에 항의 민원을 넣었다.
교사의 편애로 자기 아이가 부당한 대우를 받고 있으니
선처해 달라는 내용이었다.
학교장은 담임교사를 불러 상황을 물었다.
해명이 끝나자 학부모 민원이 발생하면 학교 이미지가 나빠지니
잘 해결할 것을 요청했다.
담임은 학부모에게 편지를 썼다.
아이가 억울하게 생각한 것은 이해가 되나 아이를 미워한 것이 아니며
평소 아이의 수업 태도가 걱정스러워 반성문을 쓰게 했다는 내용이었다.
학부모 역시 가정에서 자기 아이를 야단쳤다.
하지만 담임교사를 믿지 못한 부모는
아이 친구들에게 그날 담임이 자기 아이에게 어떻게 대했고,
무슨 말을 했는지 묻기 시작했다.
한편, 담임은 아이가 수업을 방해하거나 친구들과 갈등을 빚어도
전처럼 적극적으로 훈육하지 않고 소심하게 대처했다.
학부모를 의식한 일이었다.

그 일 이후 소풍날.
점심을 먹던 그 아이가 장난을 치다가 다른 아이의 도시락을 엎었다.

담임은 울고 있는 아이를 달래고 장난친 아이의 도시락을
함께 나눠 먹도록 주선했다.
아이는 자기가 일부러 엎은 것도 아니고 친구와 놀다 그랬는데
선생님이 자기 잘못이라며 자기 도시락만 나눠 주라고 했다며
부모에게 불만을 털어놓았다.

다음 날, 아이의 부모가 또 항의 민원을 넣었다.
담임이 자기 아이를 미워해서 작은 실수를 가지고
여럿 앞에서 모욕감을 줘서 아이가 학교에 가지 않겠다고 하니
선처해 달라는 내용이었다.
학교장은 다시 담임교사를 불렀다.

그날 오후, 결국 담임은 아이의 집에 가서 사과했다.
이 일은 그 학급 학부모들에게 삽시간에 소문이 퍼졌다.
아이들도 "선생님이 누구네 집에 과일을 사 가지고 가서
사과했다더라" 하며 수군거렸다.
어떤 아이는 학생이 잘못한 일을 왜 선생님이 사과하느냐고
담임의 편을 들었고,
또 어떤 아이는 우리 선생님이 앞으로는 안 무서울 거라며 좋아했다.

학교 교사들이 모여 회의를 하던 날,
학교장은 학부모 민원이 발생하지 않게 주의하라고 훈시했다.
그리고 얼마 뒤, 그 교사의 학급에서 가볍지 않은 다툼이 일어났다.
담임은 아이들에게 종이 한 장씩을 주고
피해 입은 일을 적어 내라고 했다.
아이들이 적어 낸 종이를 읽은 담임은

바로 그 아이가 사건의 핵심임을 알았다.
이번엔 아이에게 직접 말하지 않고 부모에게 편지를 썼다.
학부모에게 직접 알려서 오해를 줄여 보기 위한 의도였다.

며칠 후, 또다시 부모가 항의 민원을 넣었다.
담임이 자기 아이를 미워하는 바람에
자기 아이가 비뚤어져서 문제를 일으킨 것이고,
아이의 친구들 역시 담임이 자기 아이를 미워하는 걸 알고
자기 아이를 지목한 것 아니겠느냐는 것이었다.
학교장은 담임이 교육을 잘 해보려는 열정이 있으니
믿고 맡겨 보시라고 중재했으나,
학부모는 학교장까지 이렇게 교사를 감싸려 한다면
자기 아이를 전학시킬 것이며,
이 사실을 인터넷에 올리겠다고 협박했다.
학교장은 담임을 불러 다시 학부모를 만나 해명하고 달래 드리라고 했다.

담임은 다시 학부모를 만나
다른 아이들에게 받은 쪽지를 보여 주며 해명했다.
학부모는 이 모든 일이 담임이 자기 아이를 미워해서 벌어진 것이니
다시는 편애를 하지 말라고 요청했다.
만약 또 자기 아이가 잘못을 하면 동영상을 찍어서 보여 달라고,
그러면 교사를 믿겠다면서.

동영상을 찍어야 자기를 해명할 수 있게 된 담임은 그 방법을 고민했고
동료 교사들의 조언에 따라 결국 스마트폰을 샀다.
스마트폰을 처음 학교에 가져가던 날, 담임은 아이를 불러 이야기했다.

"선생님 생각에 네 수업 태도는 썩 좋지 않아.
그런데 네 엄마께서 믿지 않으시니,
앞으로 네 수업 태도가 불량하면 동영상을 찍을 거야."
그 말은 들은 아이는 울면서 말했다.
"저 그럼 엄마한테 맞아 죽어요."
담임은 동영상을 찍지 않았다.
아이 또한 동영상에 찍힐 만한 일을 스스로 줄여 갔다.
또 엄마에게 야단맞지 않으려고
자신의 잘못을 담임 탓으로 떠넘기는 일을 그만두었다.
학부모는 가끔 아이에게 요즘도 담임이 너를 미워하느냐고 물었다.
그 말에 아이는 "모른다."고 답했다.
부모는 담임이 얼마나 무섭게 하면
애가 부모에게 속마음도 털어놓지 못하겠느냐며
다른 학부모들에게 하소연했다.

이듬해 2월, 아이가 졸업식을 하던 날,
학부모와 담임은 따로 인사를 나누지 않았다.
그리고 그 2월 마지막 날,
그 교사도 사직했다.
정년을 아직 몇 년 앞둔 때였다.

나는 그분이 동영상 찍는 방법을 묻던 후배 중 한 사람이었다.
내가 아는 그분은 자신의 행위가 타당하다는 것을 증명하기 위해
동영상 촬영 같은 건 하지 않을 선생이었다.
진정한 교사가 되는 일보다
내가 한 일들을 드러내는 것에 더 능란한 나에 비해,

그분은 고지식할 만큼 정석을 지키는 분이셨다.
그는 교직을 떠나는 대가로 스마트폰을 얻었다며 실없이 웃었다.
부딪는 술 한잔으로 받아 내기엔 무거운 웃음이었다.

지난 2월 말.
아직 새 학년이 시작되기 전,
어느 날 저녁.
나는 새롭게 담임을 맡은 반
교실에 앉아 사진을 찍었다.
아이들 맞을 준비를 하다 보니
어느덧 밖이 어둑해져 있었다.
아이들이 학교에 첫발을 딛기 전의 교실,
누가 자기 담임선생인지 아직 모르던 시간.
아이들과 또 어떤 한 해를 보내게 될지
설레고 두렵던 그때가 어느새 일 년 전으로 밀려났다.
다행스럽게도,
나는 아직 동영상을 찍어서라도 자신을 증명해야만 하는
상황을 만나지 않았다.

영화 〈죽은 시인의 사회〉(1990년 개봉)의 마지막 장면은
20년이 훨씬 넘도록 많은 이들 사이에서 회자되고 있다.
영화 말미에서 학생들은 스스로 책상 위에 올라가
"오 캡틴, 마이 캡틴!"이라는 선언으로
자신들의 선생 키팅에게 최대의 존경을 표한다.
많은 사람이 이 장면을 이 영화의 압권으로 꼽는다.
하지만 교사로서의 나에게는 이 장면이 곤혹스럽다.
바로 다음 장면에서 키팅 선생이 쫓겨나기 때문이다.
뼛속 깊이 선생이었던 사람이 앞으로 무엇을 해서 먹고살 것인가.
학부모들은 저런 선생이야말로
이 세상을 위해 꼭 필요한 선생이라고들 하면서

정작 자기 아이를 가르치는 담임이 되는 건 망설인다.
책상에 올라간 학생이 몇 명이든 간에
다른 시야를 열어 주고자 하는 선생은 밥 먹고 살기 어려운 시대다.

예전의 그 선배 교사는 몇 차례에 걸쳐 학부모에게 모욕을 당하는 동안
너무 속상해서 동영상을 찍어야겠다고 마음먹은 적이 있었단다.
하지만 막상 찍으려고 보니 촬영당할 어린 학생의 마음이 어떨까 싶어
차마 할 수 없었다고 했다.
교사와 부모가 동영상이라는 도구까지 끌어들이며 대립하는 동안
정작 아이는 어떤 시간을 지나고 있었을까.
적어도 아이의 성장에는 아무 보탬도 되지 않았음이 분명하다.

요즘처럼 학부모와 교사 사이, 교사와 학생 사이에
불신과 혐오가 넘쳤던 시대가 있었을까 싶다.
교육 현장에 몸담고 있는 일이 때로 외줄을 타는 신세처럼 느껴진다.
비단 나뿐이 아닐 것이다.
교육이라는 미명하에 모인 학생과 학부모 역시
고달프기는 마찬가지일 것이다.
각자 떨어지지 않기 위해 아슬아슬하게 외줄을 건너고 있지만,
외줄 너머에 무엇이 기다리고 있을지 알 수 없다.
외줄이 어딘가로 건너가기 위한 위태로운 다리가 아니라,
함께 발을 맞추고 마음을 모아 넘는 긴 줄넘기가 될 수는 없을까.

1학년을 마치며

누가 아이들을 미완성의 존재라 하는가

1학년 마지막 달이 되었다.
아이들과 함께 보낸 일 년이 다 지나갔다.
난 올해 이 아이들과 꼬박 200여 일을 만났다.
학교에서 만났고,
어떤 아이는 그 아이의 집에서,
어떤 아이는 그 아이가 사는 동네 모퉁이에서 만났다.
한두 아이를 따로 보기도 하고 전체 아이를 보기도 했다.

그중 191일은 교사와 학생의 관계로 만났다.
생활기록부에 기록된 연간 수업 일수이다.
아이들과 공부를 한 시간은 833시간이다.
교육부에서 정해 준 1학년 권장 수업 시간보다 몇 시간 많다.
국어, 수학 같은 교과 공부가 주를 이루는 가운데

자율 활동, 동아리 활동, 봉사 활동, 진로 활동 같은
체험 활동도 173시간 포함되었다.
다른 학년에 비해 1학년은 창의적 체험 활동 시간이 훨씬 많다.
1학년은 공부보다도 학교라는 사회에 적응하는 것이
중요한 시기여서 그렇다.
아이들은 학교에서 단체 생활의 규칙과 질서를 익히고
낯선 아이와 사귀는 경험을 한다.

교사에게 공부를 가르치는 일은 쉽다.
오히려 공부 외의 것들을 가르치는 것이 어렵다.
공부 외의 것들은 정해진 교재도 없고 획기적인 비법도 없다.
그때그때 상황에 따라 판단하고 선택해야 한다.
공감, 잔소리, 위로, 호통, 격려 등등이 뒤범벅된 일 년이었다.
가르치는 쪽도 배우는 쪽도 만만치 않은 시간이었다.

입학식을 하던 날, 아이들의 표정은 잔뜩 긴장한 채 굳어 있었다.
학기 초, 아이들은 교실을 조심조심 걸었고 복도에서 뛰지 않았고
급식을 남기지 않으려 애썼다.
낯선 선생에 대한 두려움과 경계심으로 인해
시키지 않아도 알아서 조심하고 질서를 지켰다.
아이들이 교사를 어려워하며 스스로 조심하는 학기 초의 분위기를
일 년 내내 그대로 유지하면 아이들 가르치기가 수월하다.
그래서 어떤 교사는 학기 초에 아이들을 잘 잡아야 한다고 조언한다.
아이들에게 만만하게 보이면 안 되고 엄격하게 권위를 세워야
아이들을 통제하는 것도 쉬워진다는 얘기다.

반면에 어떤 교사는 그런 교사를 두고 동물원의 사육사와 비교한다.
교사가 짐승을 기르듯 사람을 사육해서야 되겠느냐고 한다.
자식이 부모를 넘어서는 순간 비로소 진정으로 성장하듯
교사 역시 아이들에게 극복당하는 존재가 되어야지
군림해서는 안 된다는 얘기다.
나는 그 사이에서 어정쩡하게 서 있는 선생이었다.
참된 교육을 펼치고 싶다는 바람과
아이들을 온순하게 길들여 덜 고된 생활을 하고 싶다는 바람
사이에서 갈팡질팡했다.

가까스로 사육사가 되는 일은 피할 수 있었다.
아이들은 쉽사리 길들여지는 가축이 아니었고, 나는 조련법을 몰랐다.
아이들 하나하나를 챙겨 보려 애썼지만,
아이들은 번번이 모래처럼 내 손아귀를 미끄러져 나갔다.
어떤 해에는 열정이 과해 아이들을 몰아치다
내가 먼저 나가떨어지기도 하고,
어떤 해는 에너지가 바닥나 대충 가르치기도 했다.

그런데 희한했다.
내가 어떤 마음이든, 어떤 교사든
아이들은 별 영향을 받지 않는 것 같았다.
아이들은 언제나 싸울 만한 일로 싸웠고
내가 중재하기 전에 화해했으며
알고 싶은 만큼만 공부했다.
그리고 무엇보다 유쾌했다.
아이들 머릿속에는 어떻게 하면

오늘 하루도 신나게 보낼 수 있는지 궁리하는
기발한 연구소가 들어서 있는 것 같았다.
나는 서서히 깨닫게 되었다.
아이들은 교사의 열정이나 부모의 욕심으로 크는 게 아니라,
될 대로 되는 존재라는 걸.

교육학 이론들은 저마다 타당한 근거를 지니고 있지만
아이들 하나하나의 개별성 앞에서는 큰 위력을 발휘하지 못한다.
아이들 하나하나의 성정과 능력을 헤아려 성장을 돕는 교육은
결국 일선 교사의 몫이다.
아이들과 하루하루 부대끼는 교사에게 학자들의 이론은
때로 너무 긍정적이거나 이상적이다.
난 아이들과 교실에서 복닥거려 보지 않고
교육에 대해 떠드는 이론가의 말과
내가 발 딛고 서 있는 현실의 교실 사이에서 헤맸다.

교육학 이론을 바탕으로 만든 배에 우리 반 아이들을 모두 태워서
안전하게 강을 건너 주는 교사가 되려 노력한 적도 있었다.
하지만 강을 건너가는 방법이 중요한 것이 아니라
강을 건너려는 의지가 중요한 거라는 걸 깨달았다.
배가 필요하다면 내가 만들어 줄 일이 아니라
아이들 스스로 만들게 해야 할 것이다.
배를 만들 수 없다면 나뭇가지라도 모아 강을 건너게 하면 된다.
그마저도 어렵다면 헤엄쳐서 건너면 된다.
이제는 교육에 관한 한,
직접 현장에서 가르쳐 보지 않은 사람의 말은 잘 믿지 않는다.

좋은 선생이 되는 일보다 편히 먹고사는 방편을 먼저 생각했다.
내 교실에 오는 아이들은 말을 잘 듣고 순한 아이들이었으면 하고 바랐고,
학부모도 유난하지 않길 바랐다.
그러나 그런 소망은 한 번도 이뤄지지 않았다.
언제나 아이들은 천방지축이었고,
학부모들은 모성애를 휘두르며 극성이었다.
선생 노릇이 힘들 때마다
교실 창가에 서서 운동장 너머 밭을 망연히 바라보곤 했다.
입을 나불대는 선생이 아니라
묵묵히 땅을 일구는 농부가 되었다면 좋았을걸.
하지만 그런 생각은 오래가지 않았다.
다음 날이면 어김없이 아이들이 밀려들었고
아이들과 복닥거리다 보면 정신없이 하루가 지나갔다.

해마다 새로운 아이들을 만나
일 년을 함께 지내고 헤어지는 일을 반복해 왔다.
매해가 기쁨과 허탈함, 보람과 좌절이 한데 섞여 있다.
처음 교사가 되었을 때, 나는 교사라는 이미지에 걸맞게 살려 노력했다.
지금은 나 자신이 어떻게 살아야 하는지를 고민한다.
아이들이 학교에서 어떤 일 년을 보내느냐는
내 삶의 질과 깊이 닿아 있다는 걸 알게 되어서다.

내가 가르친 아이들이
탐욕스런 고용주한테 착취당하게 된다면, 참을 수 없다.
내가 가르친 아이들이
타고난 조건 때문에 꿈을 포기해야 한다면, 참을 수 없다.

내가 가르친 아이들이

정의가 사라진 사회에서 고통받으며 살아야 한다면, 참을 수 없다.

그러려면 내가 먼저 잘 살아야 한다.

선생이 되어서야 비로소 시민 의식에 눈뜨고, 조금씩 어른이 되어 간다.

내가 가르치는 아이들이

세상의 기준에 일찌감치 적응하여 본성을 억누르고 살지 않길 바란다.

통념도, 종교도, 관습도

내가 가르치는 아이들을 속박하지 않기를 바란다.

그러려면 이 사회를 변화시켜야 하는데,

지금의 기성세대가 그걸 할 수 있을 것 같지 않다.

결국 아이들이 자라 이 사회를 바꿔야 하고, 바꾸게 될 것이다.

아이들이 무엇에도 휘둘리지 않고

자기 삶을 주체적으로 살아갈 수 있다면,

그런 아이들이 커서 만드는 사회는 틀림없이 좋은 쪽으로 변화될 것이다.

지난 일 년간 찍은 사진들을 아이들과 함께 보며 한 해를 반추한다.

3월, 첫 만남 때의 어색한 모습, 운동장 정글짐에 매달려 있는 모습,

장마 때 물웅덩이에서 바지를 적시는 모습, 흙장난하는 모습,

교실 앞 소나무에 올라갔던 모습,

실내화 신고 운동장 나갔다가 벌로 복도를 닦던 모습,

친구와 싸우고 나란히 울던 모습, 운동회 때 달리던 모습,

앞니가 빠진 채 활짝 웃고 있는 모습, 눈사람 만들던 모습….

한 해 동안 참 많은 일들이 있었다.

그사이에 몸무게도 늘고, 말도 늘고,

친구도 늘고, 생각도 늘고, 꾀도 늘었다.

두꺼운 외투를 입고 입학한 아이들이
다시 그때의 옷차림이 되어 한 학년을 마무리한다.
어떤 아이는 그새 몸이 자라 작아진 외투 대신 새 외투를 입었다.
어떤 아이는 통통했던 얼굴이 젖살이 빠져 갸름해졌다.
어떤 아이는 칭얼대는 일이 줄어들고 제법 의젓해졌다.
녀석들, 고작 일 년 동안 몸과 마음의 급격한 변화를 견디느라
얼마나 고단했을까.
그러고 보면 저 아이들이 부지런히 자라고 변화하는 동안
나만 제자리에 머물러 있었다.

누가 아이들을 미완성의 존재라 하는가.
아이들이 완성을 향해 가는 존재라는 건 어른들의 시각일 뿐,
아이들 각각은 그 자체로 이미 완성되어 있다.
다만 완결되지 않았을 뿐이다.
아이들은 끊임없이 변화하고 성장해 가는 존재니까.
저 아이들의 성장을 이끌어 줄 이정표가 되고자 했던 건 나의 욕심일 뿐,
아이들은 저마다의 속도로 치열하게 삶을 살아왔다.

사진을 다 보고 나서 아이들을 내 차에 모두 태우고
마을을 한 바퀴 돌았다.
꼬불꼬불 농로를 따라 아이들 집을 하나하나 지나가면서
한 해를 돌아보게 하고 싶었다.
자기가 등교하던 길을 지날 때 아이들은
저마다 학교에 오다가 있었던 일들을 말해 주었다.
걸어오다가 논에서 너구리를 본 일, 차에 치여 죽은 고양이를 본 일,
중간에 비를 만나 홀딱 젖은 일….

아침마다 아이들이 내게 말해 준 것보다 훨씬 많은 얘기를
학년을 마감하는 차 안에서야 들었다.
미안한 일이다.

아이들은 곧 2학년이 될 테고, 난 또다시 새 1학년 아이들을 만날 것이다.
그다음 해에도, 또 그다음 해에도.
아이들을 성장시키는 건 교사도 부모도 아닌,
그저 시간인지도 모른다.

나는 1학년 담임입니다
-엄마는 모르는 초등 1학년의 학교생활

2016년 2월 15일 처음 찍음 | 2020년 3월 10일 네 번 찍음

송주현 지음

펴낸곳 도서출판 낮은산
펴낸이 정광호 | **편집** 강설애 | **일러스트** 김현영 | **디자인** 스튜디오 헤이, 덕 | **제작** 정호영
출판 등록 2000년 7월 19일 제10-2015호
주소 04048 서울시 마포구 어울마당로5길 16 반석빌딩 3층
전화 (02)335-7365(편집), (02)335-7362(영업) | **팩스** (02)335-7380
홈페이지 www.littlemt.com | **이메일** littlemt2001ch@gmail.com | **트위터** @littlemt2001hr
제판·인쇄·제본 상지사 P&B

© 송주현, 김현영 2016
ISBN 979-11-5525-053-2 13590

이 도서의 국립중앙도서관 출판예정도서목록(CIP)은 서지정보유통지원시스템 홈페이지(http://seoji.nl.go.kr)와 국가자료공동목록시스템(http://www.nl.go.kr/kolisnet)에서 이용하실 수 있습니다.
(CIP제어번호: CIP2016002613)

* 잘못 만들어진 책은 바꾸어 드립니다. 책값은 뒤표지에 표시되어 있습니다.
* 이 책 내용의 일부 또는 전부를 재사용하려면 반드시 저작권자와 도서출판 낮은산 양측의 동의를 받아야 합니다.